Kirsten Voosen-Reinhardt

Eine Königin zieht das Schwert

Der zweite Fall

Ein Haaner Krimi

1. Auflage
Taschenbuchausgabe November 2018
beim KVR-Verlag, Haan.

Redaktion: KVR-Verlag
Satz: Marcel Voosen
Bilder: Soheil Seyfikar
ISBN: 978-3-9820326-0-3

Wieso werden die täglichen millionenfach
stattfindende Vergewaltigung von Kindern
beschönigend nur als sexueller Missbrauch
bezeichnet?
Lilo Keller (*1934)

Beim Missbrauch werden Kinder wie Gras
zertreten.
Else Pannek (1932-2010) deutsche Lyrikerin

Inhaltsverzeichnis

Prolog

Lieber Leser,

ich wollte diese Geschichte nicht nackt, sondern mit einem Prolog bekleidet überreichen.

Jeder Mensch ist einzigartig und individuell. So habe ich in dieser Geschichte eine willensstarke und charakterfeste Person geschaffen, die sich mit vielen Gedanken und Entscheidungen quälte. Ihr Leben war von Gewalt und Übergriffen begleitet und jedes traurige Gefühl hatte sich heimatberechtigt in ihrem Gemüt eingerichtet. In dieser Geschichte zeigt sich, dass die Ruhe ein wohltuender Zustand ist und die Schönheit eines Gartens sowie die Fürsorge für Leidensgenossen eine Inspiration sein kann. Der Inhalt dieses Buches und somit auch die Protagonistin ist meiner Fantasie entsprungen.

Ich räume ein, dass mir meine Protagonistin ans Herz gewachsen ist, ich an mancher Stelle eine wohlwollende Augenbinde trug und ihre Fehler als kluge Schachzüge darstellte.

In diesem Buch wird die Geschichte einer besonderen Frau erzählt. Diese Geschichte ist in ihrer Gesamtheit frei erfunden, die einzelnen Situationen aber nicht. Solche Situationen erlebten und erleben auch heute noch zahlreiche Menschen. Das gilt für die heiteren Episoden, die tatsächlich erlebten und mir anvertrauten Kirmesgeschichten, aber auch für die schrecklichen Erlebnisse, die mir in einem besonderen Maße erwähnenswert erschienen. Es ist also eine fast wahre Geschichte. Der Leser wird eine Frau kennenlernen, die zwar eine Taufe und einen Namen bekam, aber von ihren Eltern niemals Liebe oder Zuneigung erhielt. Sie, die Ungeliebte, wuchs in einer seelisch toten Welt auf. Dabei soll, zum Gedenken an sie, daran erinnert werden, dass es nur ihre Geschichte ist und dass nicht jedem so eine Geschichte widerfährt. Diese Geschichte spielt teilweise in der früheren und teilweise in der jüngeren Vergangenheit. Die Handlung hat ihren Ursprung in den Monaten nach dem Zweiten Weltkrieg. Diesem Krieg, der alles veränderte, was einmal gut begonnen hatte. Durch die veränderten gesellschaftlichen und seelischen Normen wurde sie, die Ungeliebte, dazu getrieben freiwillig und unfreiwillig den Tod zu umarmen. Weil gleich die erste Berührung mit dem Tod sie zu tiefst berührte, wurde er ihr lebenslanger Begleiter.

Kapitel 1

Ritual

Schon während er kichernd und verwirrt durch das Zimmer schritt, löste sich etwas von ihrem lauernden Druck. Mit dem inneren Jubel eines Kindes, das sich ein Stück Freiheit ertrotzt hatte und auf die Einschränkungen und Konsequenzen, die sich daran anknüpfen könnten pfiff, lehnte sie locker am Türrahmen und genoss seine Verwirrtheit. Pfarrer Meier hatte schon immer sehr innig an ihr gehangen und war seinerseits nicht die stärkste Natur. Sein Geist war verstört und beschämt, seitdem er die Brücke zwischen seinem Glauben und seiner Leibeslust überschritten hatte. Sie, die Ungeliebte, besaß hingegen eine schwer zu Fall bringende, im Leben stark verwurzelte Urkraft. Der Pfarrer besuchte sie in ihrem Heim. Das Haus war im Stil des nordischen Klassizismus auf einem sehr großen Grundstück erbaut. Ihm gefiel das in fröhlichen Wetterfarben gestrichene Haus mit den Halbsäulen zu beiden Seiten der Eingangstür von Beginn an. Er hatte sich schon gefreut, an die alten Zeiten anknüpfen zu können. Bei seiner Ankunft schielte er über den um fünf Stufen erhobenen Eingangsbereich hinweg auf das obere Stockwerk. Die bodentiefen Fenster waren leicht geöffnet und ein weißer Vorhang strich sachte über das kunstvoll geschwungene Eisengitter des kleinen Balkons. Dort lag bestimmt ihr

Schlafgemach.

Nun stand er hier im hell eingerichteten, mit Stuck verzierten Esszimmer. Durch drei transparente, rosafarbene Vorhänge schaute auf den rückwärtigen Garten. Irgendwie war ihm heute nicht wohl. Sein Kopf glühte und seine Schläfen pochten rasend. Er schwitzte, seine Pupillen waren geweitet und sein Blick stark verlangsamt. Mühevoll versuchte er, die knappen und gepflegten Bewegungen ihrer schönen, schlanken Hände zu verfolgen. Sie hatte extra für ihn gekocht und alles sehr nett und geschmackvoll angerichtet. Eigentlich wollte er nach dem Essen zum gemütlichen Teil übergehen. Stattdessen schaute er auf seine eigenen ungeschickten Hände und verstand nicht, warum ausgerechnet heute sein Körper enteignet zu sein schien. Bereits seit einer Viertelstunde durchlebte er eine sehr starke Erregung. Aber sie hielt ihn mit der Geschicklichkeit einer Agentin gekonnt hin, bis ihn ein schlimmes Kratzen in Mund und Rachen störte. Bereitwillig reichte sie ihm ein Glas Wasser. Sein rückwärts gebürstetes Haar war am Scheitel bereits gelichtet und an den Schläfen fast vollständig ergraut. Seine hohe und von Falten zerklüftete Stirn bebte vor Erregung und starker Euphorie, bevor seine große Heiterkeit plötzlich von Weinkrämpfen abgelöst wurde. Der Bügel seiner Hornbrille drückte sich in den aufgedunsenen Nasenrücken, als er wie ein Tiger durchs Zimmer lief. Er rieb sich sein rasiertes Kinn und sprach in scherzender Weise plattdeutsch:

»Komm, jank mech fott!« (Das mag ich nicht!), gab der Pfarrer scherzend von sich.

»Watte nit sähs!« (Was du nicht sagst!), lächelte sie zurück. »Dat make mer henge eröm mem Höhnerkläuke!« (Wir gehen

fein diplomatisch vor!), erklärte der Pfarrer.

»Wellste mech för et Läppke halde?« (Willst du mich auf den Arm nehmen?), fragte sie lachend.

»Nit met mech! Doför mosste dech e anger Tutedöppe söhke!« (Nicht mit mir! Such dir einen anderen Dummkopf!), sagte der Pfarrer und bewegte seinen rechten erhobenen Zeigefinger hin und her.

»Wenn dat nit fluppt, dann weeß ech et nit!« (Das klappt schon!), neckte sie ihn.

»Du kanns mech emol dr Nache deue!« (Rutsch mir doch den Buckel runter!) Völlig unerwartet sprach er dann hektisch und vollkommen frei von humoristischen Zügen in aller Sachlichkeit mit einem imaginären Postboten und einem Kutscher. Sein Redeschwall steigerte sich in irres Schreien. Sein Mund war groß, dann schlaff und dann plötzlich schmal und gespannt. Sein Kopf hämmerte, er zitterte, schwankte und würgte vor Übelkeit, erbrach sich aber nicht. Schleichend setzten Halluzinationen ein. Die darauffolgenden Tobsuchtsanfälle wurden von Krämpfen durchzogen und endeten in einem epileptischen Anfall. Mittlerweile waren seine Pupillen maximal geweitet. Neckisch blendete sie den Pfarrer mit der Tischlampe. Lichtscheu schob der gehetzte Pfarrer seine Arme vor die empfindlichen Augen, die wehrlos durch die Gläser seiner Brille blickten und scheinbar das blutige Inferno der Lazarette des Krieges sahen.

»Das Leben ist eine hohe Kunst«, beglückte sie Pfarrer Meier und verzehrte sich an seinem Leiden. Selbst die klösterliche Stille des äußeren Daseins vermochte ihn nicht mehr zu retten. Sein Schicksal war besiegelt. Er konnte die Gegenstände in seiner Umgebung nicht mehr klar erkennen und alles doppelte sich

vor seinen Augen. Etwas amtlich-erzieherisch pulsierten seine beiden Halsschlagadern heftig. Tief und schnell dröhnte die Atmung des alternden Pfaffen, als er zunehmend bewusstlos wurde und schließlich erschöpft in einen schlafartigen Zustand fiel.

Mittlerweile war es Abend geworden und die Nachtkühle kroch hervor. Sie genoss die Dunkelheit und die Stille. Genüsslich zog sie an ihrer Zigarette und inhalierte den Qualm bis tief in die Lunge. Sie schaute auf den bewusstlosen Pfaffen. Sie sah, wie sich die rote Farbe seines Gesichtes bläulich färbte und wartete, bis ihm die zentrale Atemlähmung den Rest gab. Jedes Mal freute Sie sich auf die Zigarette danach. Drei Täter hatte sie schon besiegt und nun auch den Pfarrer.

»Check!«, sagte sie laut vor sich hin und machte einen Haken hinter seinem Namen auf der Liste, die vor ihr lag. Sie zog wieder genüsslich an ihrer Zigarette. Dieses Rauchen war ihr Ritual, das das Erlebnis noch schöner machte. Sie liebte den bitteren Geschmack des Tabaks und das Gefühl, zu inhalieren. Sie liebte die daraus gewonnene Entspannung. Keine Atemübung beim Yoga, keine Gesprächsstunde beim Therapeuten kam auch nur ansatzweise an dieses Gefühl heran. Das hier war ihr Rückzug in sich selbst. Nur ihren Atem konnte sie hören. Befreit und gelassen saß sie nun in ihrem Sessel. Genüsslich streckte sie sich aus und pumpte das Blut in ihre Arme und Beine. Sie saß allein und absolut ruhig in ihrem Lieblingssessel. Nunmehr verteilte sich die lang ersehnte Balance gleichmäßig in ihrem Körper. Endlich, endlich wiegten sich ihr Geist und ihre Seele wieder im Einklang.

Nachdem sie einige Jahre in verschiedenen Orten unruhig verbracht hatte, wurde sie am Rande einer Großstadt sesshaft. Hier führte sie ein ruhiges und beschauliches Leben. Die kinderlose Ehe, die sie einst voreilig eingegangen war, wurde nach kurzem Glück durch den Tod getrennt. Während dieser Zeit hatte sie ihr unheimliches Verlangen ins Unterbewusstsein verdrängt. Sobald sie aber allein war, begann es, sich langsam, aber effektvoll wieder einen Weg in ihr Bewusstsein zu bahnen. Diesem Verlangen musste und wollte sie von Zeit zu Zeit nachgeben.

Nun aber war sie völlig frei, frei von dem gewaltigen Druck. Jegliche Anspannung war aus ihrem Körper gewichen. Sie hatte die tyrannische Begrenztheit besiegt. Die einst so diktatorischen Beklemmungen krochen nun, wie ein geschundener Wurm über den Boden von ihr weg. Sie, die Ungeliebte, hatte gesiegt. Genussvoll zog sie wieder an der Zigarette und schaute zufrieden auf die Leiche, die vor ihr auf dem Boden lag. Mit der rechten Hand strich sie sich die langen blonden Haare aus dem Gesicht. Ihre Beine waren lässig übereinander geschlagen. Sie zog den bittersüßen Qualm ihrer Zigarette noch tiefer in die Lunge. Beim Ausatmen öffnete sie ihren Mund groß und rund. Sinnlich ließ sie große, dicke Rauchringe durch den Raum wandern. Nach dem letzten lustvollen Zug an ihrer Zigarette drückte sie die Kippe auf der Brust der Leiche aus. Genüsssüchtig kuschelte sie sich in ihren Ohrensessel und lauschte in sich hinein. Dank der angenehmen Entspannung erwachte ihre Aufmerksamkeit wieder zum Leben.

»Nur ein toter Mann ist ein guter Mann!«, lachte sie zufrieden und trocken. Sie sah sich den leblosen Körper ruhig und besonnen an. Seine leicht gebräunte Haut strahlte Gesundheit aus. Sie konnte aber nicht über den tatsächlichen Zustand hinwegtäuschen. Er war tot, richtig schön tot! Ihr eigener Körper

war nicht besonders athletisch, aber sie war kräftig genug, um den leblosen Körper mühelos zu entsorgen. Vier Stunden genoss sie den Rausch der Entspannung mit der Leiche. Mit jeder Kippe, die sie auf der Leiche ausdrückte, gewann sie mehr Selbstvertrauen zurück. Es war bereits tiefe Nacht, als sich dichter Zigarettenqualm an der Decke gesammelt hatte. Pfarrer Meiers Körper war nunmehr übersät mit ausgedrückten Zigarettenstummeln. Die letzte Kippe drückte sie in seinem linken Auge aus. Anschließend ging sie in den Garten und hob ein Beet aus. Obwohl sie bereits vor ein paar Tagen die Erde aufgelockert hatte, trieb ihr die körperliche Anstrengung den Schweiß aus den Poren, als sie plötzlich eine Stimme hörte.

»Hallo Frau Nachbarin, warum gräbst du mitten in der Nacht den Garten um? Willst du eine Leiche vergraben?«, fragte ihr Nachbar. Ruhig und gelassen sah sie auf, fuhr sich mit ihren gespreizten Fingern durchs Haar und befreite ihr verschwitztes Gesicht von losen Haarsträhnen.

»Ja, sicher! Leichen muss ich nachts vergraben. Am Tag fällt so was doch auf«

»So ist recht. Wir wohnen schließlich in einer anständigen Gegend«, erwiderte der Nachbar lachend. Dann fragte er ernst: »Kannst du wieder nicht schlafen?«

»Gartenarbeit hilft mir darüber hinweg«

»Mach nicht mehr so lang«, gab der Nachbar noch den guten Rat und ging in sein Haus. Als alle Lichter in der Straße erloschen waren, ging sie zurück ins Haus und rollte die Leiche auf den Rücken. Sie schob ihre Arme von hinten unter die Achselhöhlen des leblosen Körpers und zog ihn mit einem festen Ruck in eine sitzende Position. Begleitet von einem kräftigen Atem-

zug lehnte sie seinen schlaffen Körper an ihrem Schienbein an, doch Pfarrer Meier rutschte nach rechts und fiel wieder zu Boden.

»Mein Gott, bist du fett geworden«, fluchte sie innerlich und begann wieder von vorn. Diesmal hielt sie den leblosen Körper mit der rechten Hand fest, als sie sich vorbeugte, um den linken Arm des Pfarrers rechtwinklig vor seine Brust zu beugen und diesen mit ihrer linken Hand zu umklammern. Dann schob sie ihre rechte Hand unter seiner rechten Achselhöhle hindurch und drückte seinen Unterarm mit beiden Händen gegen seinen leblosen Körper. Mit diesem festen Griff zog sie die Leiche bis in die ausgehobene Stelle im Garten. Sorgfältig bedeckte sie die Leiche mit den seit Wochen gesammelten Ästen, Laub, Grasschnitt und Erde. Bis sie ein schönes, rückenfreundliches Hügelbeet vor sich hatte. Den Fuß des Erdhügels fasste sie mit Granitsteinen ein und setzte liebevoll ihre Stauden und Pflanzen darauf. Am nächsten Morgen erstrahlte an dieser Stelle ein wunderschönes Blumenbeet.

Kapitel 2

Mittwoch, 20.09.2017

Nachdem der Juni in fast allen Landesteilen Temperaturen von über 30 Grad Celsius gebracht hatte, war nun irgendwie ein falscher Hochsommer eingefallen. Es war Mittwoch, der 20. September 2017 gegen 11:30 Uhr, als Chris in der Schule saß und sich dem Schulende entgegensehnte. Er saß mit unermüdlicher Hingabe seine Zeit im Unterricht ab. Gedanklich ging er seine Ersparnisse durch und überlegte, wie er diese am besten auf die Fahrgeschäfte und Imbissbuden aufteilen könnte, die er während der Kirmestage auf jeden Fall besuchen wollte. Dem Unterricht folgte er schon lange nicht mehr. Seine Konzentration amüsierte sich schon auf der Kirmes.

›Wie schön es jetzt auf der Kirmes wäre. Straße rauf und runter, von einem Ende der Festmeile zum anderen laufen. Am besten wäre es eigentlich, wenn es die ganze Zeit regnen und nur am Montagvormittag die Sonne scheinen würde ... beste Kirmesbedingungen, nur für Haaner Schüler, das wär's doch!‹, dachte er verträumt. Bald war es so weit. In ein paar Stunden würden die Schausteller den Neuen Markt und die Kaiserstraße beherrschen. Endlich ertönte die Schulglocke und die langweilige Englischstunde war vorbei. Eilig stopften die Schüler ihre Bücher, Hefte und Stifte in die Rucksäcke und verließen mit ohrenbetäubendem Lärm das Schulgebäude. Chris hatte seinen Heimweg begonnen und fuhr mit dem Fahrrad über den Drosselweg, die Diekermühlen- und Diekerstraße, die in gerader Linie zum Neuen Markt führten.

Wo am Vormittag noch Obst, Gemüse und Blumen verkauft wurden, sollte in Kürze der Aufbau der Kirmes beginnen. Hell und großzügig lag der lang gestreckte Marktplatz und seine Nebengassen inmitten der Gartenstadt Haan, die mit Fachwerkhäusern und vielen historischen Gebäuden ergötzlich ausgestattet war. Chris fand den Neuen Markt noch in geschäftigem Treiben vor. Auf dem gepflasterten Marktplatz waren die Marktstandbetreiber noch damit beschäftigt, die nicht verkauften Waren einzupacken und die Stände abzubauen. Nachdem die letzten Marktfuhrwerke den Platz geräumt hatten, lag der Markt für einen kurzen Zeitraum schweigend im Abglanz des Wochenmarktes. Dann aber ging es endlich los. Die Handwerker schleppten die Einzelteile der Fahrgeschäfte heran und bald schon kletterten sie in den Nischen und Verstrebungen umher. Die Schausteller kommandierten die Angestellten und gestalteten, laut rufend und hämmernd, das Stadtbild neu. Ob Chris nun aus dem Inneren des Marktes durch die Marktpassage oder von außen über die Mittelstraße zur Kaiserstraße gelangte, war einerlei. Überall zeigte sich geschäftiges Aufbautreiben. Noch war die Kaiserstraße für den allgemeinen Verkehr frei. Aber ab morgen sollte dies anders werden.

Denn dort, wo sich heute noch eine Blechlawine den Weg durch Haan bahnte, würde morgen das Kirmesgeschehen als Platzhirsch das Revier verteidigen. Chris schob sein Fahrrad auf den Parkplatz des Rathauses. Hier waren die Parkplatzsuchenden bereits vertrieben. Die große Geisterbahn der Familie Schütze hatte nunmehr das Geschehen fest im Griff. Nichts für schwache Nerven. Es waren neue Geister eingetroffen. Am Samstag würden über zwanzig Untote auf dem Parkplatz des Rathauses ihr Unwesen treiben. Chris sah einen Arbeiter, der seinen Handwerkergürtel um die Hüften geschnallt hatte und einen grauen Arbeitsanzug aus robuster Baumwolle trug. Mit der rechten Hand drückte er ein Brecheisen auf den Boden und legte das gekrümmte Endstück lässig an seiner Hüfte ab. Chris blieb stehen und schaute mit Begeisterung zur nächsten Attraktion. Daneben sollte „Sky Dance" entstehen. Gegenüber würde bald „Jump Street" der Familie Klaasen zum Leben erwachen. Chris schaute auf die Uhr. Er hatte schon viel zu viel Zeit vertrödelt. Die verdammten Hausaufgaben und Lateinvokabeln warteten noch auf ihn. Morgen würde es noch viel interessanter werden. Morgen wird alles gesperrt sein und die Kirmes kann ihr herrliches Antlitz vollkommen entfalten.

Ein Schnellzug fuhr an jenem leicht dämmrigen Abend in einen mittelgroßen Bahnhof ein. Evelin Rebling erwachte, als das rhythmische Rollen der Räder verstummte und die hervorgebrachte Stille die Geräusche von draußen bedeutsam anhob. Sie verspürte einen faden Geschmack im

Mund. Langsam kam sie zu sich, wie aus einem Rausch. Ihrer Ruhe war der Rhythmus genommen, welchem sie sich hingegeben hatte, um im dumpfen Reiseschlaf die Zeit zu überbrücken. Evelin reckte sich ein wenig und sah in das besorgte Gesicht einer kleinen und zierlich gebauten Dame, die versuchte, ihren großen und scheinbar schweren Koffer mit dem Knie ruckweise in den Zug hineinzuschieben. Sie sah mit gehetzten und angstvollen Augen auf den Rollkoffer. Auf ihrer weit hervorstehenden Oberlippe bildeten sich kleine Schweißperlen. Evelin stand auf und half der Dame, allein dieser Oberlippe zuliebe.

Evelin war eine unscheinbare, schmale Person. Aus ihren Gesichtszügen konnte man ihr Alter schwer ablesen, obwohl sie bald das 70. Lebensjahr vollenden würde. Sie schaute aus dem Fenster und las das Schild „Wuppertal Hbf" auf dem Bahnsteig. Bald würde sie aussteigen müssen. Sie nahm ihre rotlederne Reisetasche mit den silbernen Schnallenriemen und stellte sie auf den Sitz neben sich. Sie war allein unterwegs und wollte sich mit den anderen Mitgliedern ihres Kegelclubs „Die Bahnbrecher" in Haan treffen. „Die Bahnbrecher" bestanden aus Loretta von Bischoffshausen, Paula Buddenberg, Cathrin Hengelsberg, Erna Heitmeier und Evelin Rebling.

Loretta von Bischoffshausen war eine Frau mit ungewöhnlichen Reizen. Trotz ihrer nahezu 70 Jahren schauten ihr die Männer immer noch hinterher. Sie hatte eine tiefe Verbindung zu Haan und war bereits am Morgen angereist. Paula Buddenberg war eine bodenständige und gerechte Frau, im gleichen Alter wie Loretta. Sie liebte es, ohne Wecker aufzuwachen und noch ganz gemütlich mit ihrer Katze auf dem Sofa zu schmusen. Aus diesem Grund wollte sie sich nicht auf eine bestimmte Reisezeit einlassen und würde einfach dann losfahren, wenn der Aufbruch in ihrem Biorhythmus passte. Cathrin Hengelsberg, ebenfalls nahezu 70 Jahre alt, hatte sich eigentlich mit Loretta auf eine gemeinsame Anreise geeinigt. Leider musste sie noch kurzfristig einen Arzttermin wahrnehmen, sodass sie es nicht pünktlich zum vereinbarten Treffpunkt geschafft hatte. Erna Heitmeier war in Haan geboren und mit ihren 65 Jahren das Küken des Kegelklubs. Sie freute sich sehr darauf, alte Bekannte zu treffen. Insbesondere wollte sie einen ehemaligen Klassenkameraden finden. Seine Küsse auf der letzten Bank im Kino waren ihr immer noch lebhaft in Erinnerung und nun, da ihr Ehemann verstorben war, war sie frei und bereit, alte Verbindungen wieder aufleben zu lassen. Sie war bereits am Vormittag in Haan eingetroffen.

Als sie, die Ungeliebte, am Haaner Bahnhof aus dem Zug stieg, war sie getrieben; getrieben von ihrer inneren Anspannung und Unruhe. Endlich konnte sie sich aus der Enge des Zuges befreien und ihrem Bewegungsdrang freien Lauf lassen. Über die Jahre hatte sie gelernt, mit dieser Unruhe und inneren Hektik umzugehen. Sie wusste aber genau, dass sie wieder töten musste. Die Vorfreude darauf gab ihr die Kraft, sich zusammenzureißen. Um nicht aufzufallen, bemühte sie sich, ihre verstärkte Reizbarkeit und ihre aggressive Haltung zu unterdrücken. Sie hasste diesen Zustand. Zwar tötete sie am liebsten in ihrer bekannten Umgebung, aber ihr letztes Opfer hatte sich aus dem Staub gemacht. Nun war sie gezwungen, willkürlich zu töten.

Im Alter rückte die Vergangenheit immer näher. Die Erinnerungen überschwemmten sie regelmäßig in quälender Weise, ohne dass sie sich dagegen wehren konnte. Sie hatte sich dieses Leben nicht ausgesucht. Mit jedem neuen Lebensjahr wurden die Abstände des Tötens kürzer. Während sie rast- und ziellos ihren schweren Koffer durch den Grünstreifen Haans zog, überlegte sie überreizt, wie sie an ein Opfer kommen könnte. Um etwas Ruhe aufzubauen, dachte sie über eines ihrer Opfer aus der Vergangenheit nach. Damals war sie 32 Jahre alt. Die Nachbarn nannten sie die Skeptische und Stille, aber diese Einschätzung war völlig falsch. Sie war eine Rebellin. Sie suchte und fand einen ganz bestimmten Halbstarken. Regelmäßig traf sie sich mit ihm im Park einer entfernten Großstadt. Sie und ihr damaliges Opfer hatten sich betrunken und ganz bewusst die Passanten angepöbelt. In der Dunkelheit knackten sie ein Auto und unternahmen eine Spritztour. Betrunken, wie sie waren, endete diese Tour natürlich im Straßengraben. Torkelnd verließen die beiden damals die zerstörte Karre. Stunden später saß sie allein und entspannt in ihrem Sessel. Sie holte sich nun das erhabene Gefühl hervor, wie sie damals auf die Leiche schaute, die nackt vor ihr auf dem Boden lag. Sehnsuchtsvoll dachte sie an die Ruhe, die sich mit seinem

Tod in ihrem Körper ausgebreitet hatte. Er war groß gewachsen und hatte lange Haare. Seinen schlanken Körper hatte er nie geschont. Alkohol und Drogen hatten deutliche Spuren hinterlassen. Er war ein Rebell, genau wie sie. Sein Jurastudium hatte er im 4. Semester geschmissen und den Kontakt zu seinem Elternhaus abgebrochen. Seither lebte er auf der Straße. Im Volksmund würde er der bildungsfernen Gesellschaft zugeordnet werden. Ihn vermisste keiner. Die Jungs von der Straße glaubten, dass er weitergezogen war. Aber er hatte ein dunkles Geheimnis. Und darum musste er sterben. Für die nächste Zeit war ihr Bedarf gedeckt. Obwohl sie damals schon merkte, dass sich ihr Leben zu einer Sisyphusarbeit entwickelte, genoss sie die kurze Entspannung. Sie musste einfach immer wieder von vorne anfangen.

Kapitel 3

Der Krieg nach dem Krieg

Gertrud Müller saß einsam auf den Stufen eines zerstörten Hauses. Sie lauschte und hoffte auf Sehnsuchtsgeräusche, wie Glockenklang oder das Singen einer Drossel. Die Sommerabende ihrer Kindheit kamen ihr in den Sinn. Die roten Johannisbeeren, die sie von den Sträuchern im Garten ihres Vaters gepflückt hatte. Sie dachte an das Glitzern im Wasser der Regentonne. Sie sehnte sich nach dem Geruch des Kuchens, den die Mutter sonntags gebacken hatte und träumte, wie ihr Vater nach Hause kam und fröhlich ein Lied pfiff, während er seine Krawatte löste und den obersten Hemdknopf öffnete. All dies war weit entfernt und unwiederbringlich verloren. Denn Gertrud Müller kämpfte 1947 immer noch an der entbehrungsreichen Heimatfront. Sie wurde zu Arbeiten in der Industrie eingesetzt. Sie war allein für die Erziehung ihrer Kinder verantwortlich. Tagsüber musste sie die Kinder versorgen und die knappen Lebensmittel gleichmäßig verteilen und nachts arbeitete sie in der Fabrik. Sie machte zwar aus der Not eine Tugend und baute Gemüse im Kleingarten an, aber trotzdem fehlte es an allen Ecken und Enden. Der Krieg war verloren und zum Glück war die Zeit der nächtlichen Bombenangriffe vorbei, aber der Kampf ging weiter, denn nun folgte der Kampf um das nackte Überleben. Deutschland war von einem langen, harten Winter belagert. Kilometerweit war der Rhein zugefroren. Die Versorgungslage war extrem schwierig. Die vielen Flüchtlinge und Vertriebenen suchten nicht nur Zuflucht in den zerbombten Städten der Besatzungszone, sondern auch Lebensmittel. Zwei Jahre nach dem Ende des Zweiten Weltkrieges hatte Deutschland nichts. Keine Butter, keinen Speck und das bisschen Marmelade hatte sich die Besatzung unter den Nagel gerissen. Wegen Kohlemangels wurden Betriebe geschlossen. Der Hunger zwang die Menschen, ihr Vieh zu schlachten. Überfälle und Plünderungen waren an der Tagesordnung. Der Hunger und die klirrende Kälte eröffneten einen ungleichen Kampf.

An einem dieser eisigen Abende Anfang Dezember 1947 war Gertrud Müller mit dem Fahrrad unterwegs. Der frostklirrende Wind war erbarmungslos. Ihre Hände schmerzten und konnten kaum die Griffe des Lenkers umgreifen. Auf der Straße kamen ihr drei Männer entgegen. Als sie an ihnen vorbeifahren wollte, stellte sich ihr einer der Männer in den Weg. Sie wollte ihm ausweichen, aber die anderen beiden hatten sich rechts und links an der Straße postiert und stießen sie mit ihrem Fahrrad um. Gertrud fiel auf die Straße und wurde von den Männern in den Graben gezerrt. Sie wusste, was das zu bedeuten hatte und wehrte sich. Sie schrie, schlug und biss um sich, aber die Männer waren kräftiger als sie. Einer nahm das Fahrrad und fuhr zunächst davon. Die beiden anderen vergewaltigten sie brutal. Sie schrie und weinte, aber keiner hörte ihre Schreie. Obwohl mehrere Fahrzeuge die Stelle passierten, hielt niemand an, um ihr zu helfen. Als die beiden endlich fertig waren, kam der Dritte mit dem Fahrrad zurück. Auch er fiel ohne Skrupel über sie her. Irgendwann ließ er befriedigt von ihr ab und ließ die wei-

nende Gertrud einfach liegen. Ihre Kleider waren zerrissen, ihre Lippe aufgeplatzt und ihre Nase gebrochen. Starr vor Entsetzen lief sie weinend und blutend nach Hause. Ein paar Meter vor ihrem Zuhause traf sie eine Frau. Schluchzend erzählte Gertrud der Fremden, was gerade geschehen war. Nur zu gut konnte diese Frau verstehen, was Gertrud widerfahren war.

»Wir haben den Krieg verloren und sind nichts mehr wert. Da müssen wir jetzt durch«, sagte die Fremde so aufbauend wie möglich und bot ihr eine Gelegenheit, sich zu waschen. Niemals wieder hat Gertrud über dieses Ereignis gesprochen, viel zu groß war die Scham. Aber in ihrem Unterleib regte sich bald Leben.

Es war am 27. Tag des Januars 1948, im härtesten Winter nach den Schrecken des Krieges. Mühevoll stapfte Wilhelm Müller durch den hohen Schnee. Eine eisige Windböe fegte über das Feld. Die Kälte drang durch die Löcher seiner dünnen Wollkleidung und krallte ihre eisigen Finger um seinen hungrigen Körper. Mit jedem Schritt sank Wilhelm bis zu den Knien in den Schnee ein. Ein Schwall des eisigen Schnees blendete ihn. Das blanke Entsetzten stieg in ihm auf. Würde er jetzt, nachdem der Krieg und die Gefangenschaft vorüber war, sein Leben verlieren, weil er in diesem Schneesturm die Orientierung verlor und nun bis zur endgültigen Erschöpfung im Kreis lief? An seinen Brauen und Lidern hatten sich Schneekrusten gebildet. Die Kälte lag schmerzhaft in seinen Händen und Füßen. Angsterfüllt fuhr er sich mit seiner rechten zittrigen Hand durchs Gesicht. Dann kniff er die Augen etwas zusammen, um seinen Blick zu schärfen und schaute in die Ferne. Plötzlich hellte sich sein Gesicht auf. Er hatte die schwarzen Umrisse des Kölner Doms entdeckt.

›Endlich‹, dachte er, fast hatte er es geschafft.

Hungrig wühlte sich Wilhelm Müller durch die Schneewehen und kämpfte gegen das aufsteigende Schwindelgefühl. Er hatte seit mehreren Tagen nichts gegessen. Sein Körper war gequält und seine Seele zerstört. Seine Kriegserfahrungen als Soldat, als Täter, als Barbar und als Opfer hatten ihn emotional vernichtet. Nun kehrte er heim, in eine zerstörte Stadt. Er brauchte eine gewisse Zeit, um sich in den Ruinen zurechtzufinden. Aber dann, endlich fand er die Reste seines Hauses und trat durch einen Bretterverschlag ein. Gertrud saß mit den beiden Jungs, Hans und Gerd, an der Feuerstelle und wärmte sich. Ihr Mann Wilhelm musste damals, unmittelbar nach der Trauung seine Siebensachen packen und in den Krieg ziehen. In den beiden Heimaturlauben wurden Hans und Gerd gezeugt. Danach brach der Kontakt zwischen Wilhelm und Gertrud Müller ab. Am Aushang hing eine Vermisstenliste und regelmäßig fragte sie in der Stadtverwaltung nach dem Verbleib ihres Mannes. Aber er schien verschwunden.

›Offensichtlich war er gefallen‹ dachte sie. Als er nun, halb erfroren aber wahrhaftig, in ihrem zerbombten Haus stand, glaubte sie, dass nunmehr alles gut werden würde. Aber als Gertrud ihren Mann in die Arme schloss, spürte sie bereits, dass er nicht als der gleiche Mann zurückgekehrt war, als der er nach der Hochzeit in den Krieg gezogen war. Die Kinder sahen den fremden Mann, der offensichtlich ihr Vater war, argwöhnisch an. Dann fielen sie ihm weinend um den Hals. Wilhelm wickelte sich die gefrorenen Tücher von den Händen und den Füßen. Kurz erstarrte er bei dem Anblick seiner kränklichen,

blauweißen Haut. Er rieb sich die tauben Finger und Zehen. Seine Glieder juckten und pochten, als das Gefühl wieder Einzug hielt. Gesprochen wurde nicht viel und erst recht nicht über das Erlebte, aber bald wurde das ungewollte Leben in Gertruds Leib ehelich.

Im September 1948 setzten die Wehen scheinbar zu früh ein. Eine Nachbarin eilte durch die zerstörten Straßen, um Heidrun, die Hebamme, zu holen. Heidrun klopfte einmal an die Tür, sie wartete aber nicht auf eine Antwort, sondern trat unmittelbar ein. Die Zeit war zu knapp und bot keinen Raum für Förmlichkeiten. Das Zimmer war dunkel, die Fenster waren mit Brettern vernagelt. Es dauerte einen Augenblick, bis sich Heidruns Augen an die Dunkelheit gewöhnt hatten. Schleunigst untersuchte sie ihre Patientin. Gertruds Körper war angeschwollen und aufgebläht. Ihr Puls raste und die Atmung war flach. Heidrun durfte keine Zeit verlieren. Da betrat Wilhelm den Raum und schrie:

»Was machst du hier?«

»Dein Kind kommt zur Welt«, sagte die Hebamme.

»Wir haben kein Platz für den Bastard«, zischte er und setze sich in eine Ecke.

›Was für ein hartherziger Mensch‹, dachte Heidrun und legte Gertrud ein nasses Tuch auf die Stirn. Gertrud wurde bereits über viele Stunden durch die Wehen gequält und wurde immer schwächer, aber nichts passierte. Nachdem die Hebamme ihr den Schweiß von der Haut getupft hatte, trat sie vor Wilhelm und erklärte ihm, dass das Kind nicht in der richtigen Position läge, sie das Kind alleine aber nicht drehen könne und dass

Wilhelm ihr helfen müsse.

»Ich soll dir dabei helfen? Bist du übergeschnappt?« Wilhelm zeigte völlig empört auf seine Frau.

»Wenn du mir nicht hilfst, wird Gertrud sterben«

»Du spinnst doch! Sie hat schon zwei gesunde Jungs zur Welt gebracht, dabei sind keine Komplikationen aufgetreten. Du kannst das doch gar nicht beurteilen«, blaffte Wilhelm Heidrun an. Das war zu viel, dass dieser Mann ihre Fähigkeiten als Hebamme anzweifelte. Heidrun baute sich vor Wilhelm auf und starrte ihm tief in die Augen. Dann schrie sie ihm ins Gesicht und stieß mit ihrem rechten ausgestreckten Zeigefinger gegen seine Brust:

»DU hast keine Ahnung. Schau sie dir nur an« Wilhelm trat näher an das Bett seiner Frau. Er sah die schweißnassen Haare, die auf ihrer Haut klebten und der Anblick ihrer gelblichen Gesichtsfarbe versetzte ihm einen Schreckensschmerz in der Magengegend. Ihre dunkel umschatteten Augen lagen tief in ihren Augenhöhlen. Ungläubig beugte sich Wilhelm zu seiner Frau herunter und horchte. Entsetzt richtete er sich ruckartig wieder auf, denn er hatte nur ein ungleichmäßiges und klägliches Atmen vernommen.

»Und?«, fragte Heidrun fordernd. Wilhelm trat ein Stück zurück und lief wie ein Tiger im Zimmer auf und ab. Er schien nachzudenken. Dann blieb er stehen und fragte:

»Was soll ich machen?«

»Ich erkläre dir genau was wir machen«, brachte die Hebamme sichtlich erleichtert hervor.

»Zunächst musst du mir helfen sie hochzuheben.« Gemeinsam hoben sie Gertruds schlaffen Körper hoch und nahmen sie

in die Mitte. Behutsam stellten sie sie auf ihre eigenen Beine. Kraftlos taumelte Gertrud gegen ihren Mann.

»Das Kind muss unbedingt in die richtige Lage kommen. Auf mein Kommando heben wir sie hoch und schütteln sie. Aber lass sie auf keinen Fall fallen.« Gertrud hing schlaff zwischen Wilhelm und Heidrun. Ihr Kopf hing scheinbar leblos auf ihrem Brustkorb.

»Eins...zwei...hoch!« Gertrud versuchte sich aus Wilhelms Griff zu lösen. Die Schmerzen und die Angst ließen ihren Körper große Kräfte entwickeln. Nachdem Sie Gertrud ein paar Mal hochgehoben und geschüttelt hatten, legten sie sie wieder behutsam auf ihr Bett.

Im Krieg hatte Heidrun viele Kinder ohne jegliche Hilfsmittel zur Welt gebracht. Einige Kinder, aber auch einige Mütter hatten die Strapazen nicht überlebt. Und auch um diese beiden Leben musste sie kämpfen. Heidrun untersuchte Gertrud. Der Gebärmuttermund war geschwollen und verkrampft. Gertrud stöhnte schmerzerfüllt auf, als die Hebamme an dem widerspenstigen Gewebe der Gebärmutter mit dem Nagel ihres Mittelfingers zerrte, dann wurde ihr Körper locker. Warmes Blut ergoss sich. Endlich öffnete sich der Muttermund. Mit einem beherzten

»Ja« griff Heidrun sanft nach dem Kopf des Ungeborenen und drückte ihn leicht nach unten. Heidrun fühlte, wie sich das Kind bewegte. Behutsam aber beharrlich zog sie an dem winzigen Leib und achtete ganz genau darauf, dass sie die weichen Knochen nicht verletzte. Endlich erschien der von dichtem Haar bedeckte Kopf des Kindes. Vorsichtig zog die Hebamme den Kopf aus dem Mutterleib und drehte den Körper leicht. So konnte sie

erst die kleine linke und anschließend die rechte Schulter durch die schmale Öffnung heben. Ein letzter kräftiger Ruck ließ den kleinen, nassen Körper in Heidruns Hände gleiten. Heidrun betrachtete die zarte, rosige Haut und nahm wohlwollend den kräftigen Schrei des Babys zur Kenntnis.

»Es ist ein gesundes und kräftiges Mädchen«, strahlte die Hebamme.

»Eine Zecke«, zischte der Vater hart und abweisend. Auch Gertrud wandte sich angewidert von dem Säugling ab. Sie hasste dieses kleine Bündel Leben, dass so gewaltsam in ihren Körper kam und sie nun fast das Leben gekostet hatte.

Für das kleine Mädchen gab es keinen Platz in dieser Welt. So wurde SIE, die Ungeliebte, am 25.09.1948 ungeküsst in eine kalte, hungrige und seelisch tote Welt geschubst.

Kapitel 4

Auf der Wache

Hans Dampf saß an seinem Schreibtisch und spielte mit seinem Zentimetermaßband. Dieses Maßband war der Countdown seiner Arbeitszeit. Dampf war ein untersetzter, mittelgroßer Mann mit weißem Haar. Seine Tage bis zur Pensionierung waren gezählt. Er freute sich auf die langen, ereignislosen Tage, die er unter der Linde im Garten seines Elternhauses in der Mozartstraße verbringen würde. Hier war seine Familie eingezogen, als er fünf Jahre alt war, und hier lebte er immer noch mit seiner Mutter unter einem Dach. Dampf sah jeden Fall, den er bearbeiten musste, als eine persönlich gegen ihn gerichtete Schikane. Er musste nur noch bis Dezember durchhalten. Dann endlich, begann für ihn sein lang ersehnter neuer Lebensabschnitt. Er wird viel Zeit haben. Dann wird er sich all seine lang gehegten Wünsche erfüllen. Er hatte sich in die Heckscheibe seines Autos ´Rente 2017´ geklebt. Soviel Sinn für Humor hatte Beil seinem Kollegen gar nicht zugetraut. Dampf brauchte nur die Zeit an seinem Schreibtisch bis Dezember abzusitzen. Sein Platz war schon komplett sauber. Alle Ordner waren weggeräumt. Kein offener Fall lag auf seinem Schreibtisch. Die paar Beschwerden wegen ruhestörendem Lärm hatte er immer Beil hingelegt. Dampfs Mutter hatte ihm während seiner Mittagspause eine Vase mit Kornblumen auf den Schreibtisch gestellt. Dampf hasste die Blumen, aber er ließ die Vase aus Respekt zu seiner Mutter dort stehen. Aus der angenehmen Langeweile heraus öffnete er seine Schreibtischschublade. Die wichtigsten Dinge hatte er bereits entfernt. In der Schublade befanden sich noch eine alte Taxiquittung, eine alte Kinokarte, kaputte Kugelschreiber und eine leere Tablettenschachtel. Mit dem Zeigefinger fuhr er durch die letzten Sachen seiner Schublade. Die Kinokarte erweckte doch noch seine Aufmerksamkeit. Er nahm die Karte heraus und sah sie sich noch mal genauer an. Sie trug ein Datum aus dem Jahr 1967. Damals hatte er noch geraucht. Genüsslich dachte er an eine Zigarette und bekam schwitzige Hände. Damals war es schick zu rauchen. Geraucht wurde überall. In den Gaststätten und Kneipen. Sogar im Fernsehen wurde ganz offiziell gequalmt. Und im Kino. Er mochte es eigentlich nicht, aber es war cool. Dampf hatte damals nur geraucht, weil seine Herzdame auch geraucht hatte. Gedankenverloren gab er sich seinen Erinnerungen hin und dachte nur noch an sie. Es war die schicke Zeit nach dem Zweiten Weltkrieg. Man war wieder wer. Die Werbung für Zigaretten war nach amerikanischen Schnittmuster gestrickt. Neben den ganzen alltäglichen Dingen, schielte man auch nach Luxusgütern. Dampf träumte damals von einem Fahrrad und - ganz tollkühn - von einem Motorroller. Er erinnerte sich an das herrliche Kino, das in den 50er und 60er Jahren am Windhövel für Unterhaltung sorgte. Das Eiscafé am Windhövel trug im Volksmund den Namen "Teenager-Befruchtungsanlage". Und auch Hans hatte dort seine erste Verabredung. Als seine Großeltern im Lokal Friedrich Pfeiffer ihre Eiserne Hochzeit gefeiert hatten, schlich er sich unerkannt davon und traf sich heimlich mit seiner Herzdame in diesem Eiscafé. Anschließend knutschten sie bei Winnetou Teil 1, 2 und 3 in der letzten Reihe. Niemals mehr in seinem Leben war er so verliebt, wie damals. Er war 15 Jahre alt und sie hieß Erna. Sie war eines der aufregendsten Mädchen an seiner Schule. Es war selten, dass sie ihn ansah und lächelte. Mit der Klugheit, die seiner Natur eigentlich fremd war, stellte er sich ihr in den Weg, so dass sie über seine Blicke stolpern musste. Wenn sie ihn anschaute, machte sein Herz Sprünge. Sie war eine Qual für ihn, aber eine Qual, die ihn glücklich machte. Sie konnte ihn in einen Rausch versetzen, sobald sie ihn ansah. Verträumt drehte er die Kinokarte in seinen Händen und lächelte in sich hinein. Dann strich er die Karte sorgfältig zwischen den Fingern glatt und steckte sie in seine Brieftasche.

»Ja, das waren noch Zeiten«, sagte Dampf laut, wenn auch mehr zu sich selbst. Beil sah auf und bemerkte, dass Dampf in seinen Gedanken gefangen und scheinbar verloren war. Beil war ein schlanker, breitschultriger, ehrgeiziger Polizeibeamter. Er war 30 Jahre alt und hatte ein eher oberflächliches Naturell; aber er hatte Ziele. Er wollte Karriere bei der Polizei machen. Um diese Ziele zu erreichen, hatte er sich gezwungen, ein Gewohnheitsmensch zu werden. Er war der Meinung, dass er seine selbstgesetzten Ziele besser erreichen könne, wenn er sich gewissen Zwängen unterwarf. Dazu gehörte ein klar strukturierter Tagesablauf sowie eine komplett durchgeplante Woche. Er wollte unbedingt Chef der Polizeiwache in Mettmann werden.

»Alles o.k. mit dir?«, fragte Beil.

»Mein Leben wird wieder anfangen, sobald ich nicht mehr hier her muss. Ich werde schwimmen, Fahrrad fahren, wandern und mich ausruhen. Ich freue mich so sehr auf diese unbeschwerte Zeit. Das glaubst du nicht«, sagte Dampf und nahm einen tiefen Atemzug, als würde er den entbehrten Duft der Freiheit in sich aufsaugen.

»Ausgezeichnet!«

»Ja, es wird hervorragend. Übrigens gestaltet sich der Dienst heute nicht vorteilhaft. Manchmal geht die Zeit schneller um. Ich kann mich aber kaum sattsehen, an meinem leeren Schreibtisch«, sagte Dampf und sein Mund wurde von einem Ausdruck der übertriebenen Freude verzogen. Dann plötzlich geriet er ins Lachen, in ein hemmungsloses Lachen, das seinen Bauch erschütterte und sein Gesicht aufhellte.

»Was ist los? Warum lachst du?«

»Die Vorkommnisse auf der Kirmes musst du alle alleine bearbeiten«

»Du Zyniker!«, lachte Beil ihm entgegen und konnte dessen Freude auf den Ruhestand durchaus nachvollziehen. Dampf schaute zufrieden lächelnd, zog eine Zeitung aus seiner Tasche und las darin. Selbst als sich die Tür zur Wache öffnete, las Dampf seine Zeitung wie selbstverständlich weiter. So kam es, dass er die Dame, die in diesem Augenblick die Wache betrat auch nicht sah. Beil stand auf und begrüßte die Dame mit seiner unnachahmlich herzhaften Art. Mit dieser Haltung strahlte er fröhliches Vertrauen aus, das jede Befangenheit überflüssig machte. Die Dame war ungefähr fünfundsechzig Jahre alt, schmalschultrig, schlank und bedeutend kleiner als Beil, so dass er den Kopf nach vorn neigen musste, um ihr ins Gesicht zu schauen. Sie war ungewöhnlich blass, was durch ihre schwarzen Haare und die dunkle Glut ihrer Augen noch hervorgehoben wurde. Beil dachte unwillkürlich an Schneewittchen im betagten Alter. Sie trug ein schwarzes Kleid, rote Slipper und ein weißes, überfallendes Halstuch. Sie lächelte Beil herzlich an und gab den Blick auf ihre makellosen weißen Zähne frei. Freundlich streckte sie ihm die Hand zum Gruß entgegen. Beil schüttelte ihre Hand und fragte, was er für sie tun könne.

»Seien Sie gegrüßt. Ich möchte eine Anzeige aufgeben«, sagte die Dame.

»Ja, bitte nehmen Sie Platz.« Es war schon fast rührend, zu sehen, wie Dampf die Zeitung las, um nicht einmal ansatzweise mit Arbeit in Kontakt zu kommen. Er schaute noch nicht mal mit väterlichem Misstrauen, ob Beil alles richtig machte. Die Dame antwortete, während sie auf dem Besucherstuhl Platz nahm.

»Mir wurde meine Geldbörse gestohlen.« Beil nahm die Anzeige auf. Bei der Abfrage der persönlichen Daten wurde Dampf auf einmal hellhörig und erhob den Kopf. Er schaute die Dame eindringlich an. Da sie aber mit dem Rücken zu ihm saß, stand er auf, ging quer durch den Raum und baute sich hinter Beil auf. Aus dieser Position konnte er die Dame genau sehen. Auch sie hob ihren Kopf und schaute Dampf an. Die Dame wich gleichsam zurück. Für einen kurzen Augenblick büßte sie ihre Herzlichkeit ein und schaute Dampf forschend an.

»Äh, Erna?«, stotterte Dampf fragend.

»Hans?«, fragte die Dame ihrerseits.

»Meine Güte, es sind bestimmt 50 Jahre vergangen, seit wir uns das letzte Mal gesehen haben. Wie geht es dir?«

»Äh, gut. Und dir?«, erwiderte Hans. Dabei verschwieg er, dass er gerade noch an sie gedacht hatte.

»Jetzt geht es mir auch wieder gut. Mein Mann ist vor ein paar Monaten verstorben. Es war eine schwere Zeit für mich, aber nun habe ich mich wieder gefangen. Ich bin mit meinem Kegelklub hier in Haan. Wir wollen die Kirmes besuchen.«

»Na das ist ja toll. Und jetzt wurde dir deine Geldbörse gestohlen?«

»Ja, das ist sehr ärgerlich. Wir sind heute erst angereist und schon wurde ich bestohlen. Ich habe bereits alle Karten sperren lassen. - Jetzt muss ich aber los, die Mädels warten auf mich.«

»O.k., ich kümmere mich persönlich um diesen Diebstahl und melde mich bei dir, sobald ich was herausgefunden habe. Mein Kollege hat ja deine Kontaktdaten aufgenommen.«

Kapitel 5

Sie war 6 Jahre

Es war Sommer. Ganz in der Nähe grollte ein Donner und sie, die Ungeliebte, erwachte. In ihrem Bett suchte sie nach Wärme und Behaglichkeit. Aber nichts davon war ihr vergönnt. Der Regen prasselte unaufhörlich. Ein Blitz, dem unmittelbar das laute Krachen eines Donners folgte, erhellte das Zimmer. Das heftig tobende Sommergewitter lies den Geruch von nasser Erde aufsteigen. Der Wind frischte auf und ließ die Eiche vor ihrem Fenster rhythmisch hin und her wiegen. Die Schatten der Äste fielen ins Zimmer. Sie lag wach in ihrem Bett und fixierte gebannt die tanzenden Schatten. Die Schatten aber wurden zu Monstern, die nach ihr griffen.

›Nein!‹, dachte sie. Angsterfüllt riss sie ihren Mund auf, als wolle sie schreien. Aber sie hielt inne. Wenn der Vater sie hörte, würde er wütend werden und wütend war er überhaupt nicht zu ertragen. Sie lag wie erstarrt da und beobachtete voller Entsetzen das Zucken der Blitze.

»Bitte, lass das Gewitter schnell vorbeigehen«, flüsterte sie leise in den Zipfel ihrer Bettdecke, den sie sich vor das Gesicht gezogen hatte. Sie war starr vor Angst und unfähig, sich zu bewegen. Die Angst vor den Schattenmonstern an der Wand wurde immer mächtiger. Obwohl die Angst ihren klaren Verstand

lähmte, wusste sie, dass sie etwas unternehmen musste, um sich dieser Situation zu entziehen. Endlich hob sie voller Entschlossenheit ihren kleinen Kopf und schob das Kinn vor. Sie bewegte sich langsam und mit größter Vorsicht aus dem Bett und ließ die Schattenmonster an der Wand für keine Sekunde aus den Augen. Ihre Füße berührten den Fußboden. Das vertraute Gefühl der kalten Oberfläche gab ihr Sicherheit. Dennoch wagte sie kaum zu atmen, als sie sich in Richtung Flur begab. Leise öffnete sie die Zimmertür und schlich lautlos, aber schnell über den Flur ins Badezimmer. Sofort verschloss sie die Badezimmertür von innen. Das Badezimmer hatte kein Fenster. Sie schaltete das Licht ein, setzte sich auf den geschlossenen Toilettendeckel, schlug ihre kleinen Arme um die angezogenen Beine und vergrub ihr Gesicht zwischen den Knien. In dieser Position wartete sie bis zum Morgengrauen, als das Gewitter endlich weiterzog. Eiskalt und hundeelend schlich sie wieder in ihr Bett. Kurz darauf brüllte die schrille Stimme des Vaters über den Flur.

»Aufstehen!« Seine Stimme war unverkennbar ... scharf und kalt. In genau diesem Ton und dieser Lautstärke hatte er auch die Befehle an der Front erteilt. In den eigenen vier Wänden verschoben sich zwar die Fronten, aber Wilhelm Müller blieb ein Kriegsherr, ein jähzorniger Mensch mit psychopathischen Neigungen. Der Krieg wurde in der Familie einfach weitergeführt. Wilhelm war der Familientyrann; sanft war er nie. Sie war schon glücklich, wenn ihr Vater sie nicht beachtete, denn dann war sie aus der Schusslinie.

Obwohl Wilhelm Müller erst 35 Jahre alt war, hatte er sein Leben bereits hinter sich. Sein Äußeres entsprach seinem tatsächlichen Alter und zugleich wirkte er doppelt oder dreimal so alt. Er war eine menschliche Hülle und glich mehr einer Mumie als einem Mann, denn innerlich war er tot. Der Krieg hatte sein Innenleben getötet. Er hatte an der Front jegliche Empfindung verloren. Herzlichkeit und Zärtlichkeit war ihm genauso fremd wie Ekel und Abscheu. Er trauerte nicht um die Kameraden, die er an der Front verloren hatte und freute sich nicht mit denen, die die Hölle überlebt hatten. Der abgestorbene Mann spürte einfach gar nichts mehr. Diese vollkommene Emotionslosigkeit durchbrach er aber immer häufiger mit launischem Gehabe. Er teilte der Familie drei Mahlzeiten am Tag zu, aber keinen Krümel mehr. Zudem besaß er einen gnadenlosen Ordnungssinn. Er prügelte seinen Kindern und seiner Frau dieses eiserne Ordnungsprinzip ein. Wer sich nicht an seine Regeln hielt, bekam eine heftige Ohrfeige, einen Faustschlag oder zehn Hiebe mit dem Ledergürtel und eine Mahlzeit weniger. Er teilte seiner Frau einen genauen Betrag für das Haushaltsgeld zu. In günstigen Zeiten kam sie gut damit zurecht. In schlechten Zeiten aber, gab er keinen Pfennig mehr dazu. Alle Familienmitglieder litten unter dem tyrannischen Kriegsheimkehrer, aber für sie sollte das Leben in dieser Familie eine besonders unerträgliche Qual werden.

Sie besaß zum Glück einen gesunden Körperbau und einen wachen Geist. Sie überstand in ihrer Kindheit die unversorgten Masern, die Windpocken, einen Sturz aus dem Fenster und Verbrühungen des Oberkörpers mit kochendem Wasser. Sie trug viele Narben auf der Haut und der Seele davon. Aber diese Erfahrungen härteten sie ab. Sie war genügsam, wie eine Bakterienspore. Sie kam mit einer geringen Menge an Nahrung und Kleidung zurecht. Nur ihre Seele litt an fehlender Geborgenheit,

Zuwendungen und Liebe. Sie war gezwungen, sich von diesen Luxusgefühlen unabhängig zu machen, um überhaupt überleben zu können. Vaters Launen waren unberechenbar. Aus dem Nichts konnte er die gesamte Familie erniedrigen. Seine Worte schmerzten ... genau wie sein Ledergürtel. Alles, was er sagte und tat, fuhr immer sofort ins Herz um dort jegliches Gefühl zu strangulieren. Wenn der Vater sie nicht schlug, kamen Worte voller Gehässigkeit und Niedertracht über seine Lippen. Diese Bitterkeiten blieben in ihrer Seele stecken, faulten vor sich hin und entwickelten sich zu Stinkbomben in ihrem Herzen. Es schien, als hätte der Vater nur das eine Ziel: seine Familie zu vernichten.

Niedergeschlagen und schlaftrunken bereitete sie sich auf die Schule vor. Sie hatte kein eigenes Zimmer, sondern nur ein Klappbett, das tagsüber im Schrank verschwand. Ihr Reich beschränkte sich auf eine 90 x 180 cm große Matratze. In dem Zimmer stand außerdem noch der übergroße Schreibtisch des Vaters, an dem sie ihn nie sitzen sah. Mit den Büchern unter dem Arm verließ sie das Zimmer und begab sich in die Küche. Sofort vernahm sie das betretene Schweigen. Mutter saß versteinert am Tisch, ihre beiden Brüder aßen schweigend ihr Butterbrot. Dabei saßen sie kerzengerade und starrten ins Leere. In dieser Familie gab es keine Unterhaltungen in der Form, dass jemand etwas sagte und ein anderer zuhörte. Hier brüllte nur Wilhelm Müller und alle anderen wurden stumm. Oftmals verzog ihr Vater angewidert das Gesicht und setzte einen heiligen Zorn auf, der ihn dazu ermächtigte, die Welt und insbesondere die Mitglieder seiner Familie zu bestrafen. Ganz schlimm wurde es, wenn er nur einen leisen hämischen Ton von sich gab.

Dieses Geräusch enthielt ausschließlich Gift und Gehässigkeit und drückte seine gesamte Verachtung aus.

Lautlos rutschte sie auf ihren Stuhl und legte die Bücher darunter. Der Vater schaute sie verächtlich an und zog extrem laut Luft durch die Nase ein:

»Wo kommst du jetzt erst her?«, fragte er verbittert. Sie verkrampfte sofort und ihre Beine umschlossen die Stuhlbeine, um sich daran festzuhalten. Sie wusste genau, was jetzt kam. Als stille Kriegsbeobachterin kannte sie seine Reaktion genau und sie hatte in ihrem kurzen Leben viel mehr Gewalt gesehen und erfahren, als es für eine Sechsjährige gut war. Ohne eine Antwort abzuwarten, holte der Vater aus und schlug mit seiner flachen Hand gegen ihren Kopf. Ihr kleiner Kopf konnte die Wucht des Schlages nicht abfangen und prallte auf die Tischplatte. Angespannt aber ruhig stand die Mutter auf, befeuchtete ein Geschirrtuch mit Wasser und versuchte, damit die Blutung ihrer kleinen Nase zu stillen.

»Geh schon«, sagte die Mutter zu ihr,

»sonst kommst du zu spät zur Schule.« Sie, die Ungeliebte, nahm ihre Bücher, schluckte die stummen Tränen herunter und verließ mit gesenktem Blick und ohne Frühstück das Haus.

Kapitel 6

Donnerstag, 21.09.2017

Endlich Schulschluss! Chris hatte seine Schultasche zu Hause abgestellt und verließ schleunigst das Haus. Eilig schritt er die Büsche der Turnstraße entlang. Schließlich fand er die vertrauten Klappergeräusche, die er suchte. Auf dem Rathausplatz war es, nach der sengenden Hitze in der Schule, wohltuend kühl. Nachdem Chris die Kaiserstraße überquert hatte, stand er blinzelnd da und betrachtete die Fahrgeschäfte. Die Kirmes war sensationell. Seit über 600 Jahren fand dieses Volksfest alljährlich statt; jedenfalls behaupteten das die Geschichtsforscher. Dafür sprach auch, dass die Kaiserstraße, die schon im Mittelalter so genannt wurde, für eine Dorfstraße außergewöhnlich breit erbaut wurde. Zusammen mit dem heutigen 'Alter Markt' bot sie schon damals ausreichend Platz, um für eine 10.000 Mann starke karolingische Armee samt Versorgungstross als Festplatz zu dienen.

Auch im Jahr 2017 strömten viele Schausteller aus ganz Deutschland herbei. In den Bäuchen ihrer imposanten Lasttransporter brachten sie leuchtend bunte Fahrgeschäfte in die Stadt. Es gab alle Arten von Unterhaltung. Die Haaner Kirmes war riesig, wie es sich für eine anständige

Stadtkirmes gehörte. Seit Tagen bereiteten sich Stadtverwaltung und Bürger peinlichst genau auf das große Ereignis vor. Die Innenstadt Haans war an diesem Donnerstag von hektischem Treiben erfüllt. Arbeiter eilten umher und beluden Wagen. Köche und Küchenhilfen schwitzten an großen Pfannen. Die Wanderarbeiter hämmerten fieberhaft die Fahrgeschäfte zusammen. Die verschiedensten Geräusche vermischten sich zu einem herrlich lärmenden Durcheinander. Die Arbeiter riefen sich, über das Hämmern und Klopfen hinweg, Anweisungen zu.

Chris stand ruhig am Rathausplatz und beobachtete die Arbeiter. Es war schon sein zweiter Besuch beim Kirmesaufbau in diesem Jahr. Die Kirmes war ein riesiger Spielplatz, der physischen und seelischen Einfluss auf ihn hatte. Allein der Aufbau war bereits ein Spiel, das nicht nur bei Chris, sondern auch bei den Bürgern der Stadt Haan eine überraschend ausschweifende Unruhe auslöste. So rasant, wie eine Fahrt auf der „Wilden Maus“, breitete sich ein jugendliches Verlangen nach Spaß aus. Es waren mitunter putzige Empfindungen, die die Menschen heimsuchten. Nicht nur Chris, sondern alle Passanten hefteten ihre Blicke an die Fahrgeschäfte und genossen die herrliche Atmosphäre, die sie über das Jahr hinweg so schmerzlich vermisst hatten. Chris ließ das Treiben auf sich wirken. Es war die pure Lust auf Fischbrötchen, Pommes und Zuckerwatte. Die Lust, sich mit den Fahrgeschäften in die Lüfte tragen zu lassen und mit den Freunden eine ausgelassene Zeit zu verbringen. Genau das war es, was wie ein Anfall über manch einen Haaner herfiel und im Schwärmerischen mündete. Haan war zur Kirmeszeit ein Eiland, dessen Fläche mit gut 200 Schaustellerfamilien dicht besiedelt war, damit 400.000 Besucher ihre Abenteuerlust, ihre Freude und ihre Geselligkeit ausleben konnten. Chris liebte diese Zeit. Nichts und niemand konnte ihm etwas Besseres bieten als die Kirmes vor der eigenen Haustür. Buntschattig spiegelnde Gerätschaften hauchten der Kaiserstraße und dem Neuen Markt neues Leben ein. Hochschultrige Männer aus fremden Ländern schraubten, hämmerten und fluchten, während durch die Nebenstraßen unverwechselbare Wohlgerüche zogen, begleitet von klapperndem Wetzen und Rauschen. Hunderte Besucher wurden während der Kirmes vom Zwang der Etikette befreit. Man konnte sich frei und ungezwungen geben. Lautes Lachen, Kreischen und Brüllen gehörte genauso zu den normalen Geräuschen, wie überlaute Musik. All das war möglich, weil sich das Leben auf der Kirmes in einer denkbar unkomplizierten, befreienden, und einfachen Atmosphäre abspielte. Ein diabetischer Postbeamter verzehrte dort in fröhlicher Gesellschaft genauso seine Pension, wie elegante Herren, die mit alkoholbeseelten Gesichtern ihre unbeherrschten Blicke über die Dekolletés der Damen wandern ließen. In einer ordentlichen Haaner Familie wurde in diesen vier Tagen nicht gekocht. Man gönnte sich den Kirmesschmaus und zu Hause gab es Pflaumenkuchen. Der „Wellenflug" verbreitete am Neuen Markt ein nostalgisches Flair. Chris schlenderte weiter; dorthin, wo vor seinen Augen das „Jupiter-Riesenrad" der Familie

Barth-Kipp entstand. Mit offenem Mund schaute er auf die riesige Fläche, die den Besuchern mit seinen stolzen 50 Metern nicht nur einen grandiosen Ausblick über das bunte Kirmestreiben, sondern auch einen Weitblick bis in die Rheinische Tiefebene und das Bergische Land bot. Ein junger Mann kam herbei und stellte sich genau neben Chris. Er trug ein weißes Hemd und eine blaue Jeanshose.

»Nicht schlecht«, sagte er und ließ seinen Blick über das Riesenrad schweifen.

»Ja, nicht schlecht, oder ...«, erwiderte Chris.

»Nun, ich nehme an, dass du dich schon auf die Kirmes freust.« Chris nickte.

»Ja, das glaube ich und hier wird ja auch alles vorbereitet, damit eurem kleinen Fest nichts im Wege steht.«

Chris senkte die Stimme und fragte vorwurfsvoll: »Wie, kleines Fest?«

»Nun ja, ihr macht das hier ja auch ganz nett, aber es ist doch gar kein Vergleich zur Rheinkirmes in Düsseldorf.« Dann beugte sich der Mann vor und fügte mit verschwörerischer Flüsterstimme hinzu:

»... oder zur Münchner Wiesn.«

»Was soll das denn heißen?«, fragte Chris kampfbereit und zog die Schultern hoch.

»Was wollen Sie dann hier?«, zischte Chris angriffslustig und mit dem Ausdruck von völligem Unverständnis.

»Nichts für ungut. Es wird bestimmt nett hier ...«, erwiderte der Fremde und hob die Hände schützend hoch. Das Gespräch verstummte abrupt, als eine weitere Person zu ihnen herüber kam. Chris sah den näherkommenden

Mann an. Er kannte ihn gut. Es war Fritz Köhler.

»Hallo Chris!«, begrüßte Fritz den Jungen.

»Ihr ward ja gerade so sehr ins Gespräch vertieft. Gibt es Neuigkeiten?«, fragte Fritz und gähnte gekünstelt.

»Ja! Dieser seltsame Herr hier behauptet, dass die Rheinkirmes in Düsseldorf besser sei als die Haaner Kirmes.« Chris stand dicht neben Fritz und sah, wie sich sein Rücken leicht spannte. Fritz war ein untersetzter Mann und trug in diesem Moment eine streitlustige Miene. Sein wohlgepolsterter Körper wies ihn als einen Mann mit herzhaften Appetit aus und bildete einen merklichen Gegensatz zu Chris. Seine Augen waren wach und klug. Sein Gesicht verriet Entschlossenheit. Als Fritz den jungen Mann ansah, huschte ein unwilliger Zug über sein Gesicht.

»Na, prächtig! Nörgelige Düsseldorfer verspeise ich zum Frühstück ... mit Löwensenf«, grummelte Fritz. Der Fremde fühlte, wie ihm das Blut ins Gesicht schoss.

»Ich komme nicht aus Düsseldorf«, verteidigte sich der Mann.

»Und blaffen Sie mich nicht so von der Seite an.« Zu seinem Ärger klang seine Stimme eher mürrisch als angriffslustig.

»Bitte sehr!?« Mit diesen Worten baute sich Fritz so vor dem Fremden auf, dass er ihn etwas mit seinem Bauch anstupste.

»Haan ist eine Straßenkirmes mit Sperrung einer Bundesstraße. Düsseldorf ist eine langweilige Platzkirmes und daher überhaupt nicht vergleichbar«, verkündete

Fritz mit aufrichtigem Stolz, denn ... der echte Haaner lässt auf seine Kirmes nichts kommen! Der Fremde holte tief Luft.

»Drücken Sie sich bitte etwas verständlicher aus!«

»Das ist bei euch Einfaltspinseln gar nicht so leicht. Aber ich werde es versuchen. Mit dem Karussell direkt am Schlafzimmerfenster einer Wohnung vorbeizufahren, das gibt es nur in Haan. Damit sind wir aufgewachsen.« Dieser verächtliche Ton provozierte den Fremden nachhaltig. Er konnte der Versuchung, sich zu verteidigen, nicht widerstehen.

»Was gibt es denn da schon zu sehen!? Die Düsseldorfer Rheinkirmes zieht sogar Besucher aus dem Ausland an.« Der Fremde starrte Chris und Fritz eine Weile kämpferisch an. Dann wandte er sich ab. Die übergroße Freude in ihren Gesichtern fand er einfach zu abstoßend.

›Kaum denkbar, dass der Alte wusste, wie es auf der Rheinkirmes zuging. Möglicherweise hatte er aber auch recht‹, dachte der Fremde.

»Selbstverständlich. Ich wollte Ihnen nicht zu nahe treten. Ich muss nun auch weiter«, sagte er leicht vorgebeugt, machte auf dem Absatz kehrt und verschwand. Chris schüttelte den Kopf.

»Der konnte unserer schönen Kirmes nicht viel abgewinnen. Ich kann gar nicht verstehen, warum.« Chris sah Fritz forschend an.

»Ich auch nicht«, antwortete Fritz.

»Es spielt auch keine Rolle. Wir freuen uns und lassen uns den Spaß nicht vermiesen« fügte er noch mit

Bestimmtheit hinzu.

»ICH bin besonders stolz auf unsere Kirmes«, sagte Chris und verzog sein Gesicht amüsiert zu einem breiten Grinsen.

»ICH auch«, beteuerte Fritz leicht vorgebeugt.

»Dieser Typ besaß einen bedauernswerten Mangel an Urteilsvermögen.« In Chris wuchs die Abneigung gegenüber dem fremden, jungen Mann. Er reckte sich so gerade wie möglich und schob sein Kinn vor. Fritz' Augen blinzelten anerkennend und auf seinen Lippen lag ein stolzes Lächeln.

Auch sie, die Ungeliebte, war an diesem Tag unterwegs. Auf ihren rotfleckigen Wangen glühte die unauslöschliche Hoffnung, bald ein geeignetes Opfer zu finden. Doch ihre innere Beengung hielt sie gefangen. Dieser Zustand würde sich bald ändern, denn sie war entschlossen, die nächsten Tage zu genießen. Stumm und lauernd stand sie reglos wie ein Raubtier da und betrachtete das geschäftige Treiben. Sie schloss ihre Augen und sog die wohligen Gerüche ein. Aber ihre innere Unruhe trieb sie weiter. In ihr tobte unbändig und erbarmungslos der Drang, einen Mann zu töten. Dieser Drang lähmte sie und hielt sie noch von den schönen Dingen des Lebens ab. Angelehnt an eine Hauswand und regungslos, wie ein Jäger im Dickicht mit weit geöffneten Augen und leicht geöffnetem Mund, hielt sie Ausschau nach einem geeigneten Opfer. Sobald ihr der Blickwinkel die Sicht auf einen Mann erlaubte, ließ sie den Blick nicht mehr von ihm ab. Sie tastete die Statur dieses Mannes im Geiste ab und bewahrte sich den Anblick einen kurzen Augenblick. Sie taxierte die Merkmale und stellte sich, ohne jegliches ästhetisches Prinzip, in ihrer Fantasie neue Mordmethoden zusammen. Es waren bizarre Methoden, die sie sich ohne erkennbares Muster ausdachte und alsbald wieder verwarf, wie ein Kind, das mit bunten Bauklötzen spielte. Allerdings war an diesem Ort noch nicht der Richtige. Sie suchte nach einem Altbekannten; nach ihrem Albtraum. Bisher musste sie immer mit einer Variation von ihm vorlieb nehmen. Ihr Albtraum war wie vom Erdboden verschluckt. So war sie gezwungen, sich anderer Opfer zu bedienen. Die Opfer mussten stets eine gewisse Ähnlichkeit mit dem Altbekannten haben. Aber heute war die Not so groß, dass sie jedes Opfer nehmen würde, auch wenn es wenig oder gar keine Ähnlichkeit mit ihm besaß. Sie jagte mit der Leidenschaft und der Geduld eines Anglers und saugte die Eindrücke in sich auf. Hier hatte sie sich an dem dünnen Männerbrei längst satt gesehen. Auf der Kaiserstraße sah sie die Arbeiter, in deren Körpergerüchen, unsichtbar aber deutlich, der vorangegangene Tag und der Abend fortlebten. Sie nahm die Gestalten auf eine höhere Weise wahr, als das Entsetzte von etwas was vergangen war und nicht durch Attribute der Gegenwart beeinflusst wurde. Die Figuren hingen in ihrem Kopf und vermischten sich mit dem Duft der gebrannten Mandeln. Alle Männer auf dem Neuen Markt, der Kaiserstraße und den angrenzenden Gassen waren ihr bis in die kleinsten Einzelheiten präsent. Bald hatte sie das gesamte Kirmesgelände genau durchforstet und sich leid gesehen. Obwohl sie keine Ansprüche erhob, fand sie hier kein geeignetes Opfer. Es wurde Zeit, das Jagdgebiet auszudehnen. Zunächst schritt sie zum Rathaus, dann zum Hallenbad und schließlich auf die andere Seite zur OIL Tankstelle. Durch den fließenden Verkehr auf der Kaiserstraße sah sie eine Rentnerreisegruppe, die sich den alten Kirchplatz am städtischen Schwimmbad anschaute. Die Gruppe betrachtete das Bodendenkmal der alten, Mitte des 19. Jahrhunderts abgerissenen, Kirche. Mit Neugier, aber ohne besonderen Enthusiasmus registrierte sie das Stimmengewirr. Zwar erkannte sie die Gruppe als mögliche Opfer, aber sie konnte keinen Mann aus der Gruppe lösen, obwohl ihr der komplette Haufen eher grob und mehr aus der Not der Einsamkeit zusammengewürfelt, als in Freundschaft verbunden erschien. Je länger die Suche dauerte, umso gieriger wurde sie. Sie war schon im Begriff, auch diesen Ort zu verlassen, als sich die Reisegruppe auflöste, die Gedenkstätte verließ und den Blick auf die Betonelemente frei gab. Dort saß er. Er war zwar wieder nur eine Variation ihres gesuchten Albtraums, aber er war ihm erstaunlich ähnlich. Er war klein und schmächtig. Seine Hände und Füße wirkten zart, sein Oberkörper war gedrungen. Obgleich sein Gesicht nicht so jämmerlich zwischen seinen Schultern ruhte, wirkte er, als hätte er keinen oder nur einen sehr kurzen Hals. Er war perfekt, um für sie zu sterben.

Sie trat einen Schritt zurück, um ihn genau zu fixieren. Ihn durfte sie nun keinesfalls mehr aus den Augen lassen. Langsam erhob sich der Fremde und ging über den alten

Kirchplatz in Richtung Friedrichstraße. Sie hatte ihn fest im Blick. Sie überquerte die Kaiserstraße und folgte ihm. Nunmehr war nicht nur ihr gieriger Charakter, sondern auch ihr verletztes Herz hinter ihm her. Er war ihr Schlüssel zur Ruhe auf Zeit. Ihn musste sie töten; nicht um des blanken Tötens willen, sondern, um ihr Herz zu beruhigen. Er war ihr erstes Opfer, das nicht in ihr eigentliches Schema passte. Vor Aufregung wurde ihr fast übel. Alle paar Schritte blieb sie stehen und hielt Ausschau nach ihm. Manchmal musste sie sich auf die Zehenspitzen stellen, um über Hecken und kleine Menschenansammlungen zu schauen. In der Friedrichstraße verlor sie ihn fast in der Menge. Sie geriet in Panik, stieß und schubste sich durch die Gruppe, bis sie ihn auf der anderen Straßenseite wieder erblickte. Dann blieb sie stehen. Sie hatte ihn mit einem unsichtbaren Band fest im Blick. Ihr Herz pochte aufgeregt und heftig. Er ging die Friedrichstraße hinauf. Die Straße war vom Feierabendverkehr belebt, so dass keiner ihren Jagdtrieb bemerkte. Die Passanten waren mit ihren eigenen Gedanken beschäftigt. Am Ende der Friedrichstraße bog ihr Opfer rechts auf die Nordstraße ab. Sie folgte ihm. Auf der Mitte der Nordstraße bog er erneut rechts in einen Hof ein. Gelassen schaute sie in die Einfahrt und erblickte das Hotel im Park.

›Perfekt!‹ dachte sie. Selbstsicher betrat sie die Eingangshalle des Hotels und stellte sich, mit einem kleinen Diskretionsabstand, hinter ihrem Opfer an der Rezeption an.

»Guten Tag Herr Schneider. Wie geht es Ihnen?«, fragte Herr Hamacher, der Inhaber des Hotels freundlich.

»Danke der Nachfrage, es geht mir ausgezeichnet. Können sie mir bitte meinen Zimmerschlüssel, Nr. 14 reichen?«

»Selbstverständlich. Darf ich Ihnen zum Abendessen wieder einen Tisch reservieren?«

»Danke, bitte für 19:00 Uhr. Das ist sehr freundlich«, sagte das Opfer, nahm den Schlüssel und begab sich auf sein Zimmer.

»Guten Tag gnädige Frau, was kann ich für Sie tun?«, fragte der Hotelbesitzer, Herr Hamacher.

»Guten Tag, ich möchte bitte einen Tisch für heute Abend um 19:00 Uhr reservieren«, sagte sie, die Ungeliebte, freundlich.

Kurz vor 19:00 Uhr betrat sie den Speisesaal des Hotels. Sie wollte unbedingt vor ihm dort sein. So konnte sie ihn wesentlich besser beobachten. Sie nahm an dem Tisch im hellen und gemütlich eingerichteten Gastraum des Hotels Platz. Der Speiseraum lag gleich links neben der Rezeption und wurde zu dieser Zeit von neu angekommenen Gästen genutzt. Aber auch Einheimische und Gäste aus den umliegenden Ortschaften wie Wuppertal, Solingen und Hilden genossen die gute Küche des Hotels. Die Bedienung brachte ihr die Karte. Sie bestellte sich ein Mineralwasser und ein Glas Rotwein. Heute ging es im Restaurant hoch her. An einem Tisch wurde Champagner serviert. Offensichtlich wurde dort ein Geburtstag gefeiert. Dann erschien ihr Opfer auf der Bildfläche. Er nahm am Tisch unmittelbar neben ihr Platz. Während er die Karte studierte, las sie ein Buch. Lebensfroh summte sie leise eine kleine Melodie. Wie von selbst klopfte dabei ihr rechter Zeigefinger ganz leicht, aber rhythmisch auf das strahlend weiße Tischtuch. Als eine Gruppe junger Leute sich ebenfalls in ihrer Nähe niederließ, wechselte sie den Platz, um der Gruppe den Rücken zuzuwenden. Sie sei menschenscheu und ginge in einem Restaurant immer mit einem Buch zum Essen, erklärte sie ihrem aufblickenden Opfer.

»Ich hingegen liebe eine gepflegte Unterhaltung«, entgegnete Herr Schneider.

»Nun ja, Sie sind ja auch ein Mann. Eine Frau kommt schnell in Verruf.« Er nickte leicht zustimmend und respektvoll, dann kehrte seine Aufmerksamkeit wieder zur Menükarte zurück. Sie liebte diesen hübschen Platz am Fenster mit den cremefarbenen Vorhängen. Ihr Gesicht glühte schon etwas vor Aufregung. Sie legte das Buch beiseite, faltete ihre Hände und rieb sie behaglich und erwartungsvoll aneinander. Die Bedienung war ein freundliches Mädchen in einem schwarzen Kleid und einer weißen Schürze. Ihr Gesicht strahlte jugendliche Gesundheit und Lebensfreude aus. Herr Schneider bestellte eine Flasche von dem roten Hauswein und eine Flasche Mineralwasser.

»Ich wünsche Ihnen einen angenehmen Abend«, umwarb sie Herrn Schneider.

»Danke, das wünsche ich Ihnen auch.« Damit begann eine kurze Unterhaltung über die Tischkante hinweg. Wie eine geübte Spionin führte sie das Gespräch in der Form, dass ihr Opfer immer der Meinung war, es hätte die Zügel in der Hand. Dabei klärte sie alle für sie wichtigen Punkte ab. Ansonsten blieb jeder für sich.

Das Essen war hervorragend. Vorab gönnte sie sich einen gratinierten Ziegenkäse mit Feigen, Walnüssen und einem Salatbouquet. Der Hauptgang bestand aus einem argentinischen Rumpsteak mit Pfeffersoße, Herzoginnenkartoffeln und Salat. Die Passionsfrucht-Panna Cotta auf Erdbeerragout und Orange rundete das üppige Mahl ab. Obgleich ihr Appetit nicht so lebhaft war wie sonst, aß sie mit Freude und Genuss. Auch ihr Opfer tat dem Essen viel Ehre an. Er schien sich der heimischen Küche zu erfreuen und trank den Wein mit großer Hingabe. Mit gefühlvoller Wendung gab er seiner Genugtuung Ausdruck, dass da jemand sei, der ebenso ein Genießer sei, wie er. Sie erhob, wie zum Gruß, das Glas und nickte ihm leicht zu. Bald war es so weit. Ihr Gesicht brannte wie Feuer, aber ihr Körper war kalt und hielt die quälende Unruhe in den Gliedern verborgen. Nur die Vorfreude hielt sie aufrecht. Ihr Opfer erhob sich und verabschiedete sich höflich nickend. Auch sie erhob sich langsam von ihrem Platz, verließ das Restaurant und begab sich in das oberste Stockwerk. Dort klopfte sie an die Zimmertür mit der Nummer 14. Nach dem Öffnen hielt sie Herrn Schneider eine Flasche Rotwein entgegen und fragte, ob er in ungestörter Runde die angenehme Unterhaltung fortführen wolle. Erstaunt, aber beglückt antwortete er:

»Aber mit dem größten Vergnügen. Kommen Sie herein, mein schönes Kind.«

Kapitel 7

Oberlehrer Faust

Sie, die Ungeliebte, ging inzwischen in die dritte Klasse und Oberlehrer Richard Faust führte dort das Regiment. Er trug den Groll offen im Gesicht. Seine ganze Gestalt verkörperte Gewalt und Demütigung. Richard Faust! Sein Name stand für seinen Charakter. Als Oberlehrer Faust das erste Mal die Klasse betrat, erinnerte er sie sofort an ihren Vater. Auch er war ein Kriegskrüppel. Er war ein roher, erbarmungsloser Mann ohne jegliches Feingefühl. Man könnte auch sagen, er war überhaupt ohne jegliches Gefühl. Es war erstaunlich, wie viel Tobsucht und Hemmungslosigkeit in diesem Menschen steckte. Seine Arena war das Klassenzimmer. Bei seinen ungezügelten Tobsuchtsanfällen nahm er für gewöhnlich seine Zunge zwischen die Zähne. Die Schüler folgten diesen erniedrigenden Vorfällen mit ängstlich rückwärts rollenden Augen und voller Besorgnis. Groß war die Erleichterung, wenn sie nicht selbst das Opfer waren. Oberlehrer Faust schärfte seinen Schülern und - im Besonderen ihr - eindrucksvoll die Bedeutung des Faustrechts ein. Auch an jenem Tag schlich er wieder wie ein Tiger durch die Reihen. Sie saß in ihrer Bank und fühlte sich unbeobachtet. Sie spürte noch die Schläge des Vaters. Zehn Hiebe mit dem Ledergürtel hatte sie einstecken müssen, weil der Vater sie als ungezogen angesehen hatte. Ihre Handgelenke schmerzten noch, weil der stämmige Vater ihre Hände mit dem Fuß zu Boden drückte. Nun lehnte sie erniedrigt und ermüdet, mit schmerzendem Gesäß auf der braun lackierten Schulbank. Ihre schmalen, mit Blutergüssen überzogenen Handgelenke ruhten in den Falten ihres Baumwollkleides. Aber dieser warme Stoff ließ die Schmerzen nicht abklingen. Ihr blondes Haar war glatt zurück gestrichen und tief im Nacken zu zwei langen Zöpfen geflochten. Nur in der Nähe ihrer Schläfe fiel eine krause, lose Locke in die Stirn und sollte den blassblauen Fleck, der sich nach Vaters Ohrfeige gebildet hatte, verdecken. Dies gelang nur leidlich, denn dieses blaue Gerinnsel beherrschte ihr Gesicht und lugte immer wieder Hilfe suchend unter der Locke hervor. Ihr Gesicht war gleichbleibend traurig. Eine schreckliche Nacht und der furchtbare Morgen trübten ihre Gedanken. Geistesabwesend schaute sie auf den Baum, der vor dem Fenster des Klassenzimmers stand und erfreute sich des Sonnenscheins, dabei versuchte sie die Schrecken des Ledergürtels zu verdrängen. Den Oberlehrer Faust bemerkte sie erst, als er sie je aus ihren Gedanken riss. Er packte sie mit seiner rechten Hand im Genick. Seine Hand war groß und hart, fast wie eine Zange. Er zog sie am Genick aus ihrer Bank, drückte sie tief herunter und zwang sie in eine gebückte Haltung. So schob er sie zu dem Schemel, der direkt vor dem Pult stand.

»Du passt nicht auf!« schrie er sie an und entblöße ihr Hinterteil. Dann warf er sie bäuchlings auf den Schemel, der ausschließlich zum Zweck der Züchtigung vor dem Pult stand. Breitbeinig stellte er sich an den Schemel und schlug mit dem Rohstock auf ihr nacktes Hinterteil. Ihr Flehen und Schluchzen prallte an ihm ab. Er wischte den Schweiß von seiner Stirn, als

er den Rohrstock herab hängen ließ und sie endlich erlöst war. Dann schrie er:

»Fortfahren!« Endlich konnte sie ihr geschundenes Hinterteil wieder bedecken. Geschlagen und gedemütigt schleppte sie sich wieder in ihre Bank. In der Klasse herrschte vollkommenes Schweigen. Der Unterricht wurde weitergeführt als wäre nichts geschehen. Oberlehrer Richard Faust hatte auf dem Schlachtfeld ein Bein und ein Auge verloren. Seine Hände und Arme leider nicht. Und damit konnte er im Klassenraum sehr viel Unheil anrichten. Die Persönlichkeit des Lehrers erregte unter den Schülern bizarre Angstzustände. Niemand konnte sich ihm entziehen. Die Schüler nahmen die Demütigungen wehrlos entgegen. Sie hatten ja keine andere Wahl. An jenem Tag überkam dem befremdenden Oberlehrer das Gefühl, dass der Rohrstock auf ihrem Hinterteil der Gerechtigkeit noch nicht Genüge getan habe. Er stellte sich vor ihre Bank und schaute sie herablassend an. Sie wusste, was auf sie zu kam und sie fing vor Angst an zu zittern. Faust wartete eine Weile, dann sagte er:

»Pfoten«. Sie musste ihre kleinen Arme nach vorne strecken und ihre Hände auf den Tisch legen, die Außenseiten nach oben. Dann holte der gemeine Lehrer Schwung von rechts oben nach unten und schlug mit dem Stock auf die kleinen Fingerknöchel. Er wartete und ließ ihr Gelegenheit zu flehen.

»Ich bitte um Vergebung« bettelte sie um Erbarmen, aber es half nichts. Er schlug ein zweites und ein drittes Mal zu. Sie traute sich nicht, ihre Hände aus der Schusslinie zu ziehen, denn dann wären die Innenseiten dran gewesen. Sechsmal musste sie den Stock ertragen. Danach konnte sie stundenlang nichts mehr schreiben.

Zwei lange Schulstunden waren vergangen, als die gesamte Klasse stehend ein Gedicht aufsagen musste. Sie sprach leise, kaum hörbar und starrte auf ihren Tisch. Dabei ging eine gewisse Erleichterung in ihr auf, dass mit diesem Gedicht dieser Schultag überstanden war. Sie fühlte sich müde, kraftlos, erschöpft und an Lebensenergie verarmt, wie ein unbedeutendes Menschenkind. Sie wäre doch besser niemals geboren worden. Das Bedenkliche an ihrer Situation war, dass sich dieser Vorfall, in dieser Klasse, bei diesem Lehrer binnen kürzester Zeit wiederholen würde. Für sie gab es kein Mittel sich gegen diese Lebenssituation zu wehren.

Kapitel 8

Hotel im Park

Dr. Bertold Achterhoff fuhr mit seinem eigenen Wagen zum Hotel im Park. Er fuhr einen roten Lamborghini. An diesem Morgen hatte sich der Arzt gerade hinter das Lenkrad gesetzt, um Brötchen zu holen, als sein Handy klingelte und Helmut Kehrkoff seine Pläne durchkreuzte. Kehrkoff war ein Mitarbeiter des Hotels im Park. Dr. Achterhoff und er kannten sich aus der Schulzeit. Kehrkoff entschuldigte sich überschwänglich, brachte aber die Wichtigkeit seines Anrufs deutlich zum Ausdruck, ohne den Grund seines Anrufs zu erwähnen. Dr. Achterhoff war sich sicher, dass es dringend war und fuhr sofort zum Hotel. Als er mit seinem Lamborghini am Hotel ankam, stand Kehrkoff vor dem Eingang. Die Freunde grüßten einander herzlich und gingen sofort in das Hotel. Im Speisesaal hatten sich bereits die ersten Gäste zum Frühstück eingefunden, als Kehrkoff und Dr. Achterhoff sich in den obersten Stock begaben.

Kehrkoff öffnete die Tür zum letzten Zimmer im obersten Stock. Die Zimmertür trug die Nummer 14. Kalter Zigarettenrauch schlug ihnen entgegen. Der Tote lag nackt, mit ausgebreiteten Armen, rücklings auf dem Boden zwischen Bett und Stuhl. Seine Beine waren auf bizarre Weise angezogen. Auf seinem Oberkörper wurden 24 Zigaretten der Marke „Marlboro“ ausgedrückt und eine Zigarette steckte in seinem linken Auge.

»Hast du schon die Polizei gerufen?«, fragte Achterhoff.

»Nein, ich habe zuerst dich angerufen.«

»Warum?«

»Du solltest ihn dir anschauen.«

»Er ist tot«

»Das sehe ich auch!«

»An den Verbrennungen der Zigaretten ist er nicht gestorben. So wie es aussieht, entstanden diese Verbrennungen post mortem.«

»Was?«

»Nachdem er verstorben war!«, erklärte der Arzt, ohne den Blick von der Leiche zu nehmen.

»Woran ist er denn gestorben? - Er war ein Stammkunde. Er war immer ruhig und höflich; ein angenehmer und liebenswürdiger Mensch. Er heißt Adolf Schneider und ist - oder besser gesagt - war 85 Jahre alt«, fuhr Kehrkoff fort.

»Derzeit deutet alles auf einen Herzinfarkt hin.«

»Perfekt! Stellst du bitte den Totenschein aus, dann können wir ihn abtransportieren lassen und brauchen die Polizei nicht belästigen.« Fassungslos starrte Dr. Achterhoff seinen Freund an.

»Bist du wahnsinnig geworden? Wir müssen die Obduktion abwarten. Du rufst jetzt sofort die Polizei, sonst mach ich das.«

»Ach Mensch, Doc! Das ist wirklich schlecht fürs Geschäft.« Achterhoff sagte nichts dazu, er sah ihn nur eindringlich an.

»Schau mich nicht in diesem Ton an! Ich mach ja schon«, gab Kehrkoff klein bei.

Timo Beil erreichte als Erster das Hotel. Er stellte sein Fahrrad ab und begab sich sofort in das Zimmer mit der Nummer 14. Hans Dampf fuhr selbstverständlich mit dem Polizeiwagen vor. Er stellte den Wagen unmittelbar vor dem Biergarten des Hotels ab. Mit dieser Aktion war die Diskretion dahin. Kehrkoff forderte ihn freundlich auf, den Polizeiwagen etwas dezenter auf dem Parkplatz abzustellen. Aber Dampf blaffte ihn ungehalten an, dass er hier ermitteln müsse und nicht der Parkplatzwächter sei. Als die Spurensicherung eintraf, waren bereits mehrere Gäste auf das erhöhte Polizeiaufkommen aufmerksam geworden. Beil und Dampf befanden sich schon in dem Hotelzimmer. Im Speisesaal hatte sich eine Menschenansammlung gebildet. Kehrkoff starrte die Neugiergen bestürzt an. Er teilte den Gästen mit, dass ein Gast in der Nacht einen Herzinfarkt erlitten hatte. Die Verbrennungen und die Zigarettenstummel verschwieg er.

Das Zimmermädchen hatte den Toten gefunden. Beil stand ihr gegenüber und machte sich Notizen auf seinem Block. Das Zimmermädchen sprach laut und hektisch mit schriller, aufgebrachter Stimme. Als er die Spurensicherung entdeckte, hielt er der Frau seine rechte Handfläche entgegen. Mitten im Satz verstummte ihre schrille Stimme.

›Was für eine Wohltat‹, dachte Beil, stand auf und ging

auf die Kollegen zu. Er nickte mit dem Kopf zu der auf dem Fußboden liegenden Leiche und sagte:

»Das ist kein besonders schöner Anblick. Ich geh mit dem Zimmermädchen nach unten, dann könnt ihr hier in Ruhe eure Arbeit machen.«

»Und das hier hat ein Mensch unerkannt fertiggebracht?«, fragte ein Polizeibeamter.

»So sieht es aus. Zeugen gibt es derzeit noch nicht. Einzig das Zimmermädchen hat die Leiche gefunden«, erwiderte Beil.

»Wie lange ist er schon tot?«

»Der Doc schätzt zwischen 8 und 12 Stunden. Genaueres kann er aber erst nach der Obduktion sagen.«

»Wir müssen die anderen Gäste vernehmen, eventuell hat jemand in der Nacht etwas mitbekommen oder jemanden gesehen« mischte sich Dampf ein. Beil nickte ihm zustimmend zu, verließ mit dem Zimmermädchen das obere Stockwerk und zog sich in den unteren Teil des Hotels zurück. Kehrkoff hatte ihnen im unteren Teil des Hotels ein Zimmer zur Verfügung gestellt. Beil zog seine Jacke aus und warf sie lässig über die Lehne eines Stuhls, bevor er mit der Befragung begann. Das Zimmermädchen war eine 44-jährige, magere Frau. Sie hatte nicht viel mehr zu berichten, als dass das Zimmer nicht verschlossen war. Auf ihr Klopfen und Rufen erhielt sie keine Antwort. Als sie in das Zimmer eintrat, lag der Gast auf dem Boden. Sonst war niemand im Zimmer. Als sie die Leiche entdeckte, lief sie schreiend davon.

Weitere Gäste waren Mitglieder eines Damenkegelklubs, der sich „Die Bahnbrecher“ nannte und ein Ehepaar. Beil verhörte nacheinander alle Gäste des Hotels. Nun saß er dort mit einer Dame, die er bereits kannte, da sie vor kurzem ihre Geldbörse als gestohlen gemeldet hatte. Beil konnte noch keine nennenswerten Erfolge bezüglich der Geldbörse vorweisen. Jedenfalls saß ihm nun Frau Erna Heitmeier gegenüber. Als er sie das erste Mal gesehen hatte, war sie schlicht, aber schick gekleidet und ihre Haare waren aufs Feinste frisiert. Heute trug sie ihr Haar in Locken, die wirr auf den Kragen ihres Kleides fielen und ihr schmales Gesicht umrahmten. Sie hatte sich mit schläfriger Langsamkeit wortlos auf dem Stuhl niedergelassen und Beil ihre fast knochenlose Hand gereicht.

»Ich bin wenig erfreut, Sie wiederzusehen oder haben Sie meine Geldbörse gefunden?«, fragte sie. Ihr Blick ruhte dabei mit einem leichten Zittern auf ihm.

»Leider habe ich Ihre Geldbörse noch nicht gefunden« Nachdem Beil über dies und das einige Fragen beantwortet hatte, stellte er die für den Fall so wichtige Frage:

»Haben Sie in der vergangenen Nacht irgendetwas gehört oder gesehen, das Ihnen seltsam vorkam?«

»Ich bin noch nicht lange hier in Haan«

»Ich weiß, das haben Sie mir ja schon gestern erzählt. Dennoch würde ich mich freuen, wenn Sie mir kurz erzählen würden, was Ihnen gestern aufgefallen ist«, beharrte Beil ruhig. Dann begann sie, während ihre kraftlose Hand in ihrem Schoß ruhte, monoton und teilnahmslos zu erzählen, wie sie gestern angereist war. Und dass sie das erste Mal seit langer Zeit wieder in Haan die Kirmes besuchen wollte. Sie hatte Haan als Jugendliche verlassen und sich an einem anderen Ort eine Existenz aufgebaut. Beil folgte ihren Worten, aber dann begann er, inmitten ihrer schwatzhaften Darbietung, seine Frage nach gestern zu wiederholen. Erna lauschte Beils Frage, indem sie sich langsam über die Stirn strich. Dann sagte sie ohne jegliche Bewegung.

»Mir ist gestern nichts Besonderes aufgefallen. Ich habe weder etwas gehört noch etwas gesehen.« Ihr monotoner Ton fing an, Beil zu irritieren.

»Ich danke Ihnen für die Zeit, die Sie sich genommen haben und wünsche Ihnen noch einen schönen Aufenthalt auf der Kirmes.« Mit diesem Satz ging ein Ruck durch die Dame und sie streckte ihren Rücken kerzengrade. Dann sagte sie mit leidenschaftlicher Stimme:

»Danke, das ist mein Ziel und das werde ich auch machen.« Beil fiel diese Stimmungsschwankung sofort auf, weil er dieses Temperament während des Gesprächs vermisst hatte. Er sah jetzt den gleichen Ausdruck auf ihrem Gesicht, den er bereits gestern auf der Wache beobachten konnte. Genau diesen Gesichtsausdruck hatte sie auch, als sie mit Dampf gesprochen hatte. Darin lag eine gewaltsame, kraftvoll angespannte Ruhe ... wie die, einer Katze vor dem Sprung. Beil lenkte ab, verabschiedete sich von Erna Heitmeier und bat die nächste Dame in den Raum.

Als Beil gerade begann, die letzte Dame des Kegelklubs zu verhören, betrat Dampf mit einer Kaffeetasse in der Hand den Raum. Er hielt die Tasse sogar noch in der

Hand, als er die Dame begrüßte.

»Hallo Paula, wie geht es dir? Kommst du später noch bei Mutter vorbei?« Beil schaute seinen Kollegen verwundert an.

»Sie kennen sich?«, fragte er verdutzt.

»Entschuldigung, mein Name ist Paula Buddenberg. Ich bin eine Freundin der Familie Dampf. Den Hans kannte ich schon, da ist er noch mit der Trommel um den Christbaum gelaufen«, scherzte die Dame und zwinkerte Hans mit einem mütterlichen Blick zu.

»Selbstverständlich komme ich später noch bei euch vorbei, Hans, aber dieses Jahr bin ich mit meinem Kegelklub zur Kirmes hier. Darum bin ich diesmal hier im Hotel untergekommen.«

»Sie kommt jedes Jahr zur Kirmes und schläft normalerweise bei uns«, erklärte Dampf seinem noch immer etwas befremdeten Kollegen Timo Beil.

»Was ist denn hier passiert, dass die Polizei die Gäste vernimmt. Das kann doch kein normaler Herzinfarkt gewesen sein?«, bohrte Frau Buddenberg nach.

»Das ist reine Routine«, konterte Dampf rasch, bevor Beil das Wort ergreifen konnte.

»Bei einem Herzinfarkt!?« Paula Buddenberg staunte und zog die rechte Augenbraue hoch.

Dampf verabschiedete sich von ihr und verließ den Raum. Beil schaute auf seinen Notizblock und stellte fest, dass keiner der Gäste etwas gesehen oder gehört hatte. Das Hotel war nicht voll belegt. Keines der Zimmer auf dem Flur des Todesopfers war in dieser Nacht vergeben.

Adolf Schneider war der erste und der einzige Gast auf dieser Etage. Das Hotel war zur Kirmes zwar ausgebucht, aber die meisten Gäste reisten erst am Wochenende an. Inzwischen waren einige Stunden verstrichen. Die Leiche wurde zur Obduktion abtransportiert und die Spurensicherung hatte das Zimmer versiegelt. Wahrscheinlich hatten sie sich einen Haufen Arbeit ganz umsonst gemacht. Wenn die Obduktion ergab, dass Adolf Schneider eines natürlichen Todes gestorben war, lag erst mal kein Verbrechen vor, sondern lediglich eine Straftat wegen Störung der Totenruhe. Die Frage, wer die Leiche so zugerichtet hatte, könnte allerdings eine interessante Antwort erwarten lassen; Leichenschändung kann mit einer Freiheitsstrafe von einigen Jahren geahndet werden.

Dampf war über die geschändete Leiche äußerst verärgert.

»Was soll der Mist?«, schimpfte er unkontrolliert vor sich hin. Er hatte nur noch ein paar Wochen bis zu seiner Pensionierung. Diese Leiche passte überhaupt nicht zu seiner Vorstellung, wie er die letzten Wochen seiner Amtszeit verbringen wollte. Dennoch legte er einen gesteigerten Arbeitseifer an den Tag. Für Dampf war der Gedanke der Leichenschändung unerträglich. Die Würde des Verstorbenen gilt es zu schützen. Einen verstorbenen Menschen hat niemand als Aschenbecher zu nutzen. Am schlimmsten empfand er die Zigarette im linken Auge des Opfers. Dampf blieb viel länger als gewohnt in der Dienststelle und schrieb seinen Bericht.

Kapitel 9

Dem Kind geht es doch gut

Ihre Eltern lebten den Traum der Wirtschaftswunderzeit. Ein kleines Haus mit Gartenzaun, neue Möbel, Küchengeräte und ein Radio. Vater trug nun einen Anzug und Mutter ein Kostüm. Die Fassade nach außen war fein, aber das Innenleben der Familie war brutal. Die inneren Katastrophen ließen sich auch nicht mit neuen Kleidern retuschieren. Es war ihr Geburtstag. Sie, die Ungeliebte, wurde 8 Jahre alt. Mutter überreichte ihr ein Geschenk mit den Worten:

»Lieber einen Nichtsmöchter, als einen Taugenichts.« Sie verstand den Sinn nicht, freute sich aber sehr über den Hula-Hoop-Reifen. Eine Umarmung, ein Kuss oder ein herzlicher Glückwunsch blieb aus. Nach dem schweigsamen Frühstück ging sie zur Schule. Oberlehrer Richard Faust kontrollierte die Hausaufgaben. Sie wurde aufgerufen und musste vor der Klasse ein Gedicht aufsagen. Sie hatte fleißig geübt und konnte das Gedicht fehlerfrei vortragen. Oberlehrer Faust war ihr wohlgesonnen. Er lobte sie für den Vortrag und gratulierte ihr sogar zum Geburtstag. Sie strahlte vor Glück.

»Kind, was ist mit dir los. Geht es dir nicht gut?«, fragte der Lehrer plötzlich.

»Du siehst blass aus.«

»Danke, Herr Oberlehrer, aber mir geht es gut.«

»Ich kann das gar nicht glauben. Stell dich mal an die Tür, wir gehen mal kurz an die frische Luft«, sagte der Oberlehrer Faust. Die gesamte Klasse erstarrte. So etwas gab es noch nie. Sie stellte sich neben die Klassentür und wartete nervös. Richard Faust ermahnte die Klasse zur Ruhe und gab ihnen eine Aufgabe. Dann schritt er zur Tür, hielt sie am Arm fest und schob sie durch die geöffnete Klassentür nach draußen über den Schulhof, bis in den nah gelegenen Wald. Der Wald war menschenleer. Er schob sie über den Schotterweg, vorbei an den Holzbänken, bis der Wald immer dichter wurde. Dort drehte sich der Oberlehrer noch mal nach allen Seiten um. Dann zog er sie hinter ein Gebüsch. Erschrocken sah sie auf. Der Oberlehrer strich ihr mit beiden Händen durchs Gesicht. Dann schob er seine gespreizten Finger über ihr Haar. Als seine Hände ihren Hinterkopf umfassten, drückte er ihren kleinen Kopf gegen seinen Bauch und schob ihn bedächtig nach unten. Ihr Gesicht lag zwischen seinen Beinen. Sie war wie erstarrt. Der Stoff stank ekelhaft. Ihr wurde übel und sie schnappte nach Luft, aber ihr Gesicht war so fest an den Genitalbereich des Lehrers gedrückt, dass sich immer nur der schwarze Hosenstoff in ihren Mund zog. Sie glaubte, ersticken zu müssen. Er umklammerte sie noch härter und drückte sie noch fester an seinen Unterleib. Er atmete wie ein Stier. Dann zog er sie mit einem Ruck nach oben und zerrte an ihrem Schlüpfer. Er versuchte, mit seinem dicken Finger in sie einzudringen. Sie strampelte, trat mit den Beinen und schrie. Augenblicklich hielt er seine linke Hand auf ihren Mund.

»Still, dann passiert dir nichts!« Wieder kontrollierte er, ob jemand in Hörweite war und ihren Schrei hätte hören können.

»Alles in Ordnung«, sagte er.

»Geh schon mal zurück in die Klasse, ich folge dir gleich.« Sie stieß sich von ihm los und rannte zum Schulgebäude. Sie schämte sich unglaublich. Sie ordnete ihr zerzaustes Haar und versuchte, ihr rasendes Herz zu beruhigen. Tief beschämt und mit gesenktem Kopf öffnete sie die Klassenzimmertür und setzte sich wortlos und ohne jeglichen Blickkontakt an ihren Platz. Die Klasse war mucksmäuschenstill. Einige Schüler starrten sie entsetzt an, schauten aber sofort wieder verlegen auf ihre Schreibunterlagen. Zehn Minuten später kehrte auch Oberlehrer Richard Faust in den Klassenraum zurück. Er führte unvermittelt den Unterricht fort. Dabei schaute er sie einmal an und sagte zu ihr:

»Wie gut, dass wir etwas frische Luft geschnappt haben.« Sie konnte ihn nicht anschauen. Wie versteinert fixierte sie ihre Schulbank. Als sie von der Schule heimkehrte, war sie noch immer aufgewühlt und verwirrt. Warum hat der Lehrer das getan? Hatte sie ihn gereizt? War sie nicht gehorsam? Sie überlegte und überlegte, aber ihr fiel nichts ein.

In der Küche ihres Elternhauses war der Tisch zwar gedeckt und ein Kuchen stand in der Mitte, aber die Stimmung war - wie immer - gedrückt.

›Lieber reißen die Katzen der Nachbarn die Weltherrschaft an sich, bevor in diesem Haus gelacht wird‹, dachte sie und setzte sich wortlos an den gedeckten Tisch. Doch weder der herrlich duftende Kuchen noch die Anwesenheit der gesamten Familie wirkte beruhigend auf sie. Alle saßen schweigend am Tisch. Obwohl sich die Stille mit einem Messer schneiden ließ, war sie froh, dass der Vater nicht brüllte. Trotz allem war der Wunsch

nach einem schönen Geburtstag oder vielleicht einem Geburtstagslied in ihr noch nicht erloschen. Könnte die Stille vielleicht eine Überraschung für sie bedeuten. War ihre heimliche Sehnsucht nach Liebe und Geborgenheit endlich erhört worden? Sollte die Familie ihr ein Glückwunsch oder gar eine Umarmung schenken? Sie wusste es nicht. Aber voller Scham und Wut stellte sie wieder einmal fest, dass es in dieser Familie keine Liebe gab. Häufig hatte sie über andere Familien und die fröhlich lachenden Gesichter nachgedacht. Immer wieder dachte sie daran und ging in Gedanken viele Möglichkeiten durch, wie so ein Leben für sie aussehen könnte. In ihren Wachträumen sah sie ihre Eltern meist mit weißen, wallenden Gewändern vor einem sternklaren Himmel schweben. Ihre Mutter glich dabei dem Weihnachtsengel, der immer als Spitze auf dem Tannenbaum platziert wurde. Vor ihrem inneren Auge flimmerten ihre Eltern wie funkelnde Sterne und lächelten ihr voller Liebe und Güte zu. In ihren Träumen sprachen ihre Eltern stets mit ihren Engelsstimmen, die in ihrem Märchenweltall unendlich liebevoll klangen. Doch plötzlich verschwanden die engelsgleichen Eltern aus ihrem Tagtraum. Die schrille Stimme des Vaters riss sie in die kaltherzige Realität zurück. Plötzlich und ohne ersichtlichen Grund sprang der Vater vom Tisch auf und stürzte mit gespenstischer Geschwindigkeit in die Speisekammer. Die Mutter verhärtete augenblicklich und schaute bebend auf den Kuchen, der auf dem Tisch stand. Es dauerte keine Minute, da ließ der Vater seine Frau antanzen. Während er Beschimpfungen brüllte, räumte er alle Nahrungsmittel aus der Speisekammer heraus. Dann kletterte er auf einen Stuhl, um mit dem Finger über das oberste Regal zu fahren. Den dort gefundenen Staub rieb er sei-

ner Frau unter die Nase. Dabei hielt er ihr einen Vortrag, wie man Lebensmittel lagert. Er beschimpfte die Mutter lautstark und warf ihr vor, den Haushalt nicht ordnungsgemäß führen zu können. Die Kinder sahen verängstigt, wie der ballonartige Vater unermüdlich Beschimpfungssalven auf seine „Haushälterin", die er einst als liebende Frau ehelichte, feuerte. Die Kinder hielten sich die Ohren zu. Ihr, der Ungeliebten, waren die überlauten Beschimpfungen des Vaters zu viel. Sie verließ leise und verstohlen die Küche und zog sich auf ihre Matratze zurück. Etwa 30 Minuten später vernahm sie die scharfe schrille Stimme des Vaters, die sie aufforderte in die Küche zu kommen. Widerwillig folgte sie seinem Befehl.

»Wo treibst du dich wieder rum?«, fragte der Vater scharf.

»Mutter hat extra für dich Kuchen gebacken.«

»Danke Mutter«, sagte sie mit gesenktem Kopf. Dann setzte sie sich an den Tisch. Dort saßen ihre Brüder, immer noch schweigend und aßen den Kuchen. Auch die Mutter saß schweigend am Tisch. Ihre Wangen glühten noch. Nachdem der Vater das erste Stück des gebackenen Kuchens probiert hatte, verzog er niederträchtig das Gesicht und ließ den Bissen angewidert aus seinem Mund fallen.

»Der ist steinhart, den kann man nicht essen«, fauchte er zynisch über den Tisch. Sie verkrampfte wieder sofort. Der leckere Kuchen blieb ihr im Hals stecken. Die Brüder zogen automatisch den Kopf zwischen die Schultern und schauten geduckt auf ihre Teller. Keiner sprach ein Wort. Dann holte Vater erneut zum verbalen Rundumschlag aus.

»Du bist eine so erbärmliche Köchin. Du widerst mich an«, strafte der Vater die Mutter ab.

»Hans, hast du die Kaninchen im Garten gefüttert?«

»Ja Vater.«

»Hast du deine Hausaufgaben fertig?«

»Ja Vater.«

»Hast du die Schuhe im Keller geputzt?«

»Nein Vater, das mache ich aber gleich noch.«

»Ihr seid zu nichts zu gebrauchen, unnützes Volk. Ihr stehlt dem lieben Gott den ganzen Tag. Euch geht es doch gut. In deinem Alter musste ich schon Holz hacken. Du gehst jetzt sofort in den Keller und putzt die Schuhe.«

»Ja Vater«, sagte Hans, stand auf und verließ die Küche.

»Und du, hast du deine Hausaufgaben fertig?«, ging der Vater das ungeliebte Geburtstagskind an.

»Nein Vater. Entschuldigung. Ich erledige das sofort«, gab sie kleinlaut von sich.

»Euch werde ich noch Benehmen beibringen. Euch geht es viel zu gut. Als ich in deinem Alter war, habe ich bereits auf dem Feld gearbeitet«, schrie der Familientyrann.

»Ja, Vater«, sagte sie leise und verließ schnellstmöglich wieder die Küche.

Sie saß auf ihrem Bett und erledigte ihre Hausaufgaben. Sie dachte daran, wie andere Kinder aus ihrer Klasse ihren Geburtstag feiern konnten. Sie durften Kinder zum Spielen einladen, sie durften lachen, springen und tanzen. Sie träumte sich in diese unerreichbare Welt hinein und brach dabei versehentlich ihren Bleistift ab. Sie erstarrte augenblicklich, denn sie hatte keinen Ersatz. Ein Anspitzer lag in einer Schublade in der Küche, aber in die Höllenglut der Küche wollte sie unter gar keinen Umständen zurück. Vorsichtig verließ sie ihr Bett und schlich sich lei-

se zum Schreibtisch des Vaters. Ehrfurchtsvoll stand sie davor. Noch nie in ihrem Leben hatte sie diesen Schreibtisch berührt. Doch jetzt war die Angst vor dem wütenden Vater in der Küche größer, als die Angst, diesen Schreibtisch zu öffnen. Nervös stand sie davor und ließ nachdenklich ihre Hände durch ihr langes Haar fahren. Vorsichtig fuhr sie mit der Fingerspitze über die Tischkante und bewegte ihre kleine Hand lautlos und leise zur Schublade. Sie hielt den Atem an, schloss einmal kurz die Augen dann schob sie ihr kleines Kinn entschlossen nach vorn, öffnete die Schublade und hielt nach einem neuen Bleistift Ausschau. In der Schublade war alles akkurat einsortiert. Sie fand einen Block und zwei Kugelschreiber, aber keinen Bleistift. Der Block lag unten links und hatte zu den jeweiligen Kanten der Schublade den gleichen Abstand. Die beiden Kugelschreiber lagen ganz gerade in einem fünf Zentimeter breiten Abstand daneben. Sie öffnete vorsichtig eine weitere Schublade und hoffte, dort einen Bleistift zu finden. Plötzlich hielt sie inne. Sie spürte, dass noch jemand im Raum war. Sie hob den Kopf. Ihr Vater stand im Türrahmen.

»Mein Bleistift ist abgebrochen«, sagte sie versteinert. Der Vater starrte sie an.

»Was wühlst du in meinen Sachen rum?« Die Stimme des Vaters zitterte vor Rage. Er bemühte sich noch nicht einmal seine Wut in Zaum zu halten.

»Du hast kein Recht diesen Schreibtisch anzufassen« Nach drei unglaublich schnellen Schritten stand er unmittelbar vor ihr. Dort übermannte ihn der wilde Zorn.

»Wie kannst du es wagen, dich meinem Willen zu widersetzen«, schrie er sie an, packte sie und zerrte sie zu Boden. Das

Gesicht des Vaters lief dunkelrot an. Er packte ihr langes Haar und zog es brutal nach hinten und zwang sie auf die Knie. Vor Angst wie erstarrt, spürte sie, wie der Vater ihr langes Haar um seine Hand wickelte und einen Zopf daraus bildete. Dann zog er eine Schublade des Schreibtischs auf und nahm eine Schere heraus.

»Du sollst Vater und Mutter ehren«, zischte der Vater. Dann fauchte er, mit kaum mehr als einem Flüstern

»Tust du das?« Als sie nicht antwortete, zog er noch härter an ihrem Haarschopf.

»Tust du das?« Sie schwieg.

»Antworte!«

»Ich verehre Vater und Mutter«, schluchzte sie unter Tränen, aber in ihren Augen blitzte Abscheu und Widerstand auf. Im nächsten Augenblick hörte sie ein reißendes Geräusch und ein dickes Bündel ihrer Haare viel zu Boden.

Kapitel 10

Freitag, 22.09.2017 11:00 Uhr

Beil hatte die undankbare Aufgabe, die Tochter des Verstorbenen über dessen Ableben zu informieren. Er klingelte an dem kleinen Haus in der Turnstraße. Sofort ertönte lautes Gebell und die Silhouette eines unglaublich großen Hundes zeichnete sich an der Milchglastür ab. Erschrocken trat Beil einen Schritt zurück, obwohl sich die verschlossene Tür noch schützend zwischen ihm und dem Hund befand. Kerzengerade und mit einem bedauernden Gesichtsausdruck stand Beil vor der Tür. Von innen hörte er Schritte, die sich zielstrebig auf die Tür zu bewegten.

»Aus Hasso, aus!«, ermahnte eine Frauenstimme das Tier. Der Hund bellte erneut und sprang gegen die Tür.

»Karl, hol mal den Hund. Du weißt doch, dass Vaddern Angst hat.« Schlürfend näherten sich Männerschritte.

»Komm Hasso, iss ja schon jut. Der Alte bleibt nicht lange«, verkündete eine verrauchte Männerstimme. Als der Hund und die schlürfenden Männerschritte nicht mehr zu hören waren, öffnete sich die Tür.

»Guten Tag, mein Name ist Timo Beil. Ich komme von der Polizeiwache Haan, sind Sie Heidi Kirchhof?«

»Ja, warum wollen Sie das wissen?«

»Sind Sie die Tochter von Adolf Schneider?«

»Jaaa? Ich dachte er stünde vor der Tür.«

Heidi Kirchhof war eine kleine und sehr magere Frau. Sie mochte um die 65 Jahre alt sein. Ihr Gesicht war verlebt und mit Sorgenfalten durchzogen. Ihr Kleid war zwar sauber, aber es hing an ihr wie ein Sack. Das Kleid war mindestens drei Nummern zu groß und stammte offensichtlich aus einer Zeit, in der es ihr körperlich und finanziell besser ging.

»Ich muss Ihnen leider mitteilen, dass Ihr Vater in der letzten Nacht an einem Herzinfarkt verstorben ist.«

»Ach ja«, sagte Frau Kirchhof gefühlslos aber interessiert.

»Darf ich für einen Moment reinkommen? Ich müsste Ihnen noch ein paar Fragen stellen.«

»Ja, klar, wenn Sie keine Angst vor Hunden haben«, sagte sie und trat einen Schritt beiseite, damit Beil das Haus betreten konnte. Hinter der nächsten Tür bellte der übergroße Hund und sprang mehrfach gegen die Wohnzimmertür.

»Aus!«, brüllte die verrauchte Männerstimme so laut und energisch, dass nicht nur der Hund augenblicklich still war, sondern auch Beil wie angewurzelt stehen blieb.

»Kommen Sie doch rein in die Stube«, forderte ihn Frau Kirchhof auf, aber Beil zog es vor, im Flur zu bleiben. Dabei war er sich nicht ganz sicher, ob er mehr Respekt vor dem Hund oder vor der verrauchten Männerstimme hatte.

»Vielen Dank. Es reicht, wenn wir uns hier im Flur unterhalten«, sagte Beil etwas kleinlaut.

»Frau Kirchhof, ich muss Ihnen leider mitteilen, dass ihr Vater zwar an einem Herzinfarkt gestorben ist. Die Umstände, unter denen wir seinen Leichnam aufgefunden haben, waren jedoch höchst ungewöhnlich und werfen ein paar Fragen auf.«

»Ich verstehe nicht ganz.«

»Ihr Vater lag nackt auf dem Boden.«

»Das kann doch passieren, wenn er vorher geduscht hat«, fiel sie Beil ins Wort.

»Ja, das stimmt. Aber auf seinem leblosen Körper wurden 24 Zigaretten ausgedrückt.«

»Was!?«, schrie sie entsetzt auf. Darauf öffnete sich die Wohnzimmertür.

»Aus! Du bleibst hier«, brüllte die verrauchte Männerstimme und ein ebenfalls kleiner und magerer Mann bewegte sich langsam auf Frau Kirchhof zu. Er würdigte Beil mit einem strafenden Blick. Er trug einen grauen Anzug, der ihm auch mindestens drei Nummern zu groß war. Sein Gesicht war eingefallen, faltig und grau. Die Not war in diesem Haus scheinbar oft zu Gast.

»Was ist hier los?«, fragte die kraftvolle Stimme, die in keinster Weise zu dem kleinen und abgemagerten Mann passte.

»Vaddern ist tot«, sagte Heidi betrübt.

»Jo, er war auch schon alt. Da brauchst du nicht heulen«, sprach die verrauchte Stimme.

»Ja, aber er war nackt.«

»Na und? Er ist nackt geboren ... da kann er auch nackt

sterben. Wo ist das Problem?«

»Auf seinem Körper waren Zigarettenkippen ausgedrückt.«

»Oh!?«, gab der Mann von sich und schaute Beil fordernd an.

»Wer war das?«

»Wir hoffen, dass Sie uns weiterhelfen können. Es gab keine Zeugen.«

»Das glaub ich wohl, so was macht man nicht mit Zeugen. Kommen Sie rein, wir gehen in die Stube«, befahl Herr Kirchhof in einem Ton, der keinen Widerstand duldete.

»Scheiß dir nicht in die Hose, der Hund tut nix«, sagte er ohne Beil anzuschauen. Im selben Moment öffnete er die Wohnzimmertür und ein stattlicher, rabenschwarzer Neufundländer sprang an Beil hoch. Das Tier wog bestimmt 50 Kilogramm. Beil machte einen Ausfallschritt, um einen sicheren Stand zu bekommen.

»Hasso, aus!«, brüllte Karl und der Hund lief wie ein Lamm ins Wohnzimmer und legte sich neben das Sofa. Über dem Sofa hing ein Ölgemälde. Auf der Fensterbank standen abwaschbare Plastikorchideen und Plastikgeranien. Die Schrankwand war aus gepressten Sperrholzplatten und mit einem nussbaumfarbenen Furnier überzogen. Der Mittelpunkt des Raumes war der Fernseher. Die große abgewetzte Sitzgruppe aus rustikaler Eiche war mit Decken bedeckt und so ausgerichtet, dass der Blick zum Fernseher frei war. Bei der Einrichtung hatte vermutlich der provisonsabhängige Möbelverkäufer mehr Mitspracherecht, als Frau Kirchhof. Es fiel auf, dass es keinerlei Familienfotos, keine Zeitschriftenstapel, keine Kerzen und noch nicht mal verknautschte Kissen auf dem Sofa gab. Überall schien Unbehagen und Beklemmung zu stecken. Die Tapeten und die Decken waren durch Zigarettenqualm vergilbt. Auf dem rustikalen Wohnzimmertisch befand sich eine Zigarrettenstopfmaschine, eine halb leere Packung Tabak, Hülsen und drei Feuerzeuge. Der Aschenbecher war randvoll. Daneben standen zwei halb volle Kaffeebecher. Die Innenseiten der Kaffeebecher hatten fast die gleiche Farbe, wie der Kaffee angenommen und wurden wahrscheinlich nie gespült. Beil setzte sich vorsichtig auf die Sofakannte und lehnte die angebotene Tasse Kaffee ab.

»Haben Sie eine Vorstellung, wer ihren Vater so zugerichtet haben könnte?«

»Nein.« Frau Kirchhof schüttelte verzweifelt den Kopf.

»Mein Vater lebte nicht mehr in Haan. Als meine Mutter starb, hat er Haan den Rücken gekehrt und kommt jedes Jahr nur zur Kirmes zurück. Dafür hatte er sich immer ein Zimmer im Hotel im Park genommen. Bei uns wollte er nicht übernachten, obwohl wir Platz gehabt hätten, aber er mochte Hasso nicht«, erklärte Frau Kirchhof etwas verlegen.

»Er fühlte sich als was Besseres. Er hatte auch einfach viel mehr Geld als wir. Aber er hat nie was rausgerückt. Hat ihm nix genutzt. Jetzt erben wir es doch«, sagte Karl Kirchhof bitter.

»Wie war das Verhältnis zu Ihrem Vater?«

»Angespannt.«

»Inwiefern angespannt?«

»Nun ja, Sie sehen ja, dass wir hier nicht im Überfluss leben. Unsere Renten reichen vorne und hinten nicht aus. Des Öfteren haben wir meinen Vater um Hilfe bitten müssen. Glauben Sie mir, das waren nie angenehme Gespräche. Mein Vater war und blieb ein tyrannisches Familienoberhaupt. Er ließ uns spüren, dass wir nicht seinen Vorstellungen entsprachen und ließ auch keine Gelegenheit aus, uns zu demütigen. Dennoch hat er uns ein paar Mal ausgeholfen. Er hatte uns das Geld aber nie geschenkt. Wir mussten es immer zurückzahlen. Nur wenn Kirmes war, hatte er die Spendierhosen an und gab uns 100 Euro. Heute wäre er eigentlich gekommen. Nun iss er tot«, sagte Frau Kirchhof leise.

»Ach Heidi, der Alte hat einfach im Krieg seine Seele verloren. Das war früher halt so. Wir kommen auch ohne die 100 Euro über die Runden«, sagte Karl sanft zu seiner Frau und streichelte ihre Hand. Im selben Augenblick brach Heidi Kirchhof in Tränen aus. Mit einer Ruhe und Fürsorglichkeit, die Beil dem Raubein nicht zugetraut hätte, tröstete Karl Kirchhof seine Frau. Und auch der Hund kam ganz ruhig um den Tisch getrottet und legte seinen Kopf auf Heidis Oberschenkel. Es war ein Bild von verarmter aber herzlicher Harmonie. Beil schluckte schwer. Als sich Frau Kirchhof wieder beruhigt hatte, verabschiedete er sich und wollte das Haus verlassen. Im Flur drehte er sich noch mal um:

»Wenn Ihnen noch irgendetwas einfällt, melden Sie sich

bitte bei mir«, sagte er und hinterließ seine Karte.

»Mit uns hat er nicht so viel gesprochen. Wie gesagt, wir entsprachen nicht seinen Vorstellungen.«

»Sie rauchen nur selbstgestopfte Zigaretten?« fragte Beil noch.

»Ja, für richtige Zigaretten haben wir kein Geld«, antwortete Frau Kirchhof und öffnete die Haustür. Der dadurch entstandene Windstoß öffnete die angrenzende, angelehnte Küchentür einen Spalt weit. Beil schaute sich um. Der Türspalt gab den Blick auf die Arbeitsplatte der Küche frei. Neben der braunen Mikrowelle lag eine zerknüllte Schachtel Marlboro. Beil trat einen Schritt auf die Küchentür zu und deutete auf die Zigarettenschachtel.

»Ich denke, Sie rauchen nur gestopfte Zigaretten!«, sagte Beil betont langsam und sah das Ehepaar dabei eindringlich an.

»Ach die ... ja, da hatte ich am Mittwoch richtig Glück gehabt. Der junge Mann vor mir an der Kasse hatte seine gesamten Einkäufe in seinen Taschen verstaut; nur die Zigaretten hatte er im Wagen liegen lassen. Ich wollte sie ihm noch hinterherbringen, aber die Versuchung, die Schachtel zu behalten war zu groß. Hätte ich sie abgeben müssen?«

»Ja, eigentlich schon. Wo haben Sie denn die Zigaretten gefunden?«

»Das war in einem Supermarkt in Köln. Ich habe eine Woche bei unserer Tochter verbracht. Sie wohnt in Köln. Ich bin am Mittwoch wiedergekommen«, erklärte Frau Kirchhof verunsichert.

»Darf ich die Schachtel mitnehmen?«, fragte Beil.

»Von mir aus«, sagte sie. Dann verließ Beil das Haus.

Zur selben Zeit reiste der Skatclub „Die vier Asse" von Wolgast nach Haan. Sie fuhren für fünf Tage zum Kirmesbesuch nach Haan im Rheinland. Die Reise war eigentlich, im Verhältnis zu so einem kurzen Aufenthalt, zu weit. Zudem gab es bei der Reise Zwischenaufenthalte und die ein oder andere Umständlichkeit, denn ... sie hatten sich der Deutschen Bahn anvertraut. Grundsätzlich stand die Reise unter einem guten Stern: Es lagen weder Sturm- noch Schneevorhersagen vor, es standen keine Bundesligaspiele und keine Ferien an und sie wollten an einem normalen Werktag reisen, der kein Brückentag war. Sie waren sich jedoch bewusst, dass nur eine verzögerungsfreie Verbindung, die Erreichbarkeit des Ziels am selben Tag garantieren konnte. Ihre Verbindung führte aber von Wolgast nach Züssow, von Züssow nach Berlin Gesundbrunnen, von Berlin Gesundbrunnen nach Wuppertal und von Wuppertal nach Haan, wobei sie jeweils gezwungen waren, den Zug zu wechseln.

Das eigentliche Abenteuer der Reise begann aber schon Wochen vorher, als Leonard Philippi, der Kassenwart des Skatclubs, im DB-Reisezentrum die Fahrkarten kaufen wollte. Nach mehreren vergeblichen Versuchen, einen Mitarbeiter der Bahn im Reisezentrum anzutreffen, lernte er, dass sich die Öffnungszeiten, aus unerfindlichen Gründen, stündlich änderten und er somit niemals einen Bahnmitarbeiter antraf. In seiner Not ignorierte er irgendwann die Öffnungszeiten gekonnt, um spontan und zu unterschiedlichen Tageszeiten einen Mitarbeiter zu erreichen. Alles ohne Erfolg. In seiner Verzweiflung suchte er einen Automaten, um dort sein Glück zu versuchen. Aber der Automat in der Eingangshalle war defekt. Er war offensichtlich mutwillig von Randalierern zerstört worden. Einen weiteren Automaten fand er nicht. Den hatte das pfiffige Management der Deutschen Bahn diesmal so gut versteckt, dass Vandalismus keine Chance hatte. Leonard aber leider auch nicht.

Leonard Philippi war mit seinen 84 Jahren körperlich und geistig in einem hervorragenden Zustand. Obwohl er alles nur recht langsam und besonnen angehen konnte, nahm ihn seine Außenwelt als rüstigen Rentner war. Grundsätzlich bestand zwar die Möglichkeit, die Fahrkarten auch online zu kaufen, aber mit dem Internet wollte er sich, in seinem betagten Alter, nicht mehr auseinandersetzen. Gezwungenermaßen bereitete er sich auf den Ernstfall vor. Er würde die Fahrkarten wohl im Zug kaufen müssen. Dafür speicherte er vorsichtshalber schon mal die Telefonnummer seines Anwaltes in seinem Handy, als plötzlich und vollkommen unerwartet ein Mitarbeiter am Schalter des Reisezentrums auftauchte und ihn auch tatsächlich anschaute. Eilig aber ohne Laufschritt trat er an den Schalter heran und trug seine Bitte nach vier Fahrkarten samt Platzreservierungen für eine Verbindung von Wolgast nach Haan vor. Er wiederholte den Zielort „Haan“ „Haan im Rheinland“ wie selbstverständlich fünfmal ohne den geringsten vorwurfsvollen Unterton. Dabei betete er innerlich:

›Bleib ruhig und freundlich, du stehst hier in einer Abhängigkeitssituation.‹ Zur Belohnung erhielt er tatsächlich vier Fahrkarten und vier zusammenhängende Platzreservierungen. Der Reise stand nun nichts mehr im Weg. Voller Erleichterung steckte Leonard die Dokumente, wie Jagdgut nach einer langen Pirsch, in die Innentasche seine Jacketts. Damit überquerte er den Bahnhofsvorplatz und durchschritt die angrenzende Straße. Er ging rechts am Bahnhof vorbei und bog in eine Straße ein. Alle Häuser dieser Straße waren weiß und schmal. In der Mitte der Straße befand sich ein Haus mit einem Gemüseladen im Erdgeschoss. Leonard betrat das Gebäude und ging durch den Flur. Zufrieden schaute er durch ein Fenster auf den kleinen Innenhof, in dem sich eine Katze herumtrieb. Von dort aus führte eine ausgetretene und dumpfriechende Holztreppe in die erste Etage hinauf. Im oberen Stockwerk befand sich linker Hand der Treffpunkt des Skat Clubs.

Der Skat Club „Die vier Asse“ bestand aus Hans-Günter Brickenkamp, Dieter von Blum, Harald Baumgart und Leonard Philippi. Sie waren allesamt alleinstehend und lebten die Vorzüge einer Männerrunde, die nicht durch weibliche Regulierungsmaßnahmen gestört wurde, aus. Der Skat Club feierte das Fahrkartenjagdergebnis ausgiebig. Sie vertilgten nahrhaftes Bier mit ausreichend Doppelkorn. Anschließend rundeten sie den Abend mit Rotwein ab. Als der Rotwein geleert war und auch kein Whisky mehr in der Bar stand, gingen sie, der Vernunft gehorchend, zufrieden und schwankend nach Hause.

Dann war es endlich soweit. Vom Startbahnhof in Wolgast gelangte die Reisegruppe bis Züssow. Dort stiegen sie, nach längerem Herumstehen auf dem windigen und wenig reizvollen Bahnhof, in einen kleinen, lediglich aus zwei Wagen bestehenden Zug nach Berlin Gesundbrunnen ein. Leider hatte die örtliche Grundschule genau an diesem Tag einen Ausflug nach Berlin geplant. So kam es, dass neben der vierköpfigen Reisegruppe auch eine mindestens sechzigköpfige Reisegruppe - bestehend aus vier Grundschullehrerinnen und sechsundfünfzig kreischenden Kindern - in den Zug einstieg. Die Motorengeräusche der kleinen aber zugkräftigen Lok vermochten den Geräuschpegel im Zuginneren nicht zu übertönen.

»Kommt schon Jungs. Wir genießen unser Leben in vollen Zügen!«, baute Hans-Günter Brickenkamp die Asse auf. Als die Skatbrüder nach einer über zweistündigen, ohrenbetäubenden Fahrt in Berlin Gesundbrunnen die Enge des lauten Zuges verlassen konnten, erfreuten sie sich der himmlischen Stille der Großstadtgeräusche und bewegten sich auf Gleis 7, um ihren ICE zu erreichen. Die Anzeigetafel versprach circa 10 Minuten Verspätung; innerlich stellten sie sich auf 20 Minuten ein. Die gesamte Truppe studierte den Wagenstandsanzeiger mit Hingabe und begab sich entsprechend in den Abschnitt B. Die monotone Lautsprecherstimme teilte den Reisenden währenddessen mit, dass sich die Ankunft des Zuges um nunmehr 20 Minuten verspäten wird.

Das Reisen entfernte die Skatbrüder immer recht weit

aus ihrer Alltagswelt. Sie waren fest verwurzelt in ihren Pflichten, Interessen, Sorgen und Ansichten, aber unterwegs stellten sich von Stunde zu Stunde Veränderungen ein. Sie lösten sich aus ihrer gewohnten Gedankenwelt und nahmen eine freie, ursprüngliche Haltung ein. Selbst der Pedant, der Konsequente, der Aufbrausende und der Spießbürger wurde auf Reisen zum Vagabund. So nutzte Dieter von Blum die Zeit, um ausreichend Bier für die nächste Etappe zu besorgen. Dann, endlich, wurde die Einfahrt des Zuges angekündigt. Jeder nahm seine Reisetasche in die Hand und war startklar, als die Lautsprecherstimme verkündete:

»Bitte beachten Sie, dass der Zug heute außerplanmäßig in geänderter Wagenreihung einfährt.« Nun begann die lustige Bahnsteigwanderung. Alle Reisewilligen dieses Bahnsteigs setzten sich in Bewegung und versuchten hektisch, so viele Meter wie möglich zurückzulegen. Der Zug fuhr ein und ganze Reisegruppen stießen aufeinander, um an das entgegengesetzte Ende des Bahnsteigs zu gelangen. In der Mitte des Bahnsteigs verloren die Skatbrüder die Nerven und stiegen einfach in den Zug ein. Sie waren drin. Toll! Sie merkten aber sofort, dass es nun auf jede Sekunde ankam. Die Hunnen, die hinter ihnen die Türen durchbrachen, stießen auf die Hunnen, die vor ihnen den Zug gestürmt hatten und nun an ihnen vorbei, in den anderen Teil des Zuges wollten. Die lustige Platzsuche dauerte eine Viertelstunde. Der Rest war ein Kinderspiel.

Der Tag war noch lebendig, als die Skatbrüder gegen

20:00 Uhr Haan erreichten. Der Zug hielt an der kleinen Station. Bald schon würden die angeheiterten Herren ihr Ziel, das Hotel im Park, erreichen. Lachend und etwas verwirrt von den Bieren, griffen sie nach ihren Taschen. Dann gingen sie durch den engen Korridor des Zuges und sprangen wie kleine Kinder auf den Bahnsteig. Sie verließen das Bahnhofsgelände und trotteten sanft auf der ansteigenden Bahnhofstraße dorthin, wo der Straßenverlauf flacher wurde und sich die Front der langgestreckten Kirmesmeile zeigte. Ein leichtes Abendrot belebte den Himmel gleichmäßig. Der besiedelte Marktplatz war bereits an einigen Stellen beleuchtet. Der auffrischende Wind kündigte eine frische Abendkühle an und ließ die vier auf direktem Weg zum Hotel gehen. Sie aßen gemeinsam zu Abend, gönnten sich an der Hotelbar jeweils noch zwei Bier und zwei Whisky und gingen dann beseelt schlafen.

Kapitel 11

Verkauft

Es war ein sonniger Spätsommertag im Jahr 1957. Sie war neun Jahre alt und hatte vom Vater den Auftrag erhalten, etwas abzuholen. Sie trug ihr blau-weißes Matrosenkleid, weiße Sandalen und eine Schleife im Haar. Unbefangen spazierte sie durch die Straßen, bis sie vor dem grünen Haus mit den weißen Fensterläden stand. Sie stieg die drei Stufen bis zum Eingang hinauf und drückte auf den Klingelknopf, der das Namensschild Gerd Meier trug. Es dauerte nicht lange, dann öffnete ein elefantenschwerer, pausbackiger Mann mit schütterem Haar die Tür. Sie kannte ihn genau. Jeden Sonntag hatte sie ihn bewunderungsvoll angehimmelt. Insgeheim betete sie, dass er ihr Vater sein sollte und wenn das nicht möglich wäre, betete sie dafür, dass ihr Vater so werden würde wie Gerd Meier. Sie mochte seine ruhige, sanfte und dennoch lebhafte Stimme. Er war der Pfarrer der Kirchengemeinde.

»Ach, da bist du ja schon«, sagte die freundliche Stimme von Pfarrer Meier.

»Komm herein. Magst du eine Limonade trinken?«, fragte der Pfarrer, während er sie behutsam in die Küche führte.

»Nein, danke. Ich soll nur etwas für meinen Vater abholen.«

»Ja, das weiß ich doch. Dein Vater sagte mir auch, dass du

genügend Zeit mitgebracht hast. Also kannst du ruhig eine Limonade trinken. Ich habe extra für dich ganz frische Limonade gemacht«, lächelte er.

»Danke, dann nehme ich sehr gerne ein Glas.« Sie war von so viel Fürsorge überwältigt. Nette Worte und ein strahlendes Gesicht kannte sie von zu Hause einfach nicht. Und wenn der Vater ihr genügend Zeit eingeräumt hatte, genoss sie nun die Geborgenheit. Sie setzte sich an den Küchentisch und trank die eisgekühlte Limonade. Die Limo war so herrlich süß und schmeckte nach Orange. Pfarrer Meier bewegte sich galant durch die Küche und scherzte.

»Was ist rot und hat Streifen?«, fragte er. Sie zog die Augenbrauen zusammen und schaute den Pfarrer fragend an.

»Eine Tomate mit Hosenträgern«, lachte der Pfarrer. Sie pustete vor Lachen in das Limonadenglas. Dann nahm der Pfarrer einen Apfel aus dem Obstkorb. Er warf ihn in die Luft und fing ihn wieder auf. Dann nahm er noch einen zweiten Apfel und warf beide Äpfel abwechselnd in die Luft und fing sie wieder auf. Sie traute ihren Augen nicht, es gab tatsächlich Menschen, die Spaß hatten und lachen konnten. Dann nahm Pfarrer Meier den letzten Apfel aus dem Korb und jonglierte mit drei Äpfeln, dabei hatte er sich den leeren Obstkorb auf den Kopf gesetzt.

›Pfarrer Meier kann zaubern‹, dachte sie bewundernd und lachte aus vollem Herzen. Beim Albern verging die Zeit wie im Flug. Soviel Freude und Frohsinn war sie gar nicht gewohnt. Sie fühlte sich glücklich und zufrieden. Sie genoss die angenehme Atmosphäre als Pfarrer Meier auf einmal hinter ihr stand. Er hatte sich eng an sie gedrückt, sodass sie etwas Komisches, etwas Hartes am Rücken verspürte. Meier nahm sie in den Arm und

fuhr ihr mit seinen Händen erst über die Arme, dann über ihren Brustkorb und streichelte ihren Oberkörper. Sie hatte nicht verstanden, was das sollte, aber sie wusste ganz genau, dass sie es nicht mochte.

»Ich muss jetzt leider gehen« sagte sie.

»Ja sicher. Dein Vater bekommt noch etwas von mir. Es ist oben. Komm eben mit rauf, dann gebe ich es dir.« Sie gingen gemeinsam die kleine Treppe hinauf in das obere Stockwerk. Hier befand sich ein kleiner Flur mit drei verschlossenen Türen. Sie ging neben dem Pfarrer die Stufen hoch. Er hatte seine rechte Hand flach auf ihren Rücken gelegt und schob sie sanft auf die mittlere Tür zu. Der Pfarrer öffnete mit der linken Hand die Tür und schob sie mit der rechten Hand in das Schlafzimmer. Sie stockte und wollte nicht weitergehen.

»Hab keine Angst! Ich muss nur etwas aus der Bibel nehmen. Komm setze dich hier her«, sagte er und griff ihr unter die Arme. Dann hob er sie hoch und setzte sie auf die Bettkante. Er setzte sich ganz dicht neben sie und lächelte sie an.

»Weißt du«, begann er und nahm die Bibel von seinem Nachtisch.

»Ich liege hier an warmen Sommerabenden, einsam und alleine.« Sie schaute den Pfarrer verwirrt an. Damit hatte sie nicht gerechnet, dass der Pfarrer einsam und allein war, genau wie sie.

»Hier schreibe ich die Predigt, die du sonntags in der Kirche von mir hörst. Hier rezitiere ich die Bibel rauf und runter, um mich von sündigen schönen Marienerscheinungen abzulenken.« Mit diesem Satz legte er seinen Arm um ihre Schultern. Mit einem Ruck zog er sie nach hinten auf das Bett und drückte

seinen dicken Mund auf ihren. Was dann geschah verwandelte alle Farben ihrer Träume in Grau.

Mit einem Umschlag voller Geld für den Vater und verschmiertem Blut an ihren Schenkeln, verließ sie das grüne Haus mit den weißen Fensterläden. Die Sonne war bereits untergegangen. Jede Bewegung tat ihr weh, als sie langsam und mit gesenktem Kopf einen Schritt vor den nächsten setzte. Sie war starr vor Entsetzten und fror so sehr, dass sie zitterte. Zuhause angekommen übergab sie dem Vater den Umschlag. Ohne ein Wort nahm der Vater den Umschlag und steckte ihn in seine Hosentasche.

»Geh jetzt zu Bett« sagte er, ohne sie auch nur anzusehen. Mit gesenktem Kopf stellte sie sich an den Waschtisch und begann, ihre Haut zu schrubben. Sie schabte die Haut, bis sie wund wurde. Dabei ging es um weit mehr, als um das Entfernen des angetrockneten, klebrigen Blutes ... Ihr Unterleib schmerzte. Dann schlüpfte sie in ihren Schlafanzug und verschwand wortlos im Bett. Doch sie war so aufgewühlt; an Schlaf war nicht zu denken. Sie lag hellwach und hatte die Decke über den Kopf gezogen. Sie ließ den Tag wieder und wieder durch ihren Kopf wandern. Erst bei Anbruch der Morgendämmerung schlief sie erschöpft ein. Doch ihr Schlaf war ruhelos und wurde von Pfarrer Meier und der Art, wie er sie gewaltsam in die Welt der Erwachsenen gestoßen hatte, heimgesucht.

Pfarrer Meier raffte seine Bettsachen zusammen, griff das Wäschepaket und rannte damit aus dem Schlafzimmer, die Treppe hinab, durch den Flur, die Kellertreppe hinunter, bis zum Heizungskeller.

›Weg damit!‹, dachte er.

›Augenblicklich weg mit diesem ... Teufelszeug‹, wollte er sagen, riss sich aber zusammen und verkniff sich dieses letzte Wort.

»Weg mit dieser Sünde, mit dieser unerträglichen Sünde!« sprach er verzweifelt vor sich hin und stopfte die Sachen in die Flammen des Kohleofens.

»Das Zeug muss weg ... weit weg müssen diese Sachen! So weit, dass ich nie mehr in Versuchung gerate«, murmelte der Pfarrer vor sich hin. Schnell verschloss er die Kamintür und floh aus dem Keller, zurück in das obere Stockwerk seines Hauses. Im Bad entledigte er sich seiner Kleidung. Angewidert starrte er auf den befleckten Kleiderberg. Obwohl er sich gründlich eingeseift und gereinigt hatte, fühlte er sich noch immer schmutzig. Dann kroch er in sein Gebetszimmer. Dort schlug er viele Kreuze und betete lange, bis er endlich erleichtert auf dem harten Fußboden einschlief.

So leicht wie der Pfarrer konnte sie, die Ungeliebte, das Geschehene nicht abschütteln.

Kapitel 12

Freitagabend

Als Dampf an diesem Abend nach Hause kam, war die Stimmung dort ausgelassen. Schon im Flur hörte er Lachen und Stimmengewirr, zeitweilig unterlegt vom Klang klirrender Gläser. Mutter hatte all die junggebliebenen Mädels mit ihrem Weinsortiment fest im Griff. Fünf Damen in betagtem Alter hatten sich zu einer lockeren Runde im Wohnzimmer eingefunden. Dort saßen die Kegelschwestern Paula Buddenberg, Loretta von Bischoffshausen, Evelin Rebling, Cathrin Hengelsberg und Jutta Dampf, die Mutter von Hans. An Gesprächsstoff mangelte es den Ladies nicht. Schließlich schrieb das Leben der Frauen, die allesamt das 70. Lebensjahr überschritten hatten, Geschichten in Hülle und Fülle. Das Wohnzimmer mit dem kuscheligen Weinlager war fast bis auf den letzten Platz gefüllt. Ein Stuhl war noch frei. Dampf stieß als einziger Mann zu diesem unverhofften Mädelsabend.

»Komm setze dich Junge. Du bist hier zugelassen«, forderte ihn seine Mutter Jutta leicht beschwipst auf. Angesichts der Tatsache, dass alle anwesenden Damen den natürlichen Reifeprozess weit überschritten hatten, lehnte Dampf dankend ab. Während die Damen, vom Wein entzündet, immer ausschweifendere Geschichten aus der Vergangenheit erzählten, und sich dabei immer freizügiger in den eigenen Erzählungen verstrickten, zog sich Dampf zurück in die laue Nacht und setzte sich unter die Linde in den Garten. Seine Linde, zur Sommerzeit, draußen im Garten seines Elternhauses, der Duft der Blumen - Hans konnte und wollte nicht mehr vom Leben verlangen. Der Gesang der Vögel war bereits verstummt. Unter dieser Linde lernte Dampf, dass alles genießenswert war. Mit dieser Erkenntnis empfand er es fast töricht, zwischen glücklichen und unglücklichen Momenten zu unterscheiden. Im Laufe seines Lebens war er dazu übergegangen, alle seine Gefühle in sich aufzunehmen und zu pflegen. Dabei gab er sich auch seinen unerfüllten Wünschen, Träumen und Sehnsüchten hin. Gedankenverloren wandte er seinen Blick zum Wohnzimmerfenster. Augenblicklich drehte er seinen gesamten Körper ruckartig in diese Richtung, denn er erblickte Erna Heitmeier im Wohnzimmer seiner Mutter.

›Die war doch eben noch nicht da‹, dachte er.

»Das trifft sich aber gut«, sprach er mit hoher erwartungsvoller Stimme zu sich selbst und blickte gespannt in das Fenster. Seine Erna trug eine helle Bluse und einen dunklen Rock. Ihr Haar war über das Ohr frisiert und fiel zu einem dicken Knoten im Nacken zusammen. Die Hautfarbe war matt-weiß und Hans erschien es, als ob um ihre Augen ein bläulicher Schatten ruhte. Über ihrer fein geschnittenen, kurzen Nase saß immer noch ein kleiner Sattel voller Sommersprossen. Mit erwartungsvollen Gedanken erhob er sich von seiner Bank und ging zurück ins Haus. Er schritt über die Terrasse und ging durch den kleinen Vorraum. Er hatte den Griff der weißen Tür, die zum Wohnzimmer führte, schon in der Hand, als er plötzlich innehielt, einen Schritt zurücktrat und kehrt machte. Obwohl er vollkommen allein war, sagte er zu sich:

›Lieber nicht ...‹ Er ging zurück zu seiner Linde. Dort saß er und schaute in die Natur. Nach einer Minute aber blickte er wieder rücklings zum Wohnzimmerfenster. So blieb er sitzen, bis er plötzlich Schritte im Garten vernahm und wie aus dem Nichts auf einmal Erna vor ihm stand.

»Hier hat sich nichts verändert«, begann sie das Gespräch.

»Ja, Gott sei Dank.«

»Was machst du hier draußen?«

»Ich genieße die Ruhe.«

»Komm doch mit rein. Drinnen ist es sehr angenehm.«

»Danke, das ist sehr nett von dir, aber ich würde lieber hier draußen bleiben.«

»Warum? Im Wohnzimmer ist es sehr schön.«

»Ja, ich sehe es. Aber lass mich trotzdem hier draußen bleiben. Ich muss noch etwas nachdenken. Und das kann ich hier draußen am allerbesten.«

»Hans, ich habe mich so gefreut, dich hier zu treffen. Es wäre doch schön, wenn wir noch etwas Zeit miteinander verbringen könnten«, sagte sie ruhig und gefühlsbetont.

»Ich habe mich auch sehr gefreut, dich wiederzusehen. Was hältst du davon, wenn wir uns morgen auf der Kirmes treffen und abends noch etwas zusammen trinken gehen?«, fragte Hans und bekam Flüssigkeit in den Mundwinkeln.

»O.k., abgemacht! Dann bis morgen«, jubelte Erna, beugte sich vor und gab Hans einen Kuss auf die Wange bevor sie wieder im Haus verschwand.

»Ach Paula, ich freue mich sehr, dich und deine Kegelschwestern in meinem Haus zu haben«, sagte Mutter Dampf fröhlich und mit dem Ausdruck wahrer Freude und Zuneigung.

»Wir sind auch alle sehr erfreut darüber, dass wir hier sein dürfen«, sagte Loretta.

»Heute sind wir als Kegelklub unterwegs«, ergriff Evelin das Wort.

»Aber morgen Abend treten wir als Rentnerinnen-Rockband auf. Jutta, du musst unbedingt mal kommen, du passt so gut in unsere Gruppe.« Cathrin wippte mit dem Fuß auf und ab, als hätte sie ein Lied im Ohr.

»Loretta spielt auf ihrem roten Bass. Den schnallt sie sich immer ganz locker um und tanzt dabei. Evelin spielt Gitarre, Cathrin sitzt am Schlagzeug und ich bin die Frontfrau«, erklärte Paula strahlend.

»Sie tanzt sogar auf den Tischen«, erklärte Loretta aufgebracht.

»Ist das nicht ein bisschen laut?«, fragte Jutta.

»Das ist nicht laut, das ist schön«, lachte Paula sie an.

»Deshalb sind wir ja auch so jung geblieben. Wir haben einfach keine Gedanken an die Beschaffung von Rollatoren verschwendet. Wir stehen auf der Bühne und fühlen uns klasse.«

»Ab und zu denke ich über mein Leben nach. Dann stelle ich mir die Frage, was mich zu dem gemacht hat, was ich heute bin. Ich habe keine Antwort darauf. Ist aber auch egal. Lebenslust sprudelt in uns. Dabei spielt es keine Rolle, wie alt wir sind«, fügte Evelin hinzu.

»Das hört sich super an. Ich werde es mir überlegen«, lachte Jutta und schenkte jeder Dame noch einen Wein ein. Gegen 22:00 Uhr verabschiedete sich die lustige Runde und es wurde wieder still in Dampfs Elternhaus.

Kapitel 13

Der Sadist

Der Sommer zog über das Land und malte die Landschaft bunt und fröhlich an. Ihr liebloses Leben hatte sich unvergesslich in ihre Seele gebrannt. Zugleich wurde sie immer mehr vom Kind zur Frau. Die Männer interessierten sich zunehmend für sie. Neben Pfarrer Meier musste sie bei Herrn Schmidt, bei Herrn Schneider, bei Herrn Fischer, bei Herrn Weber, bei Herrn Meyer, bei Herrn Wagner, bei Herrn Becker, bei Herrn Schulz, bei Herrn Hoffmann, bei Herrn Schäfer, bei Herrn Koch, bei Herrn Bauer, bei Herrn Richter, bei Herrn Wolf und bei Herrn Schröder regelmäßig Briefumschläge für ihren Vater abholen. Ihr waren die Besuche bei den Männern der Stadt und die Gewissheit, was jedes Mal mit ihr geschah, zuwider. Sie fühlte sich dreckig, benutzt und verkauft. Und nun fing auch ihr eigener Körper an, sie zu verraten. Er formte sich von Woche zu Woche um und nahm neue, ungewohnte Konturen an. Sie war 13 Jahre alt. Wieder einmal musste sie für ihren Vater einen Umschlag abholen. Sie hasste diese Wege. Sie hasste Pfarrer Meier, sie hasste Herrn Schmidt, sie hasste Herrn Schneider, sie hasste Herrn Fischer, sie hasste Herrn Weber, sie hasste Herrn Meyer, sie hasste Herrn Wagner, sie hasste Herrn Becker, sie hasste Herrn Schulz, sie hasste Herrn Hoffmann, sie hasste Herrn Schäfer, sie hasste

Herrn Koch, sie hasste Herrn Bauer, sie hasste Herrn Richter, sie hasste Herrn Wolf und sie hasste Herrn Schröder. Sie hasste die Schmerzen, die sie durchzuckten, wenn diese feinen Herren sie demütigten und ihr immer wieder ihre Persönlichkeit raubten. Sie hasste ihren Vater, weil er seine Tochter einfach an die Männer der Stadt verkaufte und sie hasste ihre Mutter, weil sie dies geschehen ließ und wegschaute. Und nun musste sie zu einem Herrn Neumann. Übelkeit stieg in ihr auf und sie wusste jetzt schon, dass sie Herrn Neumann auch hassen würde. Wohl wissend, was auf sie zukommen würde, kroch die Übelkeit ihre Kehle hinauf.

Kurz bevor sie in die Straße, wo Herr Neumann wohnte einbog, musste sie sich übergeben. Das Haus, in dem er wohnte, lag nördlich der Stadtgrenze, am Rande des Waldes. Hinter dem Haus war ein kleiner Garten. In dem Garten stand ein alter Walnussbaum. Darunter befand sich ein niedriger Holzschemel, zu dessen Füßen geknackte Walnussschalen lagen. Sie trat näher an das Haus und sog den leicht süßlichen Duft einer nahegelegenen Schnapsbrennerei ein. Unsicher bewegte sie ihre schmale Hand zur Klingel. Noch bevor sie den Klingelknopf drücken konnte, öffnete ein Mann die Tür. Obwohl er größer war als sie, hatte er eine kleine und schmächtige Gestalt. Er maß circa 1,65 Meter und brachte höchstens 50 Kilogramm auf die Waage. Seine Hände waren feingliedrig und gepflegt. Er hatte stahlblaue, kalte Augen, einen schmal geschnittenen Mund und dünnes, aschblondes Haar. Ein Hals war nicht erkennbar, sodass sein Gesicht erbärmlich zwischen seinen Schultern saß. Grußlos bedeutete er ihr mit einem Fingerzeig, dass sie eintreten möge. Zögerlich betrat sie das Haus und gelangte in eine große, mit

Holz verkleidete Diele. Von der Diele aus führte eine Treppe mit einem dunkel gestrichenen Holzgeländer in die obere Etage hinauf. Die Wände waren mit Landschaftsbildern tapeziert. Auf der gegenüberliegenden Seite der Diele befand sich eine schwere Mahagonigarderobe, daneben stand ein Stuhl, der mit einer grünen Wolldecke bedeckt war. Sie zuckte erschrocken zusammen, als Herr Neumann hinter ihr die Tür laut ins Schloss fallen ließ. Mit Entsetzen vernahm sie das Schließgeräusch, als er die Haustür zweimal von innen abschloss, den Schlüssel abzog und in seiner Hosentasche verschwinden ließ. Dann schritt er mit seltsam wichtiger Gangart an ihr vorbei und stellte sich breitbeinig vor sie hin. Sie empfand unweigerlich eine extreme Beklommenheit. Er starrte sie regungslos an. Sein Blick hatte nichts Leidenschaftliches; es lag etwas Stumpfes und Totes darin. Seine Hände zitterten, als er das Wort ergriff.

»Ist das Leben nicht etwas Wunderbares? Wir werden es uns schön gestalten«, sagte er betont ruhig mit einer hohen, etwas scharfen Stimme, die einen drängenden Schmerz von ihrer Brust zum Hals hinaufsteigen ließ. Sie würgte den Schmerz herunter und richtete sich auf ... nicht bereit sich brechen zulassen.

Herr Neumann war ganz anders, als die anderen alten Säcke. Er war Mitte zwanzig und hatte etwas an sich, das sie nicht kannte; das ihr aber Angst bereitete. Obwohl er sich übertrieben ruhig verhielt, spürte sie, dass er nervös war und scheinbar nicht genau wusste, was er tun sollte. Die Vorhänge waren zugezogen. Im Haus war alles dunkel. Ihr klopfte das Herz bis zum Hals und Panik stieg in ihr auf. Was hatte er vor?

»Ich soll einen Umschlag für meinen Vater abholen«, sagte

sie so ruhig, wie es ihr in ihrem verängstigten Zustand möglich war.

»Halt die Klappe!«, schrie er sie an. Blankes Entsetzen erfasste sie und sie fing an zu zittern.

»So ist gut«, sagte er leise. In seiner Stimme lag etwas außerordentlich Bedrohliches. Panisch schrie sie auf. Mit erhobenem Arm kam Herr Neumann auf sie zu. Reflexartig drehte sie sich herum und wollte fliehen. Doch er packte sie, zerrte sie herum und schmetterte seine Faust mit einer solchen Wucht auf ihre Wange, dass sie durch die Diele geschleudert wurde, mit dem Rücken an die gegenüberliegende Wand prallte und sich heftig den Kopf stieß. Sie kauerte schmerzverzerrt auf dem Boden. Er kniete sich vor sie und schlug ihr abermals die Faust ins Gesicht. Dann legte er ihr ein Halsband und Hand- und Fußmanschetten aus Leder an und verband alles mit einer Kette. Angsterfüllt schaute sie in seine eiskalten, stahlblauen Augen. Die Härte seines Blickes warnte sie davor, sich zu wehren. Sie verstand aber nicht, was er wollte. Sie nahm einen widerlichen Geruch wahr. Der nächste Atemzug raubte ihr die Sinne und sie stieß die Luft durch schnelle, kurze Schübe wieder aus. Angewidert rümpfte sie die Nase, aber sie konnte sich seinen abartigen Ausdünstungen nicht entziehen. Sein Körpergeruch war für sie ein unvorstellbarer Gestank. Herr Neumann stank ekelerregend säuerlich, nach fauligem Fisch und Urin. Hier auf dem Boden sitzend, wurde sie das erste Mal in ihrem kurzen, grausamen Leben gefesselt. Sie wurde zuvor schon zigmal von den Männern dieser Stadt missbraucht; sie hatte diese Demütigung schon so häufig über sich ergehen lassen müssen ... aber gefesselt wurde sie noch nie.

Sie saß mit gefesselten Armen und Beinen, den Rücken an die Wand gelehnt. Sie hatte die Augen geschlossen und rührte sich nicht. Sie sah nichts, sie roch nur seinen widerlichen Geruch und spürte die Gefahr.

»Ich soll etwas für meinen Vater abholen«, sagte sie erneut leer und ausdruckslos.

»Ich weiß, das musst du aber jetzt noch nicht haben. Erstmal gehörst du mir.« Sie fühlte sich, als würde sie an einem tiefen Abgrund stehen und mit der nächsten Bewegung in die Tiefe stürzen. Tief in ihr drin schrie sie aus Leibeskräften - aber - ihr Mund brachte keinen Ton mehr hervor.

»Ich will dich aufklären, meine Süße. Deine Angst ist berechtigt. Wir werden viel Spaß miteinander haben. Mach einfach, was ich dir sage.« Ohne weitere Worte packte er sie an den Haaren und presste seinen Mund auf ihre Lippen. Sie spürte wie sich seine Zähne in ihr Fleisch bohrten. Sie biss die Zähne zusammen und zwang sich, nicht zu weinen. Er wurde wütend und zog ihr mit den Fingern die Mundwinkel auseinander. Sie schmeckte das Blut, als ihre Mundwinkel rissen. Sie wollte ihren Mund auf gar keinen Fall öffnen. Herr Neumann drückte ihr die Nase zu. Doch dann, als die Welt für sie erst rot und dann schwarz wurde und ihr Körper nach Sauerstoff schrie, drang Herr Neumann in sie ein. Sie biss zu.

»Du miese Ratte!«, brüllte er. Dann schlug er ihr mit der Faust gegen den Mund und rammte ihr sein Knie ins Gesicht. Ihr ganzer Kopf war ein einziger Schmerz. Sie schmeckte ihr eigenes Blut und spürte das Beißen der salzigen Schweißtropfen in ihren Wunden. Dann fiel Herr Neumann wie ein Tier über

sie her. Sein Gesicht war überall. Sie sah die weißen Spuckfäden, die wie bei einem Hund an den Zähnen und zwischen seinen Lippen hingen. Sie roch seinen schwitzenden, ekelhaften Körper und spürte immer wieder seine Faust. Es hatte keinen Sinn. Es gab keine Fluchtmöglichkeit. Mit dieser Erkenntnis ergab sie sich ihrem Schicksal. Lachend drosch Herr Neumann auf sie ein. Er wollte sie erniedrigen und zu Fall bringen. Ihr Kopf dröhnte und das Blut rauschte in ihren Adern. Sie hörte, wie Herr Neumann sie mit Schimpfwörtern belegte und spürte, wie er auf sie einschlug. Ihr Blick war durch einen blutverschmierten Film getrübt, es war ihr eigenes Blut. Das Zimmer drehte sich schwindelerregend um sie herum, ein Mix aus Mustern und Schatten. Sie konnte nicht mal mehr eine Zimmertür ausfindig machen. Sie spürte, wie die Tränen kamen.

›Nein! Diesen Gefallen tue ich ihm nicht!‹, dachte sie entschlossen. Er wollte, dass sie zu Boden ging und weinend um Gnade winselte. Er wollte erleben, wie sie Schwäche zeigte, um sie dann noch weiter zu erniedrigen. Innerlich bäumte sie sich auf:

›Da kann er lange warten. Diesen Gefallen tue ich ihm niemals.‹ Doch Herr Neumann wurde von dieser Demonstration des Widerstandes nur noch mehr angestachelt. Seine Schläge wurden immer noch härter und er drang immer brutaler in sie ein …

Stunden vergingen, ehe Herr Neumann endlich von ihr abließ. Erschöpft saß sie mit dem Rücken an die Wand gelehnt. Lässig fläzte sich Herr Neumann neben ihr und legte seinen Arm um ihre Schultern. Dann zündete er sich eine Zigarette an.

»Alle Achtung!«, sagte er anerkennend.

»Du bist eine Königin. Meine Königin! Meine Königin der Kraft!« Dabei strich er ihr eine blutverschmierte Haarsträhne aus dem Gesicht und löste ihr die Fesseln.

»Nimm einen Zug, den hast du dir verdient.« Sie wischte den Schweiß und das Blut aus den Augen und schaute Herrn Neumann leer an. Die Stille im Raum war angereichert von ihrem Hass und von ihrer Verachtung für diesen Menschen. Angewidert drehte sie ihren Kopf zur Seite, aber Herr Neumann ergriff ihr Kinn mit seiner linken Hand und drehte ihren Kopf hart zurück. Dann nahm er seine Zigarette und steckte sie ihr in den blutenden Mund.

›So muss sich der Tod anfühlen‹, dachte sie. Sie nahm die Zigarette aus ihrem Mund und drückte sie auf ihrem linken Handrücken aus. Sie wollte nur sehen, ob noch Leben in ihr war. Die Glut der Zigarette verbrannte ihre Haut, aber sie spürte nichts mehr. Das alles war also doch nur ein Albtraum, aus dem sie gleich aufwachen würde. Aber Herr Neumann holte sie in die Realität zurück und schlug ihr die Zigarette aus der Hand.

»Ich muss nach Hause«, sagte sie entkräftet und ausdruckslos.

»Du kannst gehen, aber mach dich im Bad noch etwas frisch. So kannst du nicht auf die Straße«, sagte Herr Neumann. Fürsorglich gab er ihr ein frisches Handtuch. Schweigend ging sie ins Bad und fing an, ihre Haut zu waschen. Sie schrubbte und scheuerte aber der entsetzliche Neumanngeruch war überall. Ihre Augen waren noch vom Schmerz verschleiert, anders ihr Geruchsinn. Ihre Nase schien den ekelhaften Neumanngeruch fixiert und gespeichert zu haben. Sie weitete ihre Nasenflügel,

aber sie schien keinen frischen Luftzug in sich aufnehmen zu können. Es war der widerliche Neumanngeruch, der sich in ihren Riechnerven festgesetzt hatte. Sie fühlte sich nackt, wertlos, schmutzig und stinkend. Selbst durch ihre Haut schien Herr Neumann hindurchzustinken, bis in ihr Innerstes hinein. Ihr ganzer Körper schmerzte. Nun flossen die Tränen hemmungslos. Weinend sah sie an sich herunter. Ihr Körper war übersät von blauen und roten Flecken. Sie zog sich an, nahm den Umschlag von Herrn Neumann und verließ das Haus. Draußen hatte bereits die Dämmerung eingesetzt. Als sie zu Hause ankam, schleppte sie sich in die Küche. Weder Vater noch Mutter fragten, wo sie so lange gewesen war. Es fragte auch keiner warum sie blutete. Wortlos nahm der Vater ihr den Umschlag ab.

Schweigend zog sie ihren Schlafanzug an und verkroch sich in ihr Bett. Aber der erlösende Schlaf wollte einfach nicht kommen. Sie lag wach und starrte in die Dunkelheit. Immer wieder gingen ihr der Horror des Nachmittags durch den Kopf. Sie fühlte sich wie Dreck. Ihr wurde übel und sie spürte, wie sich unbändige Wut in ihr ausbreitete. Ihr Brustkorb drückte sich von außen nach innen und rasende Schmerzen breiteten sich in ihm aus. Es fühlte sich an, als würde ihr Brustkorb platzen. Sie drehte sich auf die Seite und schaute in die Dunkelheit des Zimmers. Das Haus war vollkommen still. Auf dem Flur waren keine Schritte oder Stimmen zu hören. Todmüde und trotzdem hellwach war sie auf einmal. Die Sterne standen klar und glitzernd am Himmel und schienen sie fast auszulachen. Ihr Kopf war schwer und entleert. Ihre Haut brannte. Entschlossen verbannte sie sodann ihre Verzweiflung und ersetzte sie durch große, sanfte Wehmut. So verfiel sie in einen schweren, dumpfen Schlaf. Immer wieder kam sie ganz dicht ans Erwachen heran, aber sie fürchtete sich davor und tauchte jedes Mal erneut in einen friedlosen, von einem Albtraum begleiteten Schlaf. Dieser Albtraum hatte einen Namen. Er hieß Herr Neumann.

Als sie am nächsten Morgen von der schrillen Stimme des Vaters aus dem Schlaf gerissen wurde, sah sie sich mit verquollenen Augen um. Das Erlebte lastete noch schwer auf ihrer Seele. Ihr Leiden wurde durch den Schlaf nicht unterbrochen, geschweige denn, gemindert. Ihr Kopf war dumpf, ihre Augen brannten und ihr Blick war leer.

Kapitel 14

Samstag, 23.09.2017, 9:00 Uhr

Beil stand auf und ging durchs Wohnzimmer in die Küche und holte sich den Haaner Treff, den er seit Mittwoch noch nicht gelesen hatte. Er wollte zurück ins Wohnzimmer, während er die Schlagzeile auf der ersten Seite überflog:

»HTV meistert die Herausforderung«

»Ein Hauch von Olympia wehte durch die Sportanlage an der Hochdahler Straße«, las er weiter. Schmunzelnd erinnerte er sich an die Sportveranstaltung, bei der sich 15 Teams für das Finale qualifizierten. Auf Seite zwei kommentierte Frau Antje Götze-Römer die hervorragenden Leistungen im Rahmen dieses sportlichen Events, auf die der Vorstand und die Mitglieder des Haaner Turn Vereins zu Recht stolz sein konnten. An diesen Leistungen würden sich nunmehr andere messen lassen müssen. Der Wetterfrosch kündigte für den Samstag Temperaturen zwischen 11 und 15 Grad mit einem Sonne-Wolken-Mix an. Der Sonntag sollte bei ähnlichen Temperaturen bewölkt werden. Missmutig las er, dass die Vorhersage für Kirmesmontag Temperaturen bis 20 Grad und Regen verhieß. Dafür versprach der Dienstag heiter bis wolkig und trocken zu werden. Seite drei berichtete von der Bierdeckel-Fragerunde. Klaus Eisner, aus Fienchen's Kajüte hatte in Kooperation mit dem Haaner Treff die Direktkandidaten des hiesigen Wahlkreises zu einer Podiumsdiskussion in völlig neuem Format eingeladen. Keiner der Kandidaten wurde über Art und Inhalt der Frage vorab informiert. Dennoch ließen sie sich auf diesen Blindflug ein. Der Abend war ein Erfolg. Etwa 60 Gäste wohnten der Fragerunde bei und schrieben ihre Fragen auf Bierdeckel. Diese fragenden Bierdeckel wurden in einem Glas gesammelt, willkürlich gezogen und von den Kandidaten beantwortet. Die nächsten Seiten überflog er rasch und unkonzentriert. Seine Aufmerksamkeit wurde noch einmal auf Seite zehn geweckt. Dort wurde von einer ungewöhnlichen Ausstellung in der alten Pumpenstation berichtet, bei der großformatige Fotos durch die Halle schwebten. Dann endlich fand er, wonach er gesucht hatte. Auf den Seiten elf bis sechzehn wurde, extra auf blauem Hintergrund, Wissenswertes rund um die Kirmes dargelegt. Für die nächsten vier tollen Tage würden in Haan die Beschränkungen und Festlegungen des Alltags ausgesetzt werden. Mit dem Fassanstich am Samstag, den 23.09.2017 um 14:00 Uhr würden die beruflichen und privaten Zwänge und die Ketten eiserner Routinen vorübergehend vergessen werden. An den Kirmestagen befanden sich die Besucher in einem steigerungsfähigen Übergangszustand, in dem alles möglich und machbar erschien. Allerdings schieden sich an der Kirmes auch die Geister. Für die einen waren die vier Kirmestage ein unberechenbarer und lautstarker Formzerfall, den sie hartnäckig ignorierten oder dem sie sich durch Flucht in die Ferne entzogen. Für die anderen bedeute die Kirmes eine viertägige, befreiende Revolte gegen die alltägliche Formstrenge. Für diese Menschen schien es, als würde nirgendwo so prall, so bunt, so exzessiv und - vor allem - so ehrlich gefeiert, wie in Haan. Der Grund dafür lag in der Wesensverwandtschaft zwischen den Bürgern und ihrer Kirmes. Die Mentalität der Haaner und das Wesen der Kirmes beflügelten sich wechselseitig. Von Natur aus waren die Haaner locker und aufgeschlossen. Die Kirmes kurbelte das gemeinsame Reden, Tanzen, Lachen und Trinken an. Während der Kirmes fand regelmäßig eine beglückende Verkopplung der Menschen statt, wie sie - in Ansätzen - auch beim Public Viewing einer Fußball-Weltmeisterschaft zu erkennen war. Jeder einzelne Besucher wurde von der Bürde seiner Individualität erlöst und Teil einer freudigen, fröhlichen Masse. Im ozeanischen Gefühl der Menschenmasse wurden die festen Regeln des Alltags vom ausgelassenen Überschwang der Freude weggeschwemmt. Die Stadt verbrüderte sich mit dem Frohsinn der Bürger und verwandelte sich zu einem riesigen Rummelplatz, auf dem alle in luftige Höhe fliegen konnten und mit Pfeil und Bogen oder einem Gewehr schießen durften. Man konnte sich bis zum Erbrechen über Kopf drehen lassen, von rechts nach links und von oben nach unten oder man verausgabte sich, wie ein Kind, in der Schiffsschaukel. Die Kirmes war und blieb das Fest der ungezwungenen Gemeinschaft. In diesen vier Tagen konnten die Besucher, umgeben von Wärme und dem pulsierenden Herzschlag der Stadt, schaukeln, schunkeln und trinken. Eine echte Umgestaltung des Lebens widerstrebte dem gemütlichen, beständigen und ungezwungenen Naturell des Haaners eigentlich. Die Kirmes aber bot eine kurzfristige Spontanverwandlung in ein Kind mit Rückreisegarantie. Sie erlaubte das Kreischen auf der „Wilden Maus“, das Jubeln auf der Schiffsschaukel, Zuckerwatte und Bratfisch, dazu waren ein paar Bier als Gleitmittel angenehm und vertraut. Die Rückreisegarantie gab es am Dienstag nach dem Feuerwerk, denn dann war definitiv alles wieder vorbei. Die Verwandlung in ein Kind hatte nach diesem Dienstag keine Geltung mehr. Nicht nur aus körperlicher und finanzieller Sicht war die Begrenzung der Kirmes notwendig, sondern auch seelenökonomisch, denn die Sprengung des Alltagskorsetts weckte nicht nur die Geister, sondern auch die Gespenster der Pflichtvergessenheit. Und so war es völlig normal und notwendig, dass sich die Besucher am vierten Tag wieder nach ihrem festen und vertrauten Alltag sehnten. Aber jetzt las Beil voller Vorfreude die blauen Seiten des Haaner Treffs. Die „Dixie Tramps“ würden den Besuchern die Zeit bis zum Fassanstich vertreiben. Ab 14:00 Uhr drehten sich dann die Karussells in der Innenstadt. Am Montag fand um 9:30 Uhr der traditionelle Gottesdienst auf dem Autoscooter der Familie Schmidt, gegenüber der evangelischen Kirche, auf der Kaiserstraße statt. Erstmalig trat der Posaunenchor des CVJM dort auf. Die Stadt verloste Karten für die beliebte Backstage-Tour und ermöglichte den Gewinnern dadurch, eindrucksvolle Einblicke hinter die Kulissen der Kirmes. Der Lions Club war mit seinem Weinstand zum zweiten Mal dabei. Die Sparkasse stellte den Vorplatz zur Verfügung. Am Kirmesmontag fand auch das traditionelle Hahneköppen für einen guten Zweck statt. Der Überschuss sollte einem gemeinnützigen Zweck zugeführt werden. So konnte sich beispielsweise die Haaner Tafel in der Vergangenheit schon über einen Scheck von 500 Euro freuen. In froher Erwartung auf die tollen Tage legte er die Zeitung auf seinen Küchentisch und nahm sich einen Joghurt. Dann zog er sich an und fuhr mal kurz auf die Wache.

Auf Dampfs Schreibtisch lag ein Umschlag. Der Umschlag war durchsichtig und Beil konnte erkennen, dass dies der Bericht über die Leichenschändung war. Beil nahm den Umschlag, verließ die Wache und fuhr wieder nach Hause. Obwohl solche Vorkommnisse in Haan bisher noch nie vorgekommen waren, gehörten solche Abnormitäten eng zu seinem Berufsfeld. Zu Hause angekommen, zog er den Bericht aus der Mappe und begann zu lesen. Es kostete ihn weniger als zehn Minuten, um den Vorgang komplett zu lesen. Im Verlauf seiner mehrjährigen Zusammenarbeit mit Dampf hatte er sich die Kunst des Berichtlesens angeeignet. Wiederkäuendes und Unwesentliches siebte er schnell aus und versuchte das Grundmuster zu erkennen, sofern Dampf bei der Erstellung der Berichte überhaupt ein Muster verfolgte. Das meiste war schlecht geschrieben. Einige Teile waren komplett unverständlich. Andere Bereiche glänzten durch besonders unglückliche Formulierungen. Stilistisch konnte Dampf halt nicht aus seiner Amtsrolle heraus. Schmunzelnd erinnerte sich Beil daran, wie Dampf in der Straßenverkehrsordnung neben anderen Dingen bestimmt hatte, dass die Dunkelheit anbricht, wenn die Straßenbeleuchtung eingeschaltet wird. Beil blätterte die Papiere ein letztes Mal durch. Dann legte er den Vorgang beiseite, stützte seine Ellenbogen auf den Küchentisch und legte seine Stirn in die gefalteten Hände. Er verharrte in dieser Position noch ein Weilchen und dachte über die Leichenschändung nach.

›Warum benutzt jemand eine Leiche als Aschenbecher? Wie konnte jemand unerkannt in das Zimmer des Verstorbenen kommen und die Leiche mit Zigarettenkippen übersäen? Warum gab es keine Einbruchsspuren an der Hotelzimmertür? Adolf Schneider musste den Täter oder die Täterin in sein Zimmer gelassen haben‹, dachte er. Der Verstorbene kam jedes Jahr zur Haaner Kirmes und verbrachte die Zeit immer im Hotel im Park. Die Leiche war mit Zigaretten der Marke „Marlboro" übersät.

Beil war ein schlanker, breitschultriger Polizeibeamter. Er hatte ein eher oberflächliches Naturell. Aber er hatte Ziele. Er strebte noch einen großen Aufstieg bei der Polizei an. Sobald Dampf pensioniert war, hoffte er, auf dessen Posten befördert zu werden. Und um diese Ziele zu erreichen, hatte Beil sich gezwungen, ein Gewohnheitsmensch zu werden. Er war der Meinung, dass er seine selbstgesetzten Ziele besser erreichen könne, wenn er sich gewissen

Zwängen unterwarf. Er war schon zu beginn seiner polizeilichen Laufbahn auf Leistung getrimmt und verrichtete seine Tätigkeiten mit außerordentlicher Genauigkeit. Müßiggang und Fahrlässigkeit hatte er sich abtrainiert. Hans Dampf hatte sich einmal auf einer Weihnachtsfeier über Beil geäußert. Dabei schloss er die Finger seiner rechten Hand fest zu einer Faust, hielt sie hoch und sagte:

»Seht meine Hand an! Beil hat immer nur so gelebt.« Anschließend ließ er diese Hand geöffnet und lässig über eine Stuhllehne hängen und sagte:

»niemals so!« Und genauso war es auch. Beil hatte sehr früh in seinem Leben erkannt, dass er mit keinem besonderen Talent ausgestattet war, wohl aber über eine seltene physische Basis verfügte. Von Kindesbeinen an, war er gewohnt, immer sein Bestes zu geben. Sein Lieblingswort war „durchhalten“.

Auch diesen Fall wollte er mit Übereifer lösen, aber ihm waren die Hände gebunden. Die Obduktion hatte Fremdeinwirkung ausgeschlossen. Herr Schneider war eines natürlichen Todes gestorben. Die Zigarettenstummel wurden noch auf DNA-Spuren untersucht. Das Ergebnis würde aber erst Mitte nächster Woche vorliegen. Die Aufklärung der Leichenschändung musste bis nach der Kirmes warten. Die Kirmes hatte das gesamte Leben in Haan fest im Griff. Aus diesem Grund war die Aufschiebung dieses Falls für Beil verzeihlich, denn vor allem galt es, die friedliche Ordnung auf der Kirmes zu wahren. Für Beil bestand eine tiefe Verwandtschaft zwischen seinem persönlichen Schicksal und dem ausgelassenen

Leben während der Kirmestage. Beil wusste genau, dass die Festmeile trotz Not und Leid, Kummer und Sorgen, körperlicher Gebrechen, Schwäche und tausend weiterer Hemmnisse von den Besuchern geliebt wurde. Diese Erkenntnis hatte er in den vergangenen Jahren gewonnen. Er kannte die mannigfachen Erscheinungen der wiederkehrenden Heldentypen beim Hahneköppen, wo sie ihre jünglingshaften Männlichkeiten zum Vorschein brachten. Wie sie, in stolzem Schamgefühl die Zähne aufeinander bissen und das Schwert ruhig unter dem Korb durch zogen. Seine Aufgabe bestand nun in der Wahrung der guten Sitten und der Behaglichkeit während der Kirmestage. Die Lösung des Leichenschändungsfalls musste bis Mittwoch warten. Er trank einen Schluck Wasser, stützte sein Kinn in seine Hände und freundete sich damit an, diesen Fall wohl erst nach der Kirmes lösen zu können.

Kapitel 15

Ein Tabu brach ...

Ihr Vater und Herr Neumann hatten ihr, der Ungeliebten, die Schüchternheit eingeprügelt und die, von ihrer Mutter tolerierte Demütigung bestimmte zudem ihre Gefühlslage. In der Schule versteckte sie sich hinter ihren hervorragenden Leistungen. Dort setzte sie eine Maske strebsamer Fröhlichkeit auf. Tatsächlich brauchte sie niemals ihre Nase in die Bücher stecken. Das bisschen Wissen, das der niederträchtige Oberlehrer Richard Faust von sich gab, konnte sie stets im Handumdrehen erfassen und umsetzen. Lernen oder das Erfassen von Sachverhalten und Situationen war noch nie ein Problem für sie. Ihr Problem waren ihre Eltern und die Tatsache, dass sie an die wollüstigen, gut gekleideten und in der Kirche betenden Männer der Stadt verkauft wurde. Diese Menschen hatten Spaß daran, ihre Würde zu rauben und ihre Persönlichkeit zu zerstören. Zudem war der Sadist der Stadt, Herr Neumann, ein Expresslift für ihr Gemütstief. Das alles und ihr eiskalter Seelenfriedhof in dieser Heimatattrappe waren ihr Problem. Sollte es in ihrer Familie tatsächlich jemals glühende Liebe gegeben haben, dann war sie vor langer Zeit zu kalter Asche erstarrt, aus der eine Arena gestaltet worden war ... eine Arena, in der ein unglücklicher Kriegstreiber eine Kindheit zerstörte. Sie war ein Kind gewesen, dass Liebe suchte aber ausschließlich Hass lernte. Der Hass hatte sich in ihrer Seele häuslich eingerichtet, wuchs stetig und sollte auch das letzte Tabu brechen. Sie hatte keine Möglichkeit, ihre innere Leere in irgendeiner Form zu betäuben. Freundschaften oder menschliche Nähe waren ihr noch nie zuteil geworden. Traurigkeit und Melancholie waren die Grundpfeiler ihres Lebens. Nicht mal die hervorragenden schulischen Leistungen ließen ein angenehmes Gefühl bei ihr aufkommen. Sie fühlte sich immer nur schmutzig, geschlagen, gedemütigt, missbraucht und müde.

Es war ein heißer Nachmittag, zwei Tage nach ihrem 15. Geburtstag als bleischwere Gedanken sie umfingen:

›Wäre es nicht das Beste, hinunter in den Rhein zu gehen, um sich von ihrem Leiden zu befreien und sich in eine endlose Ruhe zu retten?› Ruhe, ja Ruhe war es, was sie unbedingt wollte. Aber sie wollte keine Ruhe in diesem leeren und tauben Nichts. Sie wollte die echte Ruhe. Ruhe, die von sanftem Frieden und von guten und stillen Gedanken erfüllt war. Tiefe Sehnsucht nach Glück kam in ihr auf, wenn sie an diese Ruhe dachte. Sie träumte von einem Leben ohne Licht und ohne Schatten. Dieses Leben sollte lediglich von einer milden Dämmerung begleitet werden. Mit ruhigem Lächeln träumte sie sich wunderschönen Jahren entgegen und erlaubte ihren Gedanken, dass sie einmal eine liebende Mutter und Ehefrau sein würde. Sie wünschte sich so sehnlich eine Familie, ein eigenes Kind. Unweigerlich drängte sich der Vater in ihre Gedanken. Ihr Vater war alt und verbraucht. Er hatte in seinem Leben niemals gute oder zündende Ideen gehabt. Er saß niemals an seinem Schreibtisch, um nachzudenken. Leidenschaften waren ihm fremd, er verwaltete sei-

ne persönliche Kriegsführung. Wie ein Hilfskoch mischte er alle erlernten Gräueltaten zu einem individuellen Mix aus Schandtaten und Blutschuld zusammen. Der ganze Firlefanz mit dem neuen Haus und dem gepflegten Vorgarten, den schicken Kleidern und dem schönen Auto war seine Tarnung, weil das nun mal zum Erscheinungsbild einer heilen Familie gehörte. Ein Vater war das Familienoberhaupt, das seine Lieben beschützt und dafür sorgt, dass es ihnen gut ginge. Ihr Vater aber war ein Blutschänder, dessen Familienführung auf der Handwerkskunst des Unerlaubten beruhte. Aber niemand sah das. Nur sie wusste es. Sie wusste aber auch, dass sie niemals das Leben ihrer Träume würde führen können. Niemals würde sie den Klauen ihres Vaters entkommen. Ihr Vater war ihre Qual und ihr Untergang. Er richtete sie zugrunde. Wozu also kämpfen? Alles nahm seinen Lauf, aber nur den Lauf, den der Vater für sie vorgesehen hatte.

Das Wasser des Rheins glitzerte. Die Jasminbüsche versprühten einen wohltuenden Duft und die Vögel saßen in den Bäumen und zwitscherten. Sie saß allein auf einer Bank, den Kopf vornübergebeugt und die Stirn auf beide Hände gestützt. Unermüdlich suchte sie nach einem Zeitpunkt, einer Gelegenheit oder überhaupt nach einer Möglichkeit, die Gewalt und die sexuellen Übergriffe zu beenden. Eine Möglichkeit könnte weglaufen sein. Irgendwohin ... wo sie nicht mehr geschlagen und vergewaltigt werden würde, aber egal wo dieser Ort sein mochte, sie wusste, dass die Polizei sie finden und in ihre Höllenheimat zurückbringen würde. Weglaufen war also keine Lösung. Für sie gab es keine Großeltern, keine Tanten und keine Freunde, die ihr helfen könnten. Es gab einen Onkel, aber auch er war ein alter Kriegsveteran. Mit ihm käme sie wahrscheinlich vom Regen in die Traufe. In dieser schier aussichtslosen Situation fasste sie einen Entschluss.

›Es wäre doch perfekt, wenn alle Welt erfahren würde, wie ihr Vater und der feine Herr Neumann hinter ihrer Fassade wirklich aussahen‹, dachte sie. Sie musste nur dafür sorgen, dass die beiden in flagranti erwischt wurden. Seiner Tochter so etwas anzutun, war äußerst primitiv. Noch hässlicher aber würde es werden, wenn er auf frischer Tat erwischt würde. Ach, wie schlimm wäre es für die Eltern, wenn ihre bürgerliche Fassade, die sie sich so sorgsam aufgebaut hatten, auf schäbige Weise befleckt oder gar zerstört würde. Dieser Gedanke beflügelte sie und auf einmal wusste sie genau, was zu tun war.

»Ich lasse mich von meinem Vater umbringen, damit er ins Gefängnis kommt; dorthin, wo er hingehört, genauso, wie in der Gefangenschaft nach Kriegsende. Das wird ihm gar nicht gefallen. Er hasst es, Befehle zu erhalten«, sprach sie leise vor sich hin.

›Außerdem herrscht in Zuchthäusern generell ein sehr raues Klima zwischen den Kinderschändern und den anderen Gefangenen. Und sollte es mit dem Vater nicht klappen ... dann eben mit Herrn Neumann!‹

Mit diesem Entschluss tauchte sie in eine neue, vollkommen unbekannte Gefühlswelt ein. Nächtelang grübelte sie über verschiedene Methoden. Je mehr sie darüber nachdachte, umso fröhlicher wurde sie. Sie plante, wie sie ihren Vater und Herrn Neumann reizen könnte, damit beide die Beherrschung verlören. Sie plante ihren eigenen Tod. Zum ersten Mal, so lange sie denken konnte, hatte sie die Kontrolle über ihr Leben übernommen. Sie konnte bestimmen, was wann passieren sollte. Sobald sie ge-

danklich in der Tötungsplanung versank, wurde sie heiter und beschwingt. Fröhlichkeit war so ein schönes und angenehmes Gefühl, das ihr bisher niemals zuteil wurde.

So plante sie und plante und plante ... Nach und nach wurde sie süchtig nach diesem Glücksgefühl. Mit ihrer zügellosen Gewalt waren der Vater und Herr Neumann eine Gefahr, die sie sich zunutze machen konnte. Auch wenn sie gelernt hatte, mit Launen und Bosheiten umzugehen, beim Einstecken von Schlägen und Beschimpfungen war sie in ihren Möglichkeiten begrenzt. Der Preis war ihr egal. Sie wollte und musste ihren Vater und Herrn Neumann bestrafen.

Endlich war der Tag gekommen, an dem sie ihren Plan umsetzen konnte. Diesmal zog sie ihre Schuhe nicht aus, entgegen des Vaters Anordnung. Sie kam aus der Schule und ging mit ihren dreckigen Schuhen in die Küche. Dort stand sie vor ihrem Vater und bat um Entschuldigung, dass sie heute nicht den Umschlag von Herrn Neumann abholen könne, weil sie für eine Klassenarbeit lernen müsse. Mit diesem Satz und den dreckigen Schuhen an ihren Füßen hatte sie ihren Vater genau dort, wo sie ihn haben wollte. Binnen Sekunden lief Vaters Gesicht feuerrot an. Er holte tief Luft, öffnete blitzschnell eine Schublade und griff nach einem Kochlöffel. Mit dem Kochlöffel in der Hand stürmte er auf sie zu und schlug und schrie auf sie ein. Als der Kochlöffel brach, riss er die nächste Schublade auf und besorgte sich ein neues Schlagwerkzeug. Auch diesen Löffel schlug er auf ihrem Kopf entzwei. Erst nachdem der dritte Kochlöffel auf ihrem Kopf zerbrach, benutze er seine Fäuste. Die letzte Ohrfeige kassierte sie mit den Worten:

»Du gehst!« Dann verschwand er wortlos aus der Küche.

›Ja!‹, dachte sie triumphierend.

›Heute werde ich es schaffen.‹ Sie schleppte sich schmerzverkrümmt ins Bad und begutachtete ihren Körper. Sie hatte verschiedene Kopfwunden, ihre Nase blutete und an ihrem Körper waren blaue und rote Flecken. In einer der Kopfwunden konnte sie ihre Schädeldecke sehen. Dieser Zustand hatte sie sonst immer zutiefst gedemütigt, aber heute brachte sie dieser Zustand an ihr Ziel. Glücklich und zufrieden wusch sie sich das Gesicht und zog sich neue Sachen an. Sie trat vor ihren Vater, entschuldigte sich für ihr schlechtes Benehmen und versprach den Umschlag von Herrn Neumann abzuholen. Dann schleppte sie sich aus dem Haus.

»Nur noch ein paar Stunden«, sagte sie zu sich,

»dann ist alles vorbei.« Bevor sie in die Straße zu Herr Neumanns Haus einbog, blieb sie stehen und wartete. Sie wartete 15 Minuten. Sie wollte zu spät kommen. 15 Minuten Verspätung ist ein guter Zeitraum, um Neumann bis aufs Blut zu reizen. Dafür hätten schon fünf Minuten gereicht, aber heute genoss sie es besonders, ihn zu reizen. Dann bewegte sie sich entschlossen, aber im Schlenderschritt extrem langsam und gelassen auf das Haus zu. Sie hatte sein Gesicht hinter der Gardine bereits entdeckt und wusste genau, dass er sie beobachtete. Sie wusste auch genau, dass er ihre Gelassenheit hasste. Gemächlich stieg sie die drei Stufen zu seiner Haustür hoch. Sie war kaum vor der Tür angekommen, da riss Herr Neumann die Tür auf und zog sie hinein.

Kapitel 16

Kirmeseröffnung

Evelin hatte befürchtet, dass sie verschlafen würde, weil sie gestern viel zu spät und so überaus müde ins Bett gefallen war. Aber sie war früher als nötig auf den Beinen und hatte Muße im Überfluss, um ihren Gewohnheiten ausführlich nachzugehen. Sie gab sich einer Gewohnheit hin, bei der Wasser und Reinigungsmittel die Hauptrolle spielte. Sie verrichtete geschäftig die Säuberung des Hotelzimmers und widmete sich über alle Maßen ihrer Körperpflege sowie dem Auspacken ihres Koffers. Das akkurate Einräumen der Kleidungsstücke in einem rechten Winkel und mit exakt gleichen Abständen, vollzog sie mit übertriebener Hingabe. Sie hatte die Grenze von der reinigenden Gewohnheit zum Reinlichkeitszwang bereits vor Jahrzehnten überschritten und gab sich diesem Trieb nunmehr einfach hin. Anfänglich hatte sie noch versucht, diese Manie zu unterdrücken, denn sie erkannte durchaus, dass das ständige Waschen, Aufräumen, Reinigen und Sortieren unsinnig war. Aber die, aus der Unterlassung resultierenden Anspannungen und Ängste lähmten sie so sehr, dass sie sich auf nichts anderes mehr konzentrieren konnte. Ihr Waschzwang wurde im Laufe ihres

Lebens immer extremer. Ihr anfängliches zweimaliges Händewaschen hatte sich inzwischen zu einem ausgefeilten und komplizierten Waschritual entwickelt. Erst wenn sie ihre gesamte Umgebung und sich selbst gründlich gereinigt hatte, ließ die Anspannung nach. Nachdem sie also das gesamte Zimmer gründlichst gereinigt und ihre Garderobe neu aufgefaltet und sortiert hatte, ging Evelin unter die Dusche, um sich ihre Haut mehrfach gründlich abzuschrubben. Dabei schüttelte sie, mit dem Überlegenheitsgefühl der Vernunft, nachsichtig lächelnd den Kopf über ihr eigenes unsinniges Tun.

Sehr ausgeruht fühlte sie sich nicht, aber frisch genug für den Tag. Nachdem sie sich abgetrocknet und mit Nachtkerzenöl eingesalbt hatte, trat sie in einem roten Kleid aus leichter Viskose ans Fenster. Der Morgen war noch kühl. Über den Häusern der gegenüberliegenden Straßenseite lagen massige, weißgraue Wolken, während über dem Biergarten unbewegliche Nebelbänke hingen. Hier und da gaben himmelblaue Streifen in der Wolkendecke eine Aussicht auf die nahenden Sonnenstrahlen. Irgendwo lief ein Radiowecker. Die leichte Musik wirkte beruhigend auf sie ein und wollte sie zum Dösen überreden. Müde rieb sie sich die etwas geröteten Augen und neigte ihren Kopf leicht zur Seite. Unter ihrem Fenster standen Tische und Stühle, dort hatte sie gestern Abend noch ein Glas Wasser getrunken. Ein Teil der gepflasterten Stelle war als Parkplatz, der andere Teil als Biergarten hergerichtet. Dort gab es großzügige Sitzgruppen und übergroße Sonnenschirme. Eine ältere, fast düster aussehende Frau ging auf den gegenüberliegenden Bürgersteig entlang. Sie war vollständig schwarz gekleidet und hatte ihr schwarzgraues Haar wirr zu einem Zopf zusammengebunden. Sie schritt gleichmäßig, aber ruhelos mit krummen Knien und steif herabhängenden Armen auf dem Gehweg in Richtung Innenstadt. Ihre Stirn lag in Falten und unter ihren kohlschwarzen Augen hingen tiefe, schlaffe Hautsäcke. Dieses altblasse Gesicht mit den riesengroßen, verhärmten und einseitig abwärts gezogenen Mundwinkeln erinnerte Evelin an eine Geisterbahnfigur. Sie beobachtete, wie diese schwarzbleiche Frau ihre gramvollen Schritte, ohne es zu ahnen, dem Takt der Musik aus dem Radiowecker anpasste. Evelin erschien es, als würde die traurige Erscheinung dieser Frau die aufgehende Sonne etwas verdunkeln. Gleichzeitig wurde sie durch Geräusche aus dem Nachbarzimmer aus ihren Gedanken gerissen. Aus dem Zimmer zu ihrer Linken kamen Laute, die ihr klebrig und unrein vorkamen. Es war wie ein Ringen, Kichern und Keuchen, dessen anstößige Art extremes Unbehagen in ihr auslöste. Um ihr Wohlbefinden zu wahren, bemühte sie sich angestrengt, diese Störung als harmlos zu deuten. Aber ihr waren solche Geräusche in extrem unangenehmer Erinnerung geblieben. Augenblicklich legten sich die Erinnerungen an ihre Kindheit wie Schatten auf ihr Gemüt. Sie war viel zu jung gewesen, als sie in die Welt der Erwachsenen gezerrt und dort brutal verletzt und erniedrigt worden war. Ekel, Übelkeit und Angst stiegen in ihr auf. Gehetzt, angsterfüllt und angewidert verfinsterte sich ihre Miene. So, als wolle sie von dem, was sie da hörte nichts wissen. Mit dieser Miene verschloss sie das Fenster, um nicht länger den Geräuschen lauschen zu müssen. Obgleich die Laute von nebenan von Kichern begleitet waren, wurde Evelin in ihren Grundfesten erschüttert. Nachdem das Fenster verschlossen war, war das Treiben jenseits der Wand noch deutlicher zu hören. Als das einander Greifen und Klatschen von fern her eine unsichtbare Szene in ihrem Kopf erschuf, nahm sie ein Handtuch, presste es sich vor ihr Gesicht und hielt sich beide Ohren zu. Als das Spielchen gar ins Tierische überzugehen schien, erbrach sie sich im Bad, während die Bilder ihrer Kindheit glasklar vor ihren Augen erschienen. Im Spiegel sah sie ihren gehetzten Blick. Dann wandte sie ihren Blick vom Spiegel ab, zog sich aus und duschte erneut. Sie rieb ihre Haut und rieb und rieb.

Sie zählte: ›vier Spritzer Flüssigseife, Hände waschen‹, dabei zählte sie bis fünfzehn. Erneut viermal Seife nehmen, Arme waschen dabei zählte sie bis dreizehn. Fünfmal Seife nehmen, Oberkörper waschen und bis sechzehn zählen. Dann nahm sie zwanzig Spritzer Seife und zählte bis fünfzig während sie ihren Genitalbereich wusch und wusch und wusch. Abtrocknen, einölen dann noch zweimal Seife nehmen, nochmals Hände waschen und bis fünfzehn zählen. Eine eigene Flora besaß ihre Haut schon lange nicht mehr. Die hatte sich durch die häufigen, zwanghaften Waschungen vor Jahren verabschiedet. Nach all der Zeit warfen solche Geräusche sie immer noch aus dem Gleichgewicht. Sie träumte davon, nicht immer nur zu funktionieren, sondern auch mal Zeit, Ruhe und Kraft für sich zu haben. Aber die Geräusche brachten Erinnerungen in ihren Kopf, die sie nicht mehr haben wollte. Von dort rutschten sie geradewegs in ihr Herz und kullerten schließlich als Tränen über ihr Gesicht. Sie konnte das Erlebte einfach nicht abschütteln. Sie hatte gelernt, mit den Gedanken umzugehen, aber sie konnte sich ihrer nicht entledigen und so stellten sich diese Erinnerungen bei unterschiedlichsten Gelegenheiten immer wieder ein und trugen die Vergangenheit mit all ihrem Schrecken an die Oberfläche. So kam es, dass sie von den Vorfällen gezeichnet, mit roten, verquollenen Augen zum Frühstück erschien. Allerdings machte keines der Mädels an diesem Tag einen frischen und morgenfrohen Eindruck.

Paula, Evelin, Cathrin, Erna und Loretta saßen an diesem sonnigen Morgen im Frühstücksraum.

»Das Gute des Morgens!«, begrüßten sich „Die Bahnbrecher" gegenseitig und füllten dann wortlos die Kaffeetassen. Das Frühstücksbuffet war reichhaltig mit Getreideflocken, Marmelade, Honig, Brot, Brötchen, Wurst und Käse. Obst und Quark waren auch in Hülle und Fülle vorhanden. Von der Leistungsgesellschaft wurde das Frühstück zum Festakt hochgejubelt. Aber bei den fünf Damen herrschte die tief verwurzelte Überzeugung „Frühstück muss nicht sein!" Den schönen deutschen Leitsatz „in Ruhe gemeinsam frühstücken" beschränkten die Freundinnen darauf, dass sie in Ruhe Kaffee tranken. Sie waren sich einig und sprachen kein Wort. Sie brauchten morgens nur Ruhe und Kaffee. Die Mädels kannten sich seit Jahrzehnten und waren einander so vertraut, dass sie sich gegenseitig die Ruhe gönnten und das fehlende Gespräch nicht als unangenehm empfanden. Sie boten sich weder gegenseitig die Obstschalen an, noch nötigten sie sich mit einem Honigbrot. Sie fragten auch nicht, wie die anderen geschlafen hatten. Sie wussten alle, dass Nächte sehr lang werden konnten. Sie genossen die Ruhe und die Gelassenheit. Nach dem Genuss des gemeinsamen, stillen Kaffees zogen sie sich wortlos wieder auf ihre Zimmer zurück oder suchten bei einem Spaziergang Zerstreuung.

Die Stunden bis zur Kirmeseröffnung vergingen schleppend. Sie, die Ungeliebte, hatte sofort nach dem Frühstück das Freie gesucht, in der Hoffnung, dass frische Luft und Bewegung sie wiederherstellen und ihr zu einem ausgelassen und fröhlichen Tag verhelfen könnte. Die lang ersehnte Entspannung wollte sich aber einfach nicht einstellen. Auch nach dem ausgedehnten Spaziergang hatte sie nicht den entlastenden Schlummer gefunden, der bei der zunehmenden Abnutzung ihrer Kräfte so bitter nötig gewesen wäre. Adolf Schneider hatte doch tatsächlich geglaubt, er könnte seinen zweiten Frühling erleben und durch seine ganze Aufregung starb er dann an einem Herzinfarkt. Sie war fassungslos.

›Da kippt der Blödmann einfach von alleine um und stirbt‹, dachte sie verärgert. Obwohl sie in Ruhe ihre Zigaretten geraucht hatte, fehlte der entscheidende Tötungsvorgang. Jetzt brauchte sie wieder ein neues Opfer.

Der kleine Caspar war der Erste, der an jenem Samstagmorgen zum Festplatz kam. Es war noch leicht dämmrig, als er aus seinem Bett und in seine Anziehsachen schlüpfte. Lautlos huschte er über den jungfräulichen Morgentau, der sich auf der Wiese des Gartens ausgebreitet hatte, und entweihte ihn mit seinen Schritten. Sein Weg führte ihn, vorbei an der Hecke bis zur Kirmesmeile. Der Junge liebte alles, was mit der Kirmes zu tun hatte. Aber nichts liebte er so sehr wie das Entenangeln. Dafür entfernte er sich sogar unerlaubt aus seinem Elternhaus. Nachdem er einen strahlenden Blick auf den noch verdeckten Stand geworfen hatte, torkelte er langsam zurück und schlich sich unerkannt wieder in sein Bett.

Hinter den Fenstern der ansehnlichen Häuser und der Schaustellerwagen, die sich um die Kirmesmeile säumten, erwachte langsam das Leben. Die Bewohner, die Händler und die Handwerker setzten Kaffeewasser auf und genossen das schwarze Gold in ihren Tassen. Vereinzelt erschienen Frühaufsteher, die noch gebeugten Hauptes die Kirmesbuden herrichteten. Gegen 12:00 Uhr mittags waren die Kirmesvorbereitungen in weiten Teilen in vollem Gange. Die Sonne schien und die Händler arbeiteten in einem raschen Rhythmus. Caspar und Chris, Stephan Schulz Söhne, zählten ihre Ersparnisse, die sie, nach kurzen Verhandlungen mit Großeltern und Tanten um weitere 20 Euro erhöhen konnten. Chris überragte Caspar körperlich um ein Vielfaches. Die beiden sahen einander sehr ähnlich. Beide hatten braunes Haar mit leichten Wellen. Der zwölfjährige Chris war groß und schlank, wie sein Vater. Stephan erinnerte sich daran, dass sein Haar auch mal so braun und dicht gewesen war. Chris wurde immer mehr zum Mann. Caspar hingegen, lebte noch mit der Arglosigkeit eines Kindes. Er fand die Zeit bis zur Eröffnung besonders aufregend; viel aufregender als das Weihnachtsfest. Am Tag der Kirmeseröffnung wandelte sich Caspars Vorfreude in enthusiastische Faszination. Er überlegte, direkt zum Entenangeln zu gehen, wo die vielen kleinen, gelben Enten nur auf ihn zu warten schienen. Es kam ihm aber weniger riskant vor, in der Nähe seiner Eltern zu bleiben. Nicht, dass er sich nicht traute ... aber seine Eltern hatten deutliche Drohungen ausgesprochen, dass er umgehend nach Hause müsse, sobald er sich von ihnen entfernte. Seine Eltern schoben sich durch die Menschenmenge auf der Kaiserstraße und schlenderten rechts hinunter zum Neuen Markt, wo am Riesenrad die Dixiband mit viel Getöse die sechste Jahreszeit einläutete.

»Warum heißt es eigentlich die sechste Jahreszeit?«, wollte Caspar wissen.

» 1.) Herbst, 2.) Winter, 3.) Frühling, 4.) Karneval, 5.) Sommer, 6.) Kirmes«, erklärte ihm seine Mutter.

Über den Neuen Markt strömten die Scharen und teilten sich nach rechts und nach links. Jugendliche hielten mit Würde ihren Laufdrang unter Kontrolle. Die kleineren Besucher hingegen, ließen ihrer Freude freien Lauf und eroberten den Platz im Trab. Dort unten auf dem Neuen Markt spielten und sprangen Kinder wild durcheinander und erwachsene Personen standen, gleichermaßen aufgewühlt, vor dem Riesenrad. Caspar, Chris und ihre Eltern hatten sich mit Romy, Maja und ihrer Mutter Kristina verabredet. Stephan sah auf und erblickte Kristina, wie sie mit ihren beiden Mädchen über den Marktplatz schritt. An ihrer rechten Hand hielt sie die jüngere Tochter, Maja und in der Linken ihre Handtasche, die sie an der Hüfte abstützte. Sie hatte vor nicht allzu langer Zeit ihren Ehemann Marcus an den Krebs verloren und bemühte sich seitdem, das Leben für sich und ihre Kinder aufrechtzuerhalten. Kristinas breite Stirn und ihre großen braunen Augen verrieten eine enorme innere Kraft. Ihr dunkles Haar war in der Mitte gescheitelt und am Hinterkopf zusammengebunden. Ihre Kinder Romy und Maja waren hübsch, wie Rosen. Die beiden rannten nun auf Chris und Caspar zu. Caspar und Maja waren es von Kindesbeinen an gewohnt, die Kirmes beim Entenangeln zu beginnen. Sie erzählten, in einer unnachahmlichen und überschwänglichen Art, wie schön das Entenangeln sei. Die Familien begrüßten sich einander herzlich. Nach der Eröffnung liefen die Kinder durch das Gedränge direkt auf den Entenstand zu. Dabei war es ihnen völlig egal, dass sie mit den entgegenkommenden Besuchern zusammenstießen. Sie nahmen die anderen Menschen auch nur für den kurzen Augenblick des Zusammenstoßes wahr. Die Getroffenen wichen zumeist nur einen kurzen Augenblick zurück und warfen den Übermütigen einen Blick zu, der besagte, dass sie eigentlich nicht so schnell laufen sollten. Dann gingen sie einfach weiter und vergaßen den Zwischenfall wieder. Dann, endlich, sahen sie die vielen kleinen, gelben Enten und spürten ganz deutlich ein heftiges Gefühl des Stolzes darüber, dass sie bald eine Angel in den Händen halten würden. Caspar schaute zurück und sah, wie sein Vater über den Marktplatz schritt. Er bemerkte, dass dessen Augen über die Menschenmenge wanderten, um zu sehen, ob es den Kindern gut ginge.

»Kommst du endlich, Papa«, rief Caspar, der schon viel zu lange an dem Stand gewartet hatte. Lächelnd kam Stephan seinem Sohn entgegen, der, mit Majas Mama im Gespräch, vor den Entenstand stand.

»Wieso?«, fragte Stephan und sah in Caspars und Majas strahlende Augen.

»Wir wollen Enten angeln!«, riefen Maja und Caspar wie aus einem Munde. Aber dann verstummten beide und ihre Augen trübten sich. Sie dachten schon, dass Papa es vergessen hatte und hofften, dass es ihm wieder einfiel. Maja und Caspar hatten sich bereits seit Wochen unausgesetzt darauf gefreut.

»Ach ja«, sagte Stephan in einer aufgesetzten Erinnerung. Caspar sprach kein Wort. Er empfand Schmerz. Er zog seine Augenbrauen zusammen und rundete die Lippen wie zum Pfeifen, dabei blickte er seitwärts und neigte seinen Kopf. Stephan legte eine Hand auf Majas und eine Hand auf Caspars Schulter, denn er erkannte sehr wohl, um was es sich hier handelte. Obwohl Maja und Caspar weiter schwiegen, waren sie doch auf einmal wieder ganz weich gestimmt.

»Ich habe es nicht vergessen«, sagte Stephan. Bei diesen Worten hüpften und jubelten Maja und Caspar augenblicklich.

»Aber ihr wisst doch, dass ihr nicht so weit vorlaufen sollt, wenn so viele Menschen unterwegs sind.«

»Dürfen wir jetzt Enten angeln?«, fragten sie wie im Chor mit bewegten Stimmen.

»Ja selbstverständlich, ich habe mich ja auch darauf gefreut.« Im Grunde glaubte weder Maja noch Caspar seinen Worten, denn sie wussten ganz genau, dass er dem Entenangeln nicht mal halb so viel Bedeutung zumaß, wie sie. Romy und Chris schritten langsam über den Marktplatz und blieben mit etwas Abstand an der Häuserwand stehen. Sie hatten Zeit; die Enten interessierten sie nicht die Bohne. Die Besucher strömten auf die Kirmes: Familien mit Kinderwagen, Jugendliche in legerer Kleidung genauso wie edel gekleidete Großeltern mit ihren Enkelkindern. Selten zuvor hatte Romy so viele Menschen auf einmal gesehen. Mittendrin erblickte sie ihren Onkel Michael mit seiner Frau Meike und den Zwillingen Hannes und Mattis. Michael war der Bruder von Kristinas verstorbenen Ehemann, Marcus. Michael war ein Mann um die 40, von durchschnittlicher Größe und Gestalt. Seine Frau Meike hatte langes, rotes Haar. Die üppige Fülle ihres Haarzopfs fiel wallend über ihre Schultern. Die Zwillinge waren kaum mehr als vier Jahre alt. Ihre Gesichtszüge waren gleichmäßig fröhlich und ihre Lippen voll. Als die Vier durch die Marktpassage gingen, sagte Michael zu den Zwillingen:

»Streckt eure Hände aus!« Dann drückte er beiden je ein Fahrchip für das Kinderkarussell in die Hand.

»Geht vernünftig damit um und verliert es nicht.« Die

Zwillinge starrten den leichten Fahrchip an und freuten sich auf eine lustige Fahrt mit dem Kinderkarussell. Die Familie überquerte den vollen Marktplatz und steuerte direkt auf Romy, Maja, Chris, Caspar, Kristina, und Stephan zu. Stephans Frau Annette hatte eine Freundin getroffen und hatte sich schon von der Gruppe getrennt. Sie begrüßten einander mit ausgelassener Freude. Überall um sie herum, priesen die Sprecher der Fahrgeschäfte ihre schönen Fahrten an. Lachen und Geschrei, Schimpfen und Scherzen, der Lärm der überlauten Musik und das Stimmenwirrwarr der Kirmesbesucher, die sich in verschiedenen Sprachen und Dialekten unterhielten, umgab sie von allen Seiten. In diesem Menschengewirr konnte man leicht verloren gehen. Maja nahm die Hand ihrer Mutter und hielt sich dicht an ihrer Seite. Bald schon wurde die kleine Gruppe von Michael, Meike und den Zwillingen getrennt, weil diese etwas langsamer gingen. An der Fischbude blieben sie stehen und warteten, dass die anderen wieder zu ihnen aufschließen würden. Ein Stück voraus hörten sie Rufe und Gelächter von der Doppel-8-Schleife.

»Komm weiter Mama.« Maja zerrte am Arm ihrer Mutter. Kristina zögerte, denn sie wollte die restliche Gruppe nicht verlassen. Doch als Michael sah, wohin sie wollten, nickte er ihnen zustimmend zu.

»Geht ruhig vor, wir kommen gleich nach«, rief er. Als die gesamte Gruppe dann vor der Doppel-8-Schleife, direkt neben dem Riesenrad versammelt war, lachten die Kinder herzhaft und ihre Augen leuchteten vor Begeisterung.

Romy und Chris hatten mit dem Kinderkarussell nichts am Hut. Sie gaben ihren Eltern bescheid und wollten die Kirmes allein erkunden. Ihr Weg führte sie zur Kaiserstraße.

»Ich möchte wissen, was dort drin ist«, sagte Romy und ging mit Chris auf einen kleinen Wagen zu. Der Wagen war ganz anders, als die anderen auffälligen Buden. In der hellen Nachmittagssonne, umgeben von der lärmenden Menschenmenge, war dieser Wagen in der Tat eine Absonderlichkeit. Romys Neugierde war geweckt und sie klopfte vorsichtig an das kleine Fenster des Wagens.

»Kommt herein!«, erklang eine kratzige Stimme. Romy zuckte erschrocken zusammen, wich aber nicht zurück. Romy und Chris gingen zur Seitenwand des Wagens und drückten vorsichtig die Tür auf, die quietschend nach innen schwang. Die beiden traten ein. In der Mitte des Wagens saß eine alte, zierliche Frau. Sie hatte die Beine übereinandergeschlagen. Ihre lebhaft leuchtenden Augen betrachteten Chris und Romy durchdringend und abschätzend.

»Na ihr zwei Täubchen. So hübsch und so jung. Was wollt ihr von der alten Medusa?«

»Wir wollten wissen ... wie ... was ...«, stammelte Romy.

»Wir wollten wissen, welche Attraktion sich in diesem Wagen verbirgt«, vollendete Chris den Satz.

»Welche Attraktion? Welche Attraktion?«, murmelte die Frau und lachte krächzend.

»Hier gibt es die Attraktion, die ihr haben wollt, aber

nie bekommen werdet.«

»Und was ist das?«, fragte Chris.

»Das ist die Attraktion, die euch schon gehört - nur ihr wisst nichts davon.« Die Alte grinste und eine Zahnlücke kam zum Vorschein.

»Es ist eine Attraktion, die man nicht bezahlen kann, aber man kann sie trotzdem kaufen.«

»Und was ist es nun?«, fragte Romy ungeduldig und mit Schärfe, denn sie war die Raterei leid.

»Eure Zukunft!« Medusas Augen funkelten.

»Ach, eine Wahrsagerin«, sagte Chris und Romy klatsche vor Freude darüber, dass sie das Rätsel gelöst hatten, in die Hände.

»Danke, aber das suchen wir nicht«, sagten Chris und Romy und verließen den Wagen.

„Die Bahnbrecher“ verließen an diesem Samstagmittag gegen 13:00 Uhr das Hotel im Park. Obwohl sie sich nach dem Frühstück einen ausgedehnten Spaziergang gegönnt hatten, trugen ihre Gesichter immer noch gefahrdrohende Mienen. Paula, Erna, Evelin, Loretta und Cathrin schlenderten über den volkstümlich belebten Marktplatz. Mittlerweile war das Sprachzentrum aller Damen eingeschaltet. Ihr Weg führte sie dorthin, wo die Haaner Kirmes eröffnet wurde. Sie gesellten sich zu den Menschen vor dem Riesenrad und genossen die rhythmischen Klänge der „Dixie Tramps“, bis die Bürgermeisterin Frau Dr. Bettina Warnecke, zum zweiten Mal in ihrer Amtszeit, das Freibierfass anschlug. Fritz Köhler moderierte die

Eröffnung, Pfarrer Christian Dürr hielt die Eröffnungsansprache und die Kirmesandacht. Aber den besten Draht nach oben hatte der städtische Kirmesorganisator Rainer Skroblies, der sogar für sommerliche Temperaturen gesorgt hatte. Nach den drei Böllerschüssen und den aufsteigenden Luftballons wanderten die ersten Kölschstangen in das Publikum. Augenblicklich begannen die Fahrgeschäfte ihre rasanten Fahrten und die vielen Imbissbuden beköstigten die Besucher. Einigen Besuchern konnte es gar nicht wild genug gehen, sie wollten schnell und hoch hinaus. Andere wiederum genossen das Spektakel aus sicherer Entfernung. Paula beobachtete, wie ein Großvater mit seiner Enkeltochter in einer Gondel des imposanten Jupiter saß.

»Damals, als die Kirmes noch größer war, sind wir für zehn Pfennig pro Fahrt mit dem Karussell vor der Stadtbücherei gefahren«, erzählte Paula freudestrahlend. Kreischende und lachende Kinder liefen an ihnen vorbei. Ein zehnjähriges Mädchen rief ihren Freundinnen zu:

»Bis auf die Baby-Karusells gehen wir überall drauf!«

»Ich glaube, das wird sie nicht schaffen«, bemerkte Loretta lachend.

»Die Kinder werden eine Auswahl treffen müssen, dafür sind hier zu viele Fahrgeschäfte. Ich kann mir nicht vorstellen, dass ihr Taschengeld für alle Fahrgeschäfte reichen wird«, gab Cathrin zu bedenken.

»Ja, die Fahrgeschäfte sind recht teuer geworden«, fügte Evelin hinzu.

Bei ihrem Kirmesausflug ließ Paula ihre Kegelschwestern nie aus den Augen. Sie waren alle schon im betagten Alter und schleppten, jede für sich, eine schwere Last; nicht nur auf ihren Körpern, sondern auch auf ihren Seelen. Aber sie zeigten keinerlei Anzeichen von Lebensermüdung. Paulas Gedanken schweiften ab. Die Preistafeln auf der Kirmes machten sie schon nachdenklich.

›Wie soll eine kinderreiche Familie mit einem durchschnittlichen Einkommen das finanziell stemmen?‹, dachte sie. Neben ihr unterhielten sich zwei ältere Herren über einen Zeitungsartikel, der sich mit der Erhöhung der Standgebühren durch die Stadt beschäftigte. Auch über eine Ausweitung der Kirmesfläche wurde offenherzig diskutiert. In Paulas Fantasie weitete sich die Kirmesfläche auf die Wiese vor dem Hallenbad aus. Ein Kirmesrundgang war ihre Grundidee. Mit der Ausweitung der Kirmesfläche, könnte die Stadt mehr Einnahmen erzielen und bräuchte die Standgelder nicht erhöhen. Ein solcher Kirmesrundgang kollidierte indes, mit den Zielen des bereits beschlossenen Innenstadtkonzeptes. Paula stellte sich dennoch die Fahrgeschäfte auf jeder Seite der Mittelstraße und auf der Wiese vor dem Hallenbad vor. Plötzlich konnte sie sich jedoch nicht mehr konzentrieren. Sie hatte das Gefühl, dass sie von jemandem beobachtet wurde.

›Das ist doch albern‹, dachte sie.

›Und wenn schon ... natürlich werde ich beobachtet ... von vielen Menschen, die sich hier auf der Kirmes befinden.‹ Damit wischte sie das seltsame Gefühl beiseite. Paula, Evelin, Cathrin, Erna und Loretta wollten ihren

Rundgang fortsetzten. Ein paar Schritte weiter blieben sie jedoch schon wieder stehen. Ein Fahrgeschäft stand still. Paula schaute sich suchend um, konnte aber keinen Grund erkennen. Als plötzlich ihr suchender Blick erwidert wurde, hatte sie die wütenden Augen von Richard Peeters entdeckt. Fragend ging Paula auf ihn zu, um sich nach dem Grund des Stillstands zu erkundigen.

»Sie glauben nicht, was hier passiert ist«, trug der Betreiber fassungslos vor.

»Doch, ich glaube es bestimmt, wenn Sie es mir erzählen.«

»So was ist mir noch nie passiert«, begann er und berichtete davon, dass in diesem Jahr bei den benachbarten Fahrgeschäften „Black Out" der Familie Störzer und seinem „Alpha 1" besondere Geduld gefragt war. Das Überkopf-Karussell „Black Out" und das, wie eine Zentrifuge wirkende, „Alpha 1" kamen sich mit ihren ausufernden Gondeln aufgrund eines Planungsfehlers in die Quere. Deshalb konnten diese beiden Fahrgeschäfte nicht gleichzeitig betrieben werden. Um eine Kollision zu vermeiden, einigten sich die Betreiber darauf, im zweistündigen Wechseltakt zu fahren. So was hatte der Schausteller Richard Peeters noch nie erlebt. Er war der Stadtverwaltung nicht böse und wollte auch im nächsten Jahr auf jeden Fall wiederkommen, aber die Einnahmeverluste würden sich nicht mal mit einer überwältigenden Besucherzahl kompensieren lassen.

Während sich Paula das Leid des geplagten Schaustellers anhörte, traf Evelin eine alte Freundin. Loretta wollte schon mal zur Geisterbahn gehen und Cathrin war der Meinung, ihre Nichte am Riesenrad gesehen zu haben. Erna hielt Ausschau nach ihrer Jugendliebe Hans. Die Mädels verabschiedeten sich und zerstreuten sich in verschiedene Richtungen. Nachdem Paula sich die ungeheuerliche Geschichte vom Einnahmeausfall angehört und sie ihr Mitgefühl kundgetan hatte, schlenderte sie allein weiter über den Kirmesplatz und hoffte, die Mädels bald wieder zu finden.

Kapitel 17

Der erste Gutenachtkuss

Mit verquollenen Augen wachte sie, die Ungeliebte, auf der Wachstation des Krankenhauses auf und stellte mit Entsetzten fest, dass sie noch lebte. Die Schwestern teilten ihr mit, dass ihr Vater nach ihr gesucht habe, als sie nicht nach Hause gekommen war. Um Mitternacht habe er sie im Wald gefunden und hierher gebracht. Niedergeschlagen rollten ihr die Tränen über das Gesicht. Es war für sie unerträglich, dass es ihr nicht gelungen war, sich töten zu lassen. Schwester Erika hatte Dienst, als der halbtote Körper eingeliefert wurde. Ihr Zustand war mehr als kritisch, aber die Ärzte kämpften um dieses Leben, das sie nicht mehr wollte. In einer mehrstündigen Operation wurde sie wieder zusammengeflickt. Dann begann das Warten, das Warten darauf, ob ihr Körper die Strapazen überstehen und seine Funktion wieder aufnehmen würde. Schwester Erika war Krankenschwester aus Leidenschaft und wich nicht von ihrer Seite, bis sie endlich die Augen aufschlug. Als es ihr allmählich dämmerte, dass sie sich auf einer Wachstation befand, war ihre Verzweiflung unermesslich. Sie war doch schon so schön weit weg gewesen und nun war sie wieder hier; hier in dieser kalten, grausamen Welt, in der es für sie keinen Platz und keine Ruhe gab. Misstrauisch beäugte sie Schwester Erika und konnte ihr Unglück nicht fassen. Aber so, wie alle großen Ereignisse nicht nur Schatten sondern auch Licht warfen und neben Elend und Verdruss auch Wohltaten brachten, sollte Schwester Erika ein kleiner Segen für sie sein. Bei Schwester Erika konnte sie ihre Unruhe und das grenzenlose Chaos in ihrem Kopf und ihrem Leben beherrschen. Die Schwester stand an ihrem Bett und lächelte sie mit einem gottgütigen Blick gegen die schrägstehenden Sonnenstrahlen an. Vor ihren Augen waren Infusionsständer mit Beuteln voller Flüssigkeit. Die Flüssigkeit schimmerte klar im Sonnenschein. Sie sah so unschuldig aus, wie klares Wasser. Die Beutel enthielten allerdings starke Schmerzmittel, ohne die sie nicht durch den Tag gekommen wäre.

Schwester Erika schnäuzte sich leicht die Nase und ließ die Jalousien am Fenster ein Stück herunter. Obwohl sie, die Ungeliebte, bisher nur schlechte Erfahrungen mit Menschen gemacht hatte, die am Sonntag scheinheilig ihre Sünden in der Kirche abbeteten, fasste sie nach und nach Vertrauen zu der gottesfürchtigen Schwester Erika. Ja, sie ließ sogar etwas Nähe zu. Zum ersten Mal in ihrem Leben erhielt sie wahre fürsorgliche Liebe. Die Schwester schien nur für sie da zu sein. Sie hielt die Medikamente bereit und half ihr beim Essen... und sie tat noch etwas, was ihr, der Ungeliebten, den Atem raubte ... Hier, auf der Wachstation, gab Schwester Erika ihr den ersten Gutenachtkuss ihres Lebens. Dieser Gutenachtkuss duftete herrlich nach Kernseife und unschuldiger Nächstenliebe. Sie glaubte, Orgelmusik zu hören, als Schwester Erika ihr diesen Gutenachtkuss auf die Stirn drückte. Diesen Kuss schloss sie ganz tief in ihrem Herzen ein und bewahrte ihn dort als ihren größten Schatz.

Aber das Glück glich einem scheuen Kaiser, der nur eine kurze Audienz gewährte, denn am nächsten Morgen stand ihr Vater, ausnahmsweise mal nicht brüllend, vor ihrem Bett und begann ein Gespräch, das ihr zunächst rätselhaft erschien. Er war der Ansicht, dass er sie nicht richtig auf das Leben vorbereitet hatte, weil sie auf solch abgelegenen Wegen lief. In Zukunft müsse sie deshalb etwas früher nach Hause kommen und dafür ausschließlich die vorgeschriebenen Wege benutzen. Ihren Einwand, dass er sich darüber auch mal mit Herrn Neumann unterhalten sollte, prallte wie ungehört an ihm ab. Stattdessen redete er darüber, wie wunderbar es sei, dass sie zwei große Brüder habe, die sie nun zukünftig auf dem Nachhauseweg begleiten würden. Sie wollte ihm antworten, dass noch mehr Zuwendung aus ihrer Familie, ihr Fassungsvermögen übersteigen würde; dass sie ihm, dem Oberlehrer Faust und erst recht dem sadistischen Herrn Neumann geistig weit überlegen war und dass die Vorkommnisse jener Nacht genauestens von ihr geplant und auch so gewollt waren und dass nur ihr Vater und Herr Neumann kläglich versagt hatten, weil sie noch nicht einmal in der Lage waren ein 15-jähriges Mädchen umzubringen und dass sie ihn und alle Männer dieser Welt verabscheute. All das wollte sie Wilhelm Müller, ihrem Vater, in diesem Moment sagen. Sie tat es aber nicht.

Ihr Vater wollte alle glauben machen, sie sei von unbekannten Tätern überfallen und so zugerichtet worden. Desillusioniert und verbittert fügte sie sich dem Willen des Vaters und erklärte am Nachmittag der Polizei, dass sie von unbekannten Männern überfallen worden war; ihre Erinnerungen an diese Tat jedoch erloschen waren. Die Polizisten führten Protokoll und glaubten ihr. Damit machte sich die Polizei auf eine aussichtslose Suche nach den Tätern und schlossen die Akte nach ein paar Monaten endgültig. Dies geschah nicht aus Ungeschicklichkeit, sondern aus Trägheit und mangels Denkschärfe der Polizeibeamten.

Die schöne und behütete Zeit im Krankenhaus war wunderbar. Sie stand zwar auf sehr schwachen Beinen, aber sie genoss die Fürsorge, die sie hier erlebte. Die Schwestern gaben ihr das Gefühl, nur für sie da zu sein. Sie lag in ihrem Bett und die Schwestern kümmerten sich rührend um sie. Nach drei Wochen sollte sie von der Wachstation auf eine normale Station verlegt werden. Innerlich wehrte sie sich. Sie wollte diesen Ort nie mehr in ihrem Leben verlassen. Sie merkte, wie ihr übel wurde und der Magen rebellierte. Als sich am Vormittag die Zimmertür öffnete, schob ein junger Mann einen Rollstuhl an ihr Bett.

»Hallo! Ich heiße Frank und bin dein Pfleger, aber viel lieber wäre ich eigentlich dein Freund«, strahlte er sie fröhlich an. Sie erschrak.

›Um Gotteswillen, ich will keinen männlichen Freund!‹, dachte sie und entleerte den Inhalt ihres Magens auf seinem Kittel. Während der träge Frank noch mit der Deutung dieser Geste beschäftigt war, sprang Schwester Erika auf sie zu.

»Hab keine Angst«, sprach Schwester Erika leise, zog ein Taschentuch aus ihrer Kittelschürze und wischte ihr das Erbrochene aus dem Mundwinkel. Sie löste ihren Kollegen ab, der sich mit einem vorwurfsvollen Blick von ihr verabschiedete.

»Ich mach das schon«, sagte Schwester Erika und lenkte den Rollstuhl routiniert durch die Korridore.

»Alles was du hier siehst, basiert auf der Idee der Nächstenlie-

be«, betete Schwester Erika hinter ihrem Rücken in einem Tonfall, als würden sie das Geburtshaus Gottes beschreiten.

»Der Grundgedanke und die Konzeption dieses Krankenhauses entspricht dem Grundgedanken der Schöpfungsgeschichte.« Gebannt lauschte sie den Worten der Schwester.

»Vor dem Schöpfer sind alle Menschen des Universums gleich. Sie bilden eine harmonische Einheit.« Sie, die Ungeliebte, lachte bitter auf und dachte:

›Das muss ein Irrtum sein. Demnach wäre ja ihr Vater, Herr Neumann und die anderen Seelenkrüppel bizarre Glieder einer Lebenskette.‹

»Die Mistkerle, die mir das angetan haben sind also genauso viel wert wie ich?«, fragte sie bitter.

»Ja, Schätzchen. Aber die bekommen ihre gerechte Strafe.«

»Von wem?«

»Der Herr wird diese Männer strafen.«

»Wann und wie?«

»Kindchen, das kann ich dir nicht beantworten. Die Wege des Herrn sind unergründlich. Vielleicht wird er einen Engel schicken, der sie bestrafen wird. Aber diese Männer werden auf jeden Fall in der Hölle schmoren.«

»Ich hasse Männer!«, zischte sie voller Verachtung. Schwester Erika ignorierte ihren Hass, wie ein schlitzohriger Diplomat, den bei Unmutsäußerungen gegen die eigene Regierung augenblicklich die Taubheit befällt. Sie aber senkte betrübt den Blick, denn bei dem Gedanken an ihr Leben und ihre Heimathölle besiegte die Traurigkeit alle schönen Gedanken. Schwester Erika lenkte den Rollstuhl zu einer weißen Tür und öffnete sie. Am Fenster des Raumes stand eine apathisch anmutende Frau. Der

Anblick dieser Frau löste in ihr eine gewisse Beklemmung aus. Die Dame war eine merkwürdige Erscheinung. Obwohl ihr Gesicht Jugendlichkeit ausstrahlte, wiesen ihr schlohweißes Haar und die gekrümmte Haltung auf ein hohes Alter hin. Die Dame gab ihre abwartende Haltung auf, als Schwester Erika den Rollstuhl in das Zimmer schob. Mit einer ungewöhnlich eckigen Gangart schritt sie auf die Beiden zu.

»Hallo!«, sagte die Dame freundlich.

»Es freut mich, dass Sie hier sind. Wie ist ihr Name?« Plötzlich schaute sich die Dame fragend um.

»Wo bin ich überhaupt?«

»Sie sind hier im Krankenhaus. Wir kümmern uns um ihr Wohl«, sagte Schwester Erika.

»So? Warum bin ich denn im Krankenhaus?«, fragte die Dame verblüfft.

»Es ist halb so schlimm. Sie haben nur ein paar Gedächtnislücken.« Schwester Erika schob den Rollstuhl an ihr neues Bett. Während die Schwester ihr in das Bett half, drehte sie ihren Kopf immerzu nach hinten, um die merkwürdige Dame im Auge zu behalten.

»Hab keine Angst Kindchen! Die Dame leidet am Korsakow-Syndrom, aber sie hat eine herzliche Natur. Manche ihrer Neuronen sind zerstört«, beschwichtigte Schwester Erika.

»Wie ist das passiert?«

»Übermäßiger Alkoholkonsum, Kindchen. Lass die Finger davon. Die Gute kann sich weder Ereignisse noch Personen merken. In ihrem Kurzzeitgedächtnis hat ein Orkan gewütet, wodurch die Haltbarkeit jeglicher Information auf höchstens 5 Minuten begrenzt ist. Ihr beide werdet euch nun mehrfach einan-

der vorstellen. Sie wird sich nicht an dich erinnern. Sie weiß noch nicht mal, dass sie krank ist.«

Die Tage und Wochen mit der mysteriösen Dame vergingen wie im Flug. Sie hatte sich daran gewöhnt, dass sie sich ihrer Zimmernachbarin mehrmals täglich vorstellen musste. Und sie fand Gefallen daran, sich mit der Dame zu beschäftigen. Regelmäßig verwickelte sie die Dame in Gespräche. Anfangs konnte die Dame ihr nur zwei bis drei Minuten folgen. Dann schaffte sie fünf Minuten. Schließlich führten sie Unterhaltungen über zehn Minuten. Die Sätze, die die Dame von sich gab, waren stets von einer gewählten Sprache, aber sie waren allesamt zusammenhangslos und scheinbar ohne Bedeutung. Doch eines Morgens brannte sich ein Satz der mysteriösen Dame in ihr geschundenes Herz ein.

»Gewalt ist erst zu Ende, wenn DU sie nicht mehr zulässt.« Warum ausgerechnet diese geistig verwirrte Dame diesen Satz zu ihr sagte, vermochte sie nicht zu ergründen. Sie war aber voller Dankbarkeit dafür, denn unmittelbar daraus folgend beherrschte ein anderer, ein viel besserer Geistesblitz ihre Gedanken.

»Nicht ich muss sterben. Mein Vater und der sadistische Herr Neumann müssen sterben!« Mit dieser Erkenntnis kehrte wieder Fröhlichkeit in ihr Gemüt ein. Sie strahlte und freute sich auf den Tag, an dem sie ihren Vater töten würde. Von nun an wurde sie von aufregenden Träumen begleitet, in denen ihr der halbtote Vater mit herrlich aufklaffenden Wunden und der blutüberströmte Herr Neumann mit Verstümmelungen begegnete. Von da an wusste sie, dass das furchtbare Leben ein Ende haben würde. Sie würde diesem Albtraum ein Ende setzen! Mit

Begeisterung suchte Sie gedanklich nach geeigneten Mordwerkzeugen. Eins stand für sie fest: ihr Vater und Herr Neumann mussten so sterben, dass keinesfalls sie unter Verdacht geraten würde. Ihr Vater hatte ihr Leben bis hierher zerstört, mehr Raum gestand sie ihm nicht mehr zu. Für diesen grausamen Menschen ging sie auf keinen Fall ins Gefängnis. Ihre Gedanken kreisten um eine perfekte Lösung. Er musste aus ihrem Leben verschwinden, damit sie leben konnte. Dann würde sie eine Familie gründen, ihre Kinder lieben, niemals schlagen oder beschimpfen und alles besser machen.

Kapitel 18

Da ist Herr Neumann

Sie, die Ungeliebte, folgte anderen Menschen, die ebenfalls auf der Kirmes unterwegs waren. Aberwitzige Gedanken schossen ihr durch den Kopf. Seit Jahren war die Kirmes für sie eine Ritualisierung ihres Lebens. Immer hatte sie vorher getötet. Damit hatte sie die Dinge selbst in der Hand. Nun herrschte noch Unruhe in ihren Gliedern und der Drang, einen Mann zu töten war allgegenwärtig. Sie war plötzlich etwas unsicher. Würde sie es auch diesmal schaffen? Ein geeignetes Opfer zu finden, war die eine Sache; ihn dann auch unerkannt umzubringen eine ganz andere. Diese Aufgabe verlangte einen klugen Kopf, aber die Last des Tötungsdrangs wog schwer und trübte ihren wachen Geist. Auf der Kirmesmeile fand sie, wie immer, etwas Entkrampfung. Nach dem unerfreulichen Vorfall mit Adolf Schneider, genoss sie erstmals eine kurze Ruhe.

Haan war ihr kleines Paradies. Als sie, nach dem Tod ihres Vaters, ihre Heimatattrappe für immer verließ, verschlug es sie kurzfristig nach Haan. Die Zeit des Überwinterns in der seelischen Verkapselung war mit dem Tod des Vaters vorbei. In Haan hatte sie leben gelernt. Hier konnte sie unbeschwert lachen und genoss das Glücklichsein. Hier in der Gartenstadt entfaltete sie sich. Ihr Lebenszyklus bestand bis zu diesem Zeitpunkt aus einer Abfolge von bizarren und abnormen Entwicklungsstadien. Dann in Haan begann ihr schönstes Stadium. Hier wurde sie ein zweites Mal - oder besser gesagt - das erste Mal überhaupt geboren. Entschlossen brach sie ihre damals starre Hülle auf und zwängte sich aus ihrem engen Lebenskorsett. Sie fühlte sich wie ein Schmetterling, der noch an der Puppe hängend damit begann, Lebensenergie in die Adern zu pumpen, um die zarten Flügel zu entfalten. Nachdem ihr gesamter Körper mit positiven Lebensgeistern angereichert war, waren die Wunden auf ihrer Seele vorerst getrocknet; aber nicht ansatzweise verheilt. Dieses angenehme Lebensgefühl, das sie mit der Kirmes verband, wollte sie auch in diesem Jahr erleben. Sie hatte eine kleine Weile den rühmlichen Kettenflieger bewundert, der sich unmittelbar hinter der Marktpassage befand. Dann verweilte sie am Schießstand und sah dem bunten Treiben zu. Was die Familien dort machten, interessierte sie eigentlich nicht. Trotzdem blieb sie an diesem Ort stehen. Irgendetwas hielt sie dort fest. Sie konzentrierte sich und suchte den Platz ab. Sie sah aber nichts Außergewöhnliches. Da war der Kettenflieger, weiter oben amüsierten sich die Menschen beim „Krumm- & Schiefbau“. Weiter unten war das „Alpha 1“ und das „Black Out“. Auf der „Doppel-8-Schleife“ jubelten die Kinder mit ihren glockenklaren Stimmen. Das Riesenrad zog majestätisch seine Runden und auf dem „Shake & Roll“ schrien die Jugendlichen um die Wette. Aber auch hier war nichts Ungewöhnliches. Was war nur auf einmal los mit ihr? Es war ihr völlig unklar, was sie an diesem Ort festhielt. Sie ging den Neuen Markt hoch, schaute sich die Menschen an, die sich an Pfeil und Bogen versuchten, überflog die bunten Gaben der Losbude und ließ sich auf die Kaiserstraße treiben. Dort schoben sich die Menschen von rechts nach links. Einige Gruppen standen dort und tranken gemütlich ihr Bier. Sie tranken zwar viel Bier aber die Stimmung war entspannt, kein Anflug von Aggressivität. Aber da schien etwas anderes zu sein. Etwas Mörderisches. Auf dieser Kirmes war etwas, was in ihr ein beklommenes Gefühl auslöste. Aber dort waren zu viele Menschen, die sie nicht alle erfassen konnte. Sie beschloss, sich etwas aus der Menschenmasse zurückzuziehen, um einen besseren Überblick zu bekommen. Vielleicht lag ihre Beklommenheit ja auch an dem verpatzten Mord. Nach wenigen Metern hatte sie eine einigermaßen freie Stelle gefunden und suchte die Menschenmassen scharfsinnig ab. Ihr Herzklopfen nahm zu; sie wurde immer unruhiger. Der Bratwurststand von Kebben stand, wie jedes Jahr, gegenüber vom Becherhus an der Kaiserstraße. Sie stand genau daneben. Sie scannte die Personen vor diesem Bratwurststand nach etwas Bekanntem ab. Sie konnte weder die Gäste noch die Angestellten komplett erfassen. Der Duft der Bratwurst breitete sich, wie ein angenehmer, warmer Sommerregen aus. Sie trat etwas vor und betrachtete die wartenden Menschen vor dem Bratwurststand noch genauer. Sie stellte sich auf ihre Zehenspitzen, um über alle Köpfe hinweg schauen zu können. Und plötzlich wusste sie, was sie so beunruhigte. Der Anblick der überwiegend männlichen Wartenden überraschte sie so sehr, dass sie erschrak. Der eine, DER, den sie schon so lange suchte, stand in der Reihe der Wartenden! Sein Anblick trieb ihr die Kälte des Schreckens und die glühende Hitze der Vorfreude durch den Körper. Wie einem ertappten, kleinen Mädchen stieg ihr das Blut in den Kopf und floss Sekunden später in die Magengegend, um dann erneut und mit voller Wucht in den Kopf zu steigen. Wie in einem inneren Aufzug stieg und fiel ihr Blut im ständigen Wechsel und sie konnte nichts dagegen tun. Zu plötzlich hatte sie den Langersehnten entdeckt. Dieser Augenblick kam ihr wie eine Ewigkeit - und zugleich - wie ein Wimpernschlag vor; als bewege sich alles in Zeitlupe und im nächsten Augenblick verschwände die Zeit und ließe die Vergangenheit im Zeitraffer erscheinen. Alles um sie herum drehte sich. War sie nun im Hier und Jetzt auf der Kirmes oder war sie in dem Haus mit dem kleinen Garten und dem alten Walnussbaum, nördlich der Stadtgrenzen am Rande des Waldes ihres Heimatdorfes? Ihre Nasenflügel weiteten sich und Erinnerungen an den süßlichen Duft der Schnapsbrennerei, die in der Nähe des Hauses lag, stiegen in ihr auf. Dieser süßliche Duft wurde zugleich mit seinem eigentümlichen Körpergeruch vermischt. Dieser ekelhafte, widerliche Körpergeruch breitete sich nun immer weiter aus und übertünchte sogar den Bratwurstduft. Es war der Geruch, den sie ein Leben lang in unangenehmer Erinnerung hatte und der sie immer wieder in die Schrecken ihrer Vergangenheit führte.

Hier stand Herr Neumann, der Sadist, der sie gequält und fast umgebracht hatte. Sie hatte ihn all die Jahre gesucht, aber er schien verschwunden zu sein. Sie hatte ihre Suche ausgeweitet und seit sie über die notwendigen Mittel verfügte, nutzte sie die Vorteile des globalen Verkehrs. Allerdings hatte sie das Reisen ausschließlich als Maßnahme zur Suche betrachtet, die entgegen ihrer Neigung ergriffen werden musste. Sie war viel zu besessen und zu belastet von der Vergangenheit, um zur Liebhaberin der bunten Außenwelt zu werden. In all den Jahren der vergeblichen Suche wuchs in ihr die Besorgnis, nicht fertig zu werden. Sie sorgte sich, dass ihre oder seine Uhr ablaufen könnte, bevor sie ihr Projekt vollenden konnte. Aber jetzt, endlich, war er da! Er stand leibhaftig vor ihr. Hier auf der Kirmes und er kaufte sich gerade eine Bratwurst von Kebben. Er trug sein mittlerweile gelbstichig graues Haar mit einem glatten Seitenscheitel. Seine Gesichtszüge waren alt und faltig geworden. Seine Augen waren trüb, aber sie strahlten immer noch die gleiche grausame Kälte aus, wie damals. Obwohl er sich den Hals hatte richten lassen, war sein tiefsitzendes, hässliches und jämmerliches Gesicht zwischen seinen Schultern unverkennbar. Dieser schmächtige Kerl, der sich dort eine Bratwurst kaufte, war ihr Grauen. Es war Herr Neumann! Endlich konnte sie ihn umbringen und Ruhe finden. Die Erleichterung, dass sie diesen Sadisten wiedergefunden hatte, trieb ihr Tränen in die Augen. Zugleich hatte dieser Anblick sie auch zu Tode erschreckt. Die Angst von damals war überwältigend und allgegenwärtig. Ihr wurde schwindelig und sie musste sich am Bratwurststand festhalten. So gestützt, sammelte sie ihre Gedanken und zähmte ihre Angst. Dann gab sie ihren Mordvisionen freien Lauf. Er stand nicht still, sondern bewegte sich hin und her. Er stimmte sich mit anderen wartenden Männern ab. O.k., er war nicht allein unterwegs. Kalte Schweißperlen sammelten sich in einer Stirnfalte. Ihr Atem aber war ruhig, klar und entschlossen. Sie würde ihn töten! Aber nicht auf eine läppische Art, wie die anderen Opfer. Mit den vergangenen Morden hatte sie nur ihre Bedürfnisse befriedigt. Nein, den Tod von Herrn Neumann würde sie zelebrieren. Wie genau sie das anstellen würde, wusste sie noch nicht. Er durfte ihr nur nicht mehr entwischen. Es würde aber schwierig werden, ihn von seiner Männergruppe zu trennen, um sich ungestört an ihm rächen zu können. Sie bewegte sich andächtig und verließ den Bratwurststand, so dass niemand erkannte, dass DIE Suche ihres Lebens, just an diesem Bratwurststand von Kebben, in einen köstlichen Fund gemündet war. Sie wechselte die Straßenseite und hielt sich im Schatten der Kirmesbuden auf. Der Abstand half ihr, die glühenden Mordgedanken zu sortieren. Ganz ohne eigenes Zutun, gedieh ihr herrlicher Plan. Der bloße Gedanke daran, Herr Neumanns Leben nun endlich zu ernten, beruhigte und entspannte sie vollkommen. Mit der Selbstverständlichkeit dieses Wohlbehagens, atmete sie die Atmosphäre der Lebenslust auf der Kirmesmeile ein. Mit den Ausdünstungen von Bratwurst, Backfisch und Zuckerwatte in der Nase, musterte sie Herrn Neumann zerstreut und neugierig. Dabei ließ sie es an Vorsicht fehlen, denn plötzlich erwiderte Herr Neumann ihren Blick und starrte ihr, kriegerisch und unmittelbar direkt in die Augen. Sie wollte ihre Observierung nicht aufs Äußerste treiben und schaute peinlich berührt zur Seite. Nach einigen Minuten schwenkte sie ihren Blick verstohlen wieder der Männergruppe zu. Er schenkte ihr keine Beachtung mehr. Sie durfte ihn bloß nicht aus den Augen verlieren. Sie war physisch und seelisch beflügelt. Ihr Inneres weitete sich in einer angenehmen Art schweifender Unruhe und jugendlichen Verlangens. Sie faltete ihre Hände auf dem Rücken und blickte zur Bratwurstbude. Wie gefesselt blieb sie dort stehen und prüfte ihre Empfindungen. Es war Mordlust, nichts weiter. Pure Mordlust, die wie ein Anfall auftrat und sich ins Leidenschaftliche steigerte. Ihre Begierde stellte sich alle Wunder des mannigfaltigen Tötens vor. Vor ihrem inneren Auge sah sie, wie sie diesem ungeheuer boshaften, gefährlichen und menschenverachtenden Sadisten das Leben aushauchen würde.

Nicht weit von der Kebben Bratwurstbude entdeckte Paula Evelin, die suchend über die Menschenmenge schaute. Unweit entfernt hielt Loretta in ähnlicher Weise Ausschau und dahinter tauchte schließlich auch Cathrin auf.

»Da seid ihr ja wieder«, begrüßten sich die Freundinnen.

»Ja, Gott sei dank, ich dachte schon, wir hätten uns für heute verloren«, sagte Paula erleichtert.

»Auf der Kirmes verliert und findet man sich immer wieder«, grinste Cathrin.

»Habt ihre eure Bekanntschaften getroffen?«, fragte Evelin. Es erwies sich, dass die Mädels allesamt inzwischen entspannte und fröhliche Gelassenheit gewonnen hatten, als eine Stimme hinter Paula ertönte:

»Hallo ihr Süßen!«, strahlte Erna der Gruppe entgegen.

»Ich habe mich hier mit einem alten Schulfreund verabredet«, erzählte Erna, während sie ihren Blick suchend über die Menschen wandern ließ.

»Da ist er ja!«, rief sie freudig und schaute zur Bratwurstbude von Kebben.

Die Kirmesgeräusche ratterten wie große Wagenräder in ihren Ohren, dann wurde ihr, der Ungeliebten, schwindelig, denn Herr Neumann und vier weitere Herren kamen genau auf sie zu.

»Hallo Erna, da bist du ja«, begrüßte Hans Dampf seine alte Schulfreundin.

»Darf ich dir meinen alten Freund und Wegbegleiter Hans-Günter Brickenkamp vorstellen. Er verbringt mit seinen Skatbrüdern vier wunderschöne Tage hier in Haan und besucht die Kirmes. Ich bin so froh, dass wir uns hier getroffen haben.« Dampfs Gesicht glühte vor Aufregung und Freude.

»Na das ist ja toll. Darf ich dir meinen Kegelklub vorstellen?«, brachte Erna freudestrahlend hervor.

»Die vier kegeln aber nicht nur hervorragend, sie spielen auch grandiose Rockmusik. Dann nennen sie sich „Die Schattenmädchen". Ich bin sozusagen ihre Managerin und habe für heute Abend einen Auftritt organisiert. Sie treten im Fienchen's auf.«

»Darf ich mich vorstellen? Mein Name ist Leonard Philippi. Das Adelsgeschlecht zu meiner Rechten hört auf den Namen Dieter von Blum. Unser ruhiger Pol zu meiner Linken, nennt sich Harald Baumgart und das Schmunzelmonster dort drüben kennen Sie ja bereits; das ist Hans-Günter Brickenkamp. Hans Dampf ist hier der Dorf-Sheriff«, sprach Leonard und streckte Paula begrüßend die Hand entgegen.

Leonard Philippi war ein unauffälliger Rechtsanwalt im Ruhestand. Sein Spezialgebiet war das Verwaltungsrecht. Ihn schüttelte es beim Gedanken an seine Kollegen, die sich in Scheidungskriegen herumtrieben und versuchten, ein Ehe-Ende mit Würde hinzubekommen. Er ekelte sich vor dem Leben anderer Menschen. Die hässliche Zerstörungswut der Parteien im Rahmen einer Scheidungsschlacht, hatten ihm den notwendigen Schwung gegeben, sich in das trockene Thema des Verwaltungsrechts einzuarbeiten. Seine Ehefrau war vor vielen Jahren aus dem Leben geschieden. In der Zeit nach ihrem Ableben, schleppte sich Leonard durch die folgenden Monate. Er fuhr lediglich in seiner ruhigen, mechanischen und wohlgeregelten Art mit den nötigsten Bedürfnissen des Lebens, wie essen, schlafen und sich irgendwie beschäftigen fort. Während dieses seelischen Winters führte er ein Leben, das mit der zügellosen Zerstückelung seines

Innern im entsetzlichen Widerstreit stand. Es schien, als wären die inneren Erlebnisse umso stärker und angreifender, je ruhiger er äußerlich lebte. Es half nichts; er musste irgendwann ins Leben zurück. Je mehr er sich in die Einöde zurückzog, umso mehr überfielen ihn die Wechselfälle seines Daseins. So ergab er sich schließlich der Realität und hielt das Andenken seiner Frau in guter Erinnerung.

Harald Baumgart war ein introvertierter Geist. Vor vielen Jahren liebte er ein Mädchen, ein zartes und liebes Geschöpf. Er verlor sich völlig und wollte sie bis an sein Lebensende beschützen. Er führte sie sogar zum Altar. Die Ehe aber war freudlos und kurz, denn je mehr er diese Frau liebte, umso weniger war sie ihm zugeneigt. Sie war eine sehr offenherzige und kontaktfreudige Frau, die mit der Eheschließung offensichtlich anderes im Sinn hatte. Jedenfalls wurde sie nach kurzer Zeit von einem anderen Mann beschützt. Für Harald gab es kein leidvolleres Erlebnis. Für ihn war dieses herbe, mit Wollust vermischte Drangsal, die größte Pein seines Lebens. Das war ein Schmerz, den er sich sehr lange bewahrte. Er genoss ihn geradezu und gab sich ihm genauso hin, wie er sich dem Glück hingegeben hätte. Er pflegte diesen Schmerz wie seine gesamten Kindheitserinnerungen und beutete ihn als sein erstes tiefes Erlebnis aus. Er sprach nicht von dem Glück, das er gehabt und erlebt hatte, weil ihn das Glück alsdann so sehr enttäuschte. Darüber kam er einfach nicht hinweg, denn der Verlust des Glücks hatte ihm klar gemacht, dass sein Leben nunmehr einen mittelmäßigen, uninteressanten und matten Verlauf nehmen würde. Diese Erkenntnis bremste ihn immer genau dann in seinem Tatendrang, wenn er Optimismus am nötigsten gebraucht hätte. Sobald sich Haralds Leben in Freude aufschwingen wollte, stoppte er, versank im Leiden an der bereits erlebte Enttäuschung und kehrte zu seinem stumpfen und mutlosen Bewusstsein zurück. Obwohl er sich am liebsten in der Fülle unendlicher Zuneigung verloren hätte, konnte er nicht aus seiner Haut heraus.

»Sehr angenehm! Mein Name ist Paula Buddenberg. Wir können auch ein Adelsgeschlecht vorweisen: Loretta von Bischoffshausen. Zu meiner Rechten steht Evelin Rebling, zu meiner Linken Cathrin Hengelsberg und Erna Heitmeier kennen sie ja bereits.« Nachdem das große Händeschütteln beendet war, ergriff Loretta das Wort:

»Da Erna ja bereits unser Hobby ausgeplaudert hat, darf ich Sie recht herzlich in Fienchen's Kajüte einladen, falls Sie heute Abend noch nichts vorhaben.«

»Na, das ist aber mal eine angenehme Überraschung. Da wir für heute Abend noch keinen Termin haben, nehmen wir Ihre Einladung sehr gerne an. Oder habt ihr was dagegen, Jungs?«, fragte Hans-Günter Brickenkamp. Alle waren zufrieden und stimmten der Verabredung zu.

Nun, da er so ganz dicht vor ihr, der Ungeliebten, stand, erkannte sie Herrn Neumann ganz deutlich. Er hatte zwar seinen Namen geändert, aber er war es, ganz sicher. Vor Freude erschauderte sie. Sie konnte ihr Glück kaum fassen, hatte er sich doch bereitwillig in ihren Dunstkreis begeben. Sein Schicksal war besiegelt. Er würde ihr nicht mehr entkommen. Sie hörte das vertraute Stimmengewirr und ihre Gedanken beruhigten sich. Ihr Kopf wurde zunehmend klarer.

›Willst du unter diesen Umständen heute Abend überhaupt noch im Fienchen's auftreten?‹, fragte sie sich selbst und die Antwort kam unverzüglich und klar: ›Ja!‹

Im April 2017 eröffnete Fienchen, alias Maike Kaiser, eine Erlebnisgaststube mit friesischem Küstenfeeling. Die Räumlichkeiten des denkmalgeschützen Hauses hatten in der Vergangenheit schon viele Gaststättenbetriebe erlebt. Egal ob der Stadtschreiber, das Casiwu oder das K5 ... gemütlich war es dort immer. "Maike und ihr Lebenspartner Klaus Eisner hauchten als leidenschaftliche Freunde von Live-Musik „Fienchen´s Kajüte" neues Leben ein. Während Maike gastronomisch die Zügel in der Hand hielt, war Klaus für die Veranstaltungen zuständig. Er kannte fast alle Musiker der Gegend und viele davon holte er auf seine Minibühne, den „Star Club". Im Fienchen's konnte jeder, der Lust hatte Musik zu machen, vorbeikommen und spielen. Dort wurde Musik für jedermann gespielt. Livemusik muss halt einfach passieren!

Jawohl, sie wollte im Fienchen's live auftreten, sie wollte es von ganzem Herzen.

›Gibt es noch andere Gründe, die mich bewegen?,‹ fragte sie sich.

›Wenn ich mir vorstelle, heute Abend der Liveauftritt zu sein, der alle Gäste zum Tanzen bringt, erfüllt auch Stolz mein Herz und ich kann Herrn Neumann noch viel besser umgarnen und an mich binden.‹ In der ehrfurchtsgebietenden Atmosphäre der Kirmes war es ihr unmöglich, sich der Selbsttäuschung hinzugeben. Ihr Ziel war, Herrn Neumann umzubringen. Der Gedanke, ihn zu reizen, hinzuhalten und zu erniedrigen, gefiel ihr sehr. Sie sah sich als Richterin und Exekutive, die nach eigenem Maßstab urteilen und strafen konnte. Schon hörte sie sein Winseln und Flehen, und dazu der Ruhm des Liveauftritts ... Das gab dem Ganzen einen besonderen Reiz.

›Ja, ich werde eine gerechte Richterin sein‹, dachte sie. Ihre innere Urkraft hatte ihr die Gabe geschenkt, ausdauernd nach ihm zu suchen und nun würde sie dafür belohnt werden.

An jenem Samstagabend war die Kajüte brechend voll. Die Skatbrüder und Hans Dampf gesellten sich zu Erna, die vor der Theke stand, als Klaus „Die Schattenmädchen" ankündigte.

»Tja, was soll man über „Die Schattenmädchen" sagen?«, begann er.

»Vier weibliche Fossile als Rockstars. Paula und ihre Spießgesellinnen spielen heute Abend zum Tanz auf. Ich wünsche euch allen viel Spaß und passt auf ... es wird richtig laut!« Dann legten „Die Schattenmädchen" mit voller Wucht los. Meine Güte, die Mädels aus dem geologischen Zeitalter vor dem Holozän hatten's wirklich drauf. Mit den Hits der Rolling Stones ließen sie die Kajüte beben. "THE LAST TIME"war der erste große Hit, den Mick Jagger und Keith Richards gemeinsam geschrieben hatten. Damit knackten sie nicht nur damals die Top-Ten in den USA und Deutschland; auch die Gäste der Kajüte wurden von den Stühlen gerissen. Gefolgt von „I CAN'T GET NO", „ AS TEARS GO BY", „PAINT IT, BLACK", „ JUMPIN' JACK FLASH", „SYMPATHY FOR THE DEVIL", „YOU CAN'T ALWAYS GET WHAT YOU WANT", „BROWN SUGAR", „IT'S ONLY ROCK ‚N' ROLL", „MISS YOU" und „START ME UP".

Applaus brach los. Das Konzert war absolut mitreißend. Natürlich konnte Paula auf der kleinen Bühne nicht die großen Wegstrecken zurücklegen, wie Jagger es zu tun pflegte. Aber sie sang die Songs großklappig und mit exaltierten Bewegungen. Loretta, Evelin und Cathrin sahen keineswegs so zombiehaft aus, wie Ron Wood und Keith Richard, die den Tod schon mehr als einmal herausgefordert hatten. Die Mädels machten für ihr Alter eine hervorragende Figur. Hier in der Kajüte stimmte die Optik und die Akustik. Dieser Abend, voller Volksfeststimmung und Familiencharakter, hinterließ bei den Besuchern den Eindruck einer fulminanten, exzellenten und unvergesslichen Darbietung. Der Auftritt war der Höhepunkt des Abends. Nach anderthalb Stunden beendeten Loretta, Evelin, Cathrin und Paula das Konzert mit der dritten Zugabe. Als die Musikerinnen ihre Instrumente beiseitestellten, ging Bewegung durch die Kajüte und Blicke trafen sich. Nachdem die vier ihre Instrumente abgebaut und verstaut hatten, gesellten sie sich zu Erna und den anderen, die das Konzert an der Theke der kleinen, warmen und vollen Kajüte verfolgt hatten. Erna war überstolz. Sie hatte den Kontakt hergestellt und die Vorbereitungen zu diesem Konzert durchgeführt. Sie hatte Rücksprache mit Klaus genommen und alle Entscheidungen getroffen, um diesen herrlichen Auftritt zu ermöglichen.

Die Gaststätte war mit Fischernetzen und vielen kleinen Nordsee-Accessoires geschmückt. Paula lehnte, mit einem Weinglas in der Hand, an der Theke. Einen Fuß hatte sie leicht über den anderen gestellt. Ihre Bluse aus schwarzer Viskose umschmeichelte ihre Figur. Ab und an strich sie sich eine Haarsträhne aus dem Gesicht. Cathrin stand ebenfalls lässig an die Theke gelehnt. Sie hatte ihr Haar zu einem Zopf zusammen gebunden und locker hochgesteckt. Den Damen gegenüber standen die Herren im Halbkreis gedrängt. Evelin, sprach mit wohltönender, rauchiger Stimme über das gegebene Konzert und die sagenhaften Hits der Stones. Eigentlich liebte Evelin es, ernste Gespräche zu führen, aber heute war sie leutselig. Loretta hatte auf einen Thekenplatz verzichtet und stand am Ende des Halbkreises der Männerrunde. Sie nahm sich etwas unglücklich aus. Dann und wann tat sie einen schweren Atemzug und schluckte ihn herunter, gerade so, als müsse sie gegen Übelkeit ankämpfen.

Inmitten der Kajüte schaute sie, die Ungeliebte, Herrn Neumann an. Dieser Mann mit seinem seltsamen Kopf und seinem sicheren Auftreten wirkte hier, in der Kajüte, äußerst solide und gut gekleidet. Er konnte alle Anwesenden täuschen. Nur sie wusste, dass er ein Schauspieler war. Er spielte die Rolle eines gebildeten Menschen. Er täuschte, mit gediegenen Kenntnissen über den geläuterten guten Geschmack, über seine wahren Charakterzüge hinweg. Seine galanten Bewegungen und die antrainierten, freundlichen Redewendungen konnten sie nicht täuschen. Sie wusste, dass er ein Sadist war und blieb. Seine kalten Augen und sein schmaler Mund verrieten seinen Charakter. Sie hatte alle Signale, die ihn vermeindlich scharf machten, ausgesendet. Er hatte auch schon angebissen. Noch ein paar Stunden, dann würde sie ihn töten.

Hans Dampf, der bislang schweigsam und mit gleichgültig aufgeworfenen Lippen am Tresen stand, beugte sich zu Erna und gratulierte ihr zu diesem gelungenen Abend. Unverblümt nahm er seine Erna, wie früher, in den Arm und küsste sie auf die Wange. Sein Gesicht errötete sofort und er trat erschrocken über seine eigene Courage zurück. Erna aber, die im Gegenteil etwas blass wirkte, und ihren Ellenbogen leicht auf der Theke abstützte, sah ihn lauernd und einladend an. Auch Leonard war entzückt. Seine Augen wollten nicht von Paula lassen. Dass ihre Skattour so eine angenehme Wendung nahm, hätte er sich nicht träumen lassen. Es war klar, dass sie auf der Kirmes niemals allein sein würden, aber bisher waren die Bekanntschaften eher oberflächlich und auf den Abend reduziert. Diesmal schien es allerdings anders zu sein. Paula war eine verdammt gutaussehende Dame. Er fühlte sich zu ihr hingezogen und wollte sie unbedingt näher kennenlernen.

»Was für eine Frau«, dachte er.

Nachdem Evelin zweimal an ihrem Weinglas genippt hatte, stellte sie es beiseite und bestellte sich einen Pfefferminztee.

»Du steigst um auf Tee?«, fragte Dieter von Blum. Er war ein sehr angesehener und erfolgreicher Chemie-Professor im Ruhestand. Er strahlte die Würde eines Mannes aus, der von der Wissenschaft gehärtet war. Der stille und nachhaltige Pessimismus eines Forschers entsprach ganz und gar seinem Charakter. Auch er war Witwer. Er hielt den Verlust seiner Frau aber auf eine kurzangebundene und verschlossene Art des Leidens im Bann. Ihm waren alle Individuen, die zu schwach waren, sich selbst Regeln aufzuerlegen und diese dann auch einzuhalten, zuwider.

»Ja, ich verspüre so ein böses Kratzen im Hals«, sagte Evelin.

»Ah, das kenne ich. Ich bin auch etwas penibel.«

»Ich bin nicht penibel! Aber es ist gerade Hochsaison für Grippe, da will ich mein Immunsystem nicht durch Alkohol schwächen.« Sie vertraute ihm an, dass sie schon den ganzen Tag so ein komisches Kratzen im Hals hatte und ihr rechtes Auge auffällig tränte.

»Das ist ein böses Zeichen.« Evelin verspürte in seinem Ton eine leichte Ironie und hatte das Gefühl, sich rechtfertigen zu müssen.

»Es ist immer wieder erstaunlich, wie oberflächlich und leichtsinnig die Leute heutzutage mit ihrer Gesundheit umgehen.«

»Das finde ich auch. Dabei weiß doch wirklich jedes

Kind, dass Viren ausgetrocknete Schleimhäute lieben«, stimmte Dieter zu.

»Das stimmt«

»Ich vermeide Crosstrainer, Klimaanlagen und öffentliche Duschen. Fahren mit nassen Haaren bei offenem Autofenster ist auch die Hölle. Schau dir nur mal dort hinten das Mädchen an«, sagte Dieter und zeigte auf ein junges Mädchen vor der Tanzfläche.

»Das Top ist doch viel zu kurz. Ihre Taille liegt eine Handbreit frei«

»Den Jungs hier im Laden gefällt der Anblick bestimmt, aber das ist die perfekte Einladung für eine Nierenbeckenentzündung, gerade bei diesem Wetter. Die läuft hier so freizügig rum, schwitzt, holt sich, wenn die Tür geöffnet wird, einen Zug und ... peng!«, sagte Dieter.

»So was unterschätzen die jungen Dinger alle. Sie glauben sie sind jung und vor jeder Krankheit geschützt«, pflichtete Evelin ihm bei.

»Möchtest du vorsichtshalber eine Esberitox nehmen? Ich nehme die grundsätzlich prophylaktisch gegen alles, was irgendwie im Anmarsch ist. Das ist mein Flaggschiff in Friedenszeiten.« Mit diesem Satz griff Dieter in seine Hemdtasche und reichte Evelin das Präparat. Hans-Günter sah, wie Evelin die Tablette von Dieter einnahm und beugte sich zu ihnen herüber.

»Meine Güte bist du auch so ein Hypochonder oder besser, eine Hypochonderin ... oder Hypochondrine ... Hypochondröse ... oder wie heißt das noch mal?«, lachte Hans-Günter.

Hans-Günter war ein pensionierter Finanzbeamter. Sein sonniges Gemüt war in Festglanz getaucht und ließ unzählige Partystunden erahnen. Er liebte die Sonne, das Leben und die Heiterkeit. Welches Buffet, welche Leidenschaften und welche Getränke seine pausbackigen Wangen hatte aufquellen lassen, vermochte keiner mehr zusagen. Es war auf jeden Fall angenehm, seine Frohnatur in den Lachfalten zu erkennen. Einzig der Verlust seiner Ehefrau, die einem kurzen Krebsleiden erlegen war, ließ seinerzeit vorübergehen Trauer und Gram in den damals etwas eingefallenen Wangenhöhlen erkennen. Die tiefsitzende Fröhlichkeit seines sonnigen Gemüts half ihm jedoch über diesen Verlust hinweg.

»Nein, du spinnst doch!«, entsetzte sich Evelin.

»Dieter ist auf jeden Fall einer! Der kennt jede Krankheit und auch jedes Medikament. Der hat mir mal Weidenteer-Shampoo gegen Schuppen empfohlen. Ich wusste gar nicht, dass es so was gibt«, lachte Hans-Günter.

»Ach, kennst du den?«, begann er.

»Geht ein Mann zum Arzt. Fragt der Arzt: "Rauchen Sie?"Der Patient: Also wenn Sie mich so fragen, dann nehme ich lieber einen Drink!«, lachte Hans-Günter weiter. Er war in seinem Element.

»Na Dieter, alter Freund. Was ist eigentlich bei deinem Helikoptertest herausgekommen, den du letztens hast machen lassen?«

»Das war kein Helikoptertest«, entgegnete Dieter entnervt.

»Das war ein Test auf Helicobacter pylori. Er war negativ.«

»Ich traue diesen Tests nicht. Lass bei der nächsten Magenspiegelung lieber mal einen Abstrich machen«, riet Evelin.

»Einen hab ich noch ...«, strahlte Hans-Günter.

»Was haben Sie?«, fragt der Arzt den neuen Patienten.

»Eine leere Garage.«

»Das will ich nicht wissen. Was fehlt Ihnen?«

»Ein Auto«, lachte Hans-Günter und betrachtete Evelin und Dieter abwechselnd.

»Ich lass euch zwei Turteltäubchen mal lieber in Ruhe Krankheiten austauschen«, lachte Hans-Günter hemmungslos.

»Übrigens, es gibt wirklich keine vernünftige weibliche Form von Hypochonder!«, fiel Dieter in den Lachanfall von Hans-Günter.

»Der Duden spuckt Hypochonderin aus. Mir persönlich würde Hypochondra gut gefallen.«

»Nichts für ungut«, schmunzelte Hans-Günter.

»Aber einen hab ich noch. Ein Totengräber zum anderen: »Warum ist der Sarg so riesig?« ....

»Der Verstorbene hatte Platzangst!«, lachend wandte er sich Cathrin zu.

»Na mein schönes Kind, wie geht es uns denn heute?« Ohne eine Antwort abzuwarten legte er den Arm um Cathrin und beide bewegten sich zum Rhythmus der Musik.

»Sagte eine Patientin zu ihrer Ärztin:

»Frau Doktor, wenn ich Kaffee trinke kann ich nachts

nicht schlafen.« Antwortet die Ärztin:

»Komisch, bei mir ist es genau umgekehrt: wenn ich schlafe, kann ich keinen Kaffee trinken« Cathrin und Hans-Günter lachten um die Wette.

Loretta stand etwas abseits und fühlte sich unbeobachtet. Wie ein kleines Mäuschen nagte sie flink und hektisch an dem langen Fingernagel ihres kleinen Fingers. Um ihren Mund lag ein abwesendes, verstohlenes Lächeln, wie von einer schmerzlichen und zugleich grausamen Lüsternheit begleitet. Ihre Augen waren weit geöffnet und ihr Blick schweifte durch den Raum, um schließlich auf dem schüchternen Harald zu landen. Dort verweilte er für ein paar Sekunden in seinen Augen. Dann schob sie plötzlich mit einem Ruck ihren Oberkörper zur Seite, stellte ihr Glas auf der Theke ab und starrte Paula mit einem saugenden, klammernden Blick an. Paulas Antlitz erbleichte augenblicklich.

»Magst du einen Augenblick mit mir vor die Tür gehen?«, fragte Paula ihre Freundin mit Besorgnis.

»Ja, sehr gerne«, erwiderte Loretta. Die beiden Frauen traten ins Freie und genossen die leichte Nachtkühle. Sie standen flüsternd in ein Gespräch vertieft, als Harald aus dem Nichts hinter ihnen auftauchte.

»Ist alles in Ordnung?«, fragte er ruhig und schüchtern.

»Ja, ist schon o.k.«, entgegnete Loretta.

»Paula, der Leonard hat dich gesucht. Wenn du rein gehen möchtest, bleibe ich bei Loretta«, bot sich Harald an. Paula sah Loretta fragend an.

»Ist in Ordnung, Paula. Geh ruhig rein. Ich komme

gleich nach«, beschwichtigte Loretta ruhig und besonnen. Damit verabschiedete sich Paula von den beiden und kehrte in die Kajüte zurück. Am Tresen traf sie auf Leonard.

»Wo bist du denn die ganze Zeit gewesen? Ich habe dich vermisst«, begann Leonard das Gespräch.

»Was ist schon Zeit?«

»Die Zeit ist allmächtig und dennoch wesensunmittelbar. Die Zeit ist ein Geheimnis«, antwortete Leonard.

»Nein, Zeit ist eine Bewegung, in der sich die Verdoppelungen der Vergangenheit mit der Gegenwart vermengen. Sie bringt den Raum, den Körper und den Geist in Bewegung«, belehrte Paula.

»Meinst du, sie ist eine Funktion des Raumes?«

»Mehr noch, die Zeit hat eine verbale Beschaffenheit. Sie schläft nie und zeigt Veränderungen.«

»Ich kann dir nicht mehr folgen«, gab Leonard zu.

»Ist nicht schlimm, ich erkläre es dir ein andermal. Gibst du mir noch einen Wein aus?«

»Aber gerne«, antwortete Leonard und gab die Bestellung auf.

Harald war nervös. Loretta gefiel ihm sehr gut, aber er hatte das Flirten über die Jahre hinweg verlernt. Es hatte sich so viel verändert. Loretta war so modebewusst. Dagegen kam er sich, wie ein Bergsteiger vor. Die Sache war die, dass Harald sehr unter dem Verlust seiner großen Liebe gelitten hatte. Wer am meisten liebte, war zumeist der Unterlegene und musste offensichtlich am meisten leiden. Diese schlichte, aber harte Wahrheit hatte sich in sein Herz gebrannt. Aber Harald empfand Sehnsucht; vom ersten Moment, als er Loretta erblickte. Eine Sehnsucht, die oberhalb der Brust begann und furchtbar brannte. Jemand, der so tolle Augen hatte und in einer so glücklichen Gemeinschaft lebte, wurde mit Sicherheit auf eine wohlanständige und allgemein respektierte Weise von vielen Männern umgarnt. Harald war ganz anders. Er machte auch erst gar nicht den Versuch, wie die anderen zu sein. Doch er begehrte schmerzlich, geliebt zu werden ... so wie er eben war. Harald stand eine Weile schweigend vor Loretta, dann reichte er ihr ein Glas zur Erfrischung. Erst jetzt schien Loretta, ihre Aufmerksamkeit wieder auf die Umwelt zu richten. Sie ließ ihren Blick mit vollkommener Gleichgültigkeit über die Kaiserstraße gleiten. Aber dann, plötzlich, war ihr bewusst, dass sein Blick auf ihr ruhte. Sie wandte ihren Kopf und sofort trafen sich ihre Blicke.

»Mir ist nicht wohl«, sagte Loretta.

»Wenn du magst, gehen wir ein Stück«, bot Harald an.

»Das wäre super, ich muss weg von dem Krach. Ich sag Paula nur eben Bescheid, damit sie sich keine Sorgen macht.«

»Du kannst ihr sagen, dass ich dich auch nach Hause bringe«, schob Harald noch hinterher.

»Danke!« Als Loretta wieder aus der Kajüte kam, verschwanden sie und Harald im Dunkeln des Park Ville d'Eu.

Kapitel 19

Der Vater muss sterben

Die gesamte Familie saß, wie jeden Morgen, schweigend und angespannt am Frühstückstisch. Sie trank ihren Tee langsam und aß ein Käsebrot. Sie war stolz auf ihren Mut und zutiefst zufrieden mit ihrem Vorhaben. Um 7:30 Uhr verließ sie das Haus. Sie hörte noch die Haustür hinter sich knarren und genoss das lebendige Treiben auf der Straße, ohne besonders darauf zu achten. Die Minuten der Freiheit auf dem Schulweg vergingen rasch und sie fühlte sich zunehmend glücklich. Übermut begann sie zu erfüllen. Wie schön die Vögel heute zwitschern und wie herrlich die Luft heute war. Wie schön es heute wäre, wenn sie noch ein wenig im Park spazieren gehen könnte. Aber sie folgte den auferlegten Regeln und ging zur Schule. Im Schulgebäude befiel sie, wie immer, ein Zittern und das Herz pochte krampfhaft und schwer gegen ihre Brust. Der Oberlehrer Faust hatte ihr schon viele Schmerzen zugefügt, aber der letzte Besuch bei Herrn Neumann war das Schlimmste, was ihr bislang widerfahren war. Er hatte sie gelehrt, dass er imstande war, sie bei der geringsten Ungehorsamkeit zu Tode zu prügeln.

Ihr Leben war gerade noch so viel wert, wie die Männer, für die Befriedigung ihrer sexuellen Abnormitäten, bereit waren zu zahlen. Für ihren Vater war sie nichts anderes als ein Nutztier.

Um die nächste Zeit zu überstehen, kapselte sie ihre gesamte Widerstandskraft in sich ein und verwendete sie als Schutzrüstung, um die bevorstehenden Erniedrigungen und Schändungen zu überstehen. Unverwüstlich, anspruchslos und möglichst unauffällig dimmte sie ihr Lebenslicht auf Sparflamme.

Ihre Kindheitserinnerungen waren geprägt von schmerzlicher sexueller Gewalt und Demütigung. Diese Erfahrungen beuteten sie aus. Aber der allgegenwärtige Schmerz veranlasste sie, das bisschen Freude, das ihr blieb, mit größter Sorgfalt, intensiv auszukosten. Sie genoss es, durch den Park zu spazieren, auch wenn sie wusste, dass sie am Ende des Parks einen Umschlag für ihren Vater abholen musste. Sie sog den Duft der Blumen auf und liebte den Gesang der Vögel. Sie spürte, dass zu dieser Form der Genussfähigkeit Bildung notwendig war. Sie war eine sehr gute Schülerin, aber das reichte ihr nicht. Sie lechzte nach Bildung. Sie lauschte der klassischen Musik, die Herr Schneider auflegte, während er sich an ihr verging. Sie stahl den gebildeten Herrn der Stadt verschiedenartige Lektüren und eignete sich mit der Zeit einen eigenen literarischen Geschmack an. Sie kostete den rhythmischen Reiz eines Gedichtes aus. Sie lernte, das kleine Glück zu genießen und nahm die subtilsten Empfindungen in sich auf. Diese angenehmen und schönen Momente hütete sie wie ihren Gute-Nacht-Kuss-Schatz, denn sie halfen ihr, ihre grausame Kindheit zu überstehen. Sie vermochten aber nicht, die Sehnsucht nach einem gewaltlosen Leben zu stillen. Diese Sehnsucht brannte in ihr und wollte erfüllt werden. Das wusste ihr Vater nicht, als er ihr den Briefumschlag aus den Händen nahm. Er wusste nicht, dass sie das Leben zärtlich liebte, dass sie erfüllt war von einem inneren Glück, das sie sich selbst geschaffen hatte. Er wusste nicht, dass er bald sterben würde - aber sie! Und sie besaß das, was ihr Vater nicht kannte. Sie besaß ein starkes dramatisches Empfinden. Bei dem Gedanken an seinen Tod begann ihr ganzer Körper zu zittern. Sie besaß noch ein Quantum an Freiheit. Das genügte ihr vorerst, um weiter zu leben. Damit würde sie siegen.

Kapitel 20

Sonntag 24.09.2017 morgens

Mit den Jahren war Cathrin viel härter geworden, als sie jemals sein wollte. Sie fühlte sich sehr wohl mit ihren Single Mädels. Teile ihrer Weiblichkeit, wie der Wunsch sich anlehnen zu können, Schutz und Zärtlichkeit hatte sie fast vollständig verbannt. Statt darüber zu jammern, teilte sie sich mit den Mädels Bücher, Kleidung und Sorgen. Sie halfen einander in schweren Zeiten. Die gesamte Mädelstruppe, sogar Loretta, trugen im Bett ausgeblichene T-Shirts mit Löchern, während die heißen Nachthemden ausgiebig Schrankluft schnupperten. Dem eigenen Körper maßen sie alle nicht mehr so viel Bedeutung bei. Wenn sie dann aber ausgingen, takelten sie sich auf, aber nur für das eigene Wohlbefinden und das eigene Selbstbewusstsein. Und nun tauchte dieser Witzbold in Cathrins Leben auf. Sie hörte sein Lachen noch im Ohr. Sie wusste überhaupt nicht, was sie sagen sollte. Sie, die sonst so abgeklärt war, redete den ganzen Abend nur dummes Zeug. Sie und Hans-Günter hatten den Abend lachend verbracht. Dieser Abend gab ihr das Gefühl, ihn schon hundert Jahre zu kennen. Sie wusste sofort, dass er warmherzig, witzig, selbstbewusst und stark war. Er hatte Tiefe. Dennoch war er ihr gleichzeitig völlig fremd. Er war so redegewandt und witzig. Sie konnte sich seiner Anziehung nicht entziehen, obwohl sie durchaus sein Bäuchlein und sein schütteres Haar registriert hatte. Gestern Abend hatte er sich für den schönen Abend bedankt und ihr eine gute Nacht gewünscht. Sie wünschte ihm in einem leisen, säuselnden Ton ebenfalls eine gute Nacht. Genauso gut hätte sie ihn auch küssen können. Dann war er weg. Cathrin tat es keine Sekunde leid, dass sie ihm begegnet war. In der letzten Nacht wankten wehmütige Gefühle durch ihr Herz. Sie war alt genug geworden und hatte sich damit begnügt, nicht mehr zu besitzen, als sich von selbst ergab. Eigentlich wollte sie diese Gefühle nicht nähren, denn ihre ausgelatschten Single-Schuhe passten einfach zu gut. Aber heute nahm die Fünfzehnjährige in Cathrin das Ruder in die Hand und stellte sie vor den Spiegel, um sich von allen Seiten betrachten zu können. Wer hätte gedacht, dass sich eine abgeklärte Frau im Spätherbst ihres Lebens, zu einem nervösen, blöden und verliebten Bündel entwickeln kann.

Sämtliches Verlangen, das sie schon vor Urzeiten verbannt hatte, bahnte sich einen Weg an die Oberfläche und raubte ihr den Verstand. Es war schon verdammt lange her, seit sie sich so dämlich grinsend im Spiegel betrachtet und dabei ein Lied gesummt hatte. Genauso lange war es aber auch schon her, dass sie sich für einen Mann schick gemacht hatte. Der Spiegel zeigte ihr eine Frau in einem blau-weiß geblümten Kleid mit einem tiefen Ausschnitt. Instinktiv duckte sie sich etwas weg und überlegte, ob der Ausschnitt zu gewagt sei. Von ihrem Anblick war sie verblüfft. Loretta hatte recht. Jeder kann das Beste aus seinem Typ herausholen. Sie sah zwar nicht außerordentlich hinreißend aus, aber ihr Spiegelbild war schon nicht schlecht. Sie hatte eine kleine und schmale Figur. Ihre Haltung war bis dato immer ein wenig gebückt. Ihr Gesicht strahlte bislang immer eine gewisse Ausdruckslosigkeit aus. Wenn man sie unter tausend Frauen überhaupt wahrgenommen hätte, dann nur, weil sie die graueste Maus war. Aber heute trug sie dieses aufregend schöne Kleid, das Loretta ihr geliehen hatte. Ihre Haare waren verspielt hochgesteckt und ihre Lippen glänzten kirschrot. Die empfohlenen High Heels ersetzte sie dankend durch weiße Sneakers. Die leichte Lederjacke rundete das frische und saloppe Aussehen ab. Wenn sie so über die Festmeile ging, würden sich die Menschen nach ihr umdrehen. Noch gestern hatte kaum einer Notiz von ihr genommen. Erst nachdem der Auftritt im Fienchen's beendet und sie aus dem Schatten der Band getreten war, kam Hans-Günter auf sie zu. Ein letztes Mal ließ sie ihren Blick über den Spiegel wandern. Genießerisch atmete sie tief ein. Sie roch das gute Parfum und den frischen Lederduft ihrer Jacke. Sie zwinkerte ihrem Spiegelbild zu und sah, wie ein herausforderndes Lächeln um ihren kirschroten Mund strich. Ihr gefiel, was sie dort im Spiegel sah. Zufrieden nickte sie ihrem Spiegelbild ein letztes Mal zu, zog erfreut die Augenbrauen hoch und begab sich in den Speisesaal.

Loretta lag noch erschöpft im Bett. Der gestrige Abend hing noch wie ein Anker an ihr. Jede Bewegung, jeder Gedanke war für sie anstrengende Arbeit.

›Morgen wird alles besser. Ach, wenn ich nur aufstehen könnte‹, dachte sie. Viele solcher Abende, wie gestern, hatte sie nicht mehr. Das pulsierende Leben kam und ging, wie ein Zeitarbeiter, der mit den dröhnenden Maschinen ihr fast den Kopf zerschmetterte. Die Mädels waren zum Frühstück verabredet, aber in ihrem Körper herrschte noch Schwere. Sie lag in den Kissen und beobachtete die Zeiger ihrer Uhr.

›Wenn ich jetzt aus dem Bett springen würde, säße ich noch pünktlich am Frühstückstisch‹, dachte sie. Die Zeiger auf der Uhr bewegten sich erbarmungslos, aber Loretta schaute einfach nur auf die monotone Bewegung des Zeigers und ließ es zu, dass ihr gesamter Körper noch schwerer wurde. Sie musste diesen Tag irgendwie retten und die Schwere abschütteln. Mittlerweile neigte sich die Frühstückszeit dem Ende zu.

›Wenn ich jetzt aus dem Bett springen würde, könnte ich es eventuell noch schaffen, eine Tasse Kaffee zu trinken. Ich muss es doch wollen!? Ich habe mir diese Reise doch ausgesucht!? Ich will auf die Kirmes!‹, spielte sie innerlich ein paar Glaubenssätze ab. Heute war wieder so ein mieser Tag, an dem draußen der Himmel und die Sonne um die Wette strahlten, aber sie sah nur ihr beflecktes Kleid auf dem Boden liegen. Obwohl bereits helle Sonnenstrahlen den Raum erleuchteten, war die Nachttischlampe noch eingeschaltet, denn ihr Schlaf fand ein abruptes Ende, als es noch dunkel war. Sie wollte sich dringend etwas Gutes tun. Mit den Mädels frühstücken, eine Tasse Kaffee trinken und lachen. Es gab bestimmt frisches Obst. Sie aß so gerne Obst. Loretta wollte sich ein gemütliches Outfit und bequeme Schuhe anziehen. Ein Glas Wasser trinken, duschen und Zähne putzen. Aber sie lag einfach nur im Bett und schaute den Zeigern der Uhr beim Wandern zu. Sie spielte ab und zu mal am Handy, aber irgendwie kam sie nicht in die Gänge. Sie schaute sich die Fotos an, die sie gestern auf der Kirmes gemacht hatte. Sie sah das Riesenrad, den Kettenflieger, die Schlittenfahrt, Alpha 1, den Musik-Express. Die perfekte Heilung wäre jetzt, Kirmesluft zu schnuppern, aber all die schönen Dinge schienen für sie soooo weit weg. Selbst der viel besprochene depressive Genius war nirgends zu finden. Sie machte ein trauriges, ungeschminktes und zerzaustes Selfie von sich und schrieb darunter »positiv denken«. Einzig die ironische Distanz zu ihren Emotionen trieb ihr ein Lächeln aufs Gesicht. Der Spruch des Tages lautete heute

»Glücklichsein kann man lernen, man muss es nur üben.« Entnervt verdrehte sie die Augen.

»Scheiß drauf! Ich übe jeden verdammten Tag. Ich bin austrainiert! Heute hat die Seele mal wieder einen Ermüdungsbruch erlitten«, schnaubte sie bitter vor sich hin. In ihrem Innern tobten zwei Teile: Ein aktiver Teil, der wollte raus auf die Kirmes lachen, tanzen und fröhlich sein. Der andere Teil aber war leer. Wie ein schwarzes Loch und noch schlimmer. Der leere Teil wollte den aktiven Teil auch noch leeren; den Teil der zu viel Wein trank, der zu viel rauchte und der zu viele Männer verschlissen hatte. Die Leere stieg ihr langsam die Kehle hoch, sie raubte ihr den Atem. Die Leere war ein geübter Kriegstreiber, ein Stratege und ein Genie. Diese verdammte Leere verdrängte einfach alles, was Loretta sonst wichtig war und stellte es in den Schatten.

›Ist es nicht besser, einfach alles abzubrechen, einfach aufzuhören, einfach nicht mehr da zu sein?‹, dachte sie traurig. Das war der Punkt, der Loretta aufschrecken ließ. Sie hasste diesen Zustand, in dem leise Zweifel gesät wurden, dass sie an ihrer Depression selbst schuld war. Plötzlich sprang sie auf, raus aus dem Bett und schrie:

»Scheiß drauf, Kirmes ist nur einmal im Jahr. Ja genau, scheiß drauf! Scheiß drauf ... « Sie schüttelte die Schwere aus ihrem Körper, verbannte die verdammte Leere ins Abseits und sprang unter die Dusche. Kopfschüttelnd stand Loretta unter der Dusche.

»Immer dieser Kampf, ein Leben lang kämpfe ich schon. Ich bin müde, ich will nicht mehr kämpfen, ich will leben.« Routiniert föhnte sie ihre Haare, legte gekonnt das Makeup auf und zog ein aufreißendes, viel zu kurzes Kleid und hohe Schuhe an. Bevor sie ging, sagte sie ihrem Spiegelbild noch mal:

»Scheiß drauf, Kirmes ist nur einmal im Jahr.«

Erna krabbelte im Morgengrauen aus dem Bett. Sie rollte ihre Yogamatte aus und freute sich auf das einträchtige Aufwachen von Körper und Geist. Am Morgen zum Sadhana aufzustehen war schon seit Jahren ihr ganz und gar eigennütziger Akt. Sie brauchte diese morgendlichen Übungen für ihre persönliche Stärke, ihre Intuition, ihre

Flexibilität, ihre Selbstdisziplin und um ihre geschundene Seele zu beruhigen. Sie liebte diese magische Ruhe vor dem Sturm des Tages. Für sie gab es kein schöneres Gefühl, als morgens, wenn der Rest der Welt noch schlief und sich ihr eigener Körper noch köstlich schwer anfühlte, auf der Yogamatte, ihre Lebensgeister zu erwecken. Der Zeitpunkt vor dem Sonnenaufgang hatte etwas Magisches und diese Atmosphäre erfüllte sie mit Leichtigkeit und Ruhe. Nur zu dieser Tageszeit war sie ganz sie selbst. Sie öffnete ihren Geist, bevor der Alltag sie wieder überrollen würde. Um sechs Uhr in der Früh befand sich ihr Körper noch in der Vata-Phase und somit in der besten Zeit für Bewegung und Aktivität. Sie zelebrierte den Morgen immer sehr bewusst. Die Klarheit und die Energie, die sie durch Yoga gewann, halfen ihr, die Herausforderungen ihres Lebens zu bewältigen. Der Yogalehrer versprach, dass diese Morgenübungen den Geist von Sorgen und Stressempfindungen befreien würden und sich daraufhin, ein Gefühl der Zuversicht manifestieren könne. Aber bei ihr hatte das bisher noch nicht geklappt. Ihr Leben war begleitet von Verlust und Tod. Sie war 17, als sie ihre Eltern bei einem tödlichen Autounfall verlor. Mit dem Verlust der Eltern stand sie mit ihrem drei Jahre älteren Bruder allein da. Sie hielten einander in den Armen und ihre Tränen vermischten sich. Das war ein so tiefgehendes Ereignis, dass sie sich schworen, ein Leben lang zusammenzubleiben und aufeinander achtzugeben. Zwei Jahre später erkrankte ihr Bruder an Krebs; in einer so aggressiven und grausamen Form, dass er binnen eines

Jahres verstarb. Nun war sie ganz allein. Aus ihrer seelischen Not heraus, heiratete sie. Ihr Ehemann war nicht ihre große Liebe, aber er war ein Seelenpflaster. Nach zwei Jahren gebar sie ihr einziges Kind. Ihren Sohn liebte sie von ganzem Herzen. Er war ein kleiner, schmächtiger und kranker Bub. Auffällig waren seine blauen Lippen und die blauen Fingernägel. Mit drei Jahren konnte er noch immer nicht laufen und Erna hatte immer einen Kinderwagen dabei. Erst jetzt kam die erschreckende Wahrheit ans Licht. Er hatte einen schweren Herzfehler und die Ärzte rieten ihr zu einer Herzoperation. Weitere Schwangerschaften waren aus ärztlicher Sicht nicht ratsam. Erna war entsetzt. Nach der Operation hatte ihr Sohn eine Narbe, die vom Brustbein bis zur Wirbelsäule reichte. In der Bauchdecke befand sich noch eine Magensonde. Laufen konnte er immer noch nicht und der Kinderwagen wurde durch einen Rollstuhl eingetauscht. Erst mit vier Jahren lernte er extrem beschwerlich laufen. Mit sieben wurde er in eine Behindertenschule eingeschult. Mit acht Jahren musste er sich einer großen Herzoperation unterziehen, die in einer Spezialklinik in München durchgeführt werden musste. Erna wich nicht von seiner Seite. Sie führten lange Gespräche. Ihr Sohn war erstaunlich redegewandt und obwohl er eine schwere Herzoperation hinter sich hatte, sprach er mehr über das Leid der anderen Kinder, als über sein eigenes Befinden. Diese selbstlose Art bewahrte er sich, sein Leben lang. Als er 19 Jahre alt war, lernte er seine einzige große Liebe kennen. Sie nahm ihn so, wie er war und störte sich nicht an seinen Herzrhythmusstörungen.

Das junge Glück bezog eine eigene Wohnung und sie genossen ein paar einigermaßen unbeschwerte Jahre. Eines Abends klagte ihr Sohn über starke Rhythmusstörungen und heftiges Herzrasen. Sein Zustand verschlechterte sich rasant und er wurde ins Krankenhaus eingeliefert. Die Ruhe tat ihm zwar gut, aber eine Herzuntersuchung musste abgebrochen werden, weil er ein abnormes Gefäßsystem hatte. Die Schmerzen bei der Untersuchung waren einfach zu groß. Er bekam neue Medikamente und es wurde eine andere Form der Untersuchung durchgeführt. Die Ergebnisse brachten die bittere, niederschmetternde und unwirkliche Wahrheit zum Vorschein: HERZTRANSPLANTATION! Ihr Sohn brauchte ein neues Herz. Er hatte noch etwa zwei Jahre Zeit, ein Spenderherz zu finden. Aber es fand sich kein Spender. An einem sonnigen Tag traf sich Erna mit ihrem Sohn in der Stadt. Sie saßen in einem Café und genossen die Zweisamkeit, als ihr Sohn ihr gestand, dass sein Herz so oft und so wild schlagen würde, dass er meinte, die Pumpe fliege ihm um die Ohren. Er sprach davon, dass er Angst hatte; eine Angst, die er einfach nicht mehr in den Griff bekam. Die Angst verfolgte ihn Tag und Nacht; an Abschalten war nicht mehr zu denken. Er hatte Angst vor der Zukunft: davor, wie er die Operation überstehen würde und davor, ob er überhaupt ein Spenderherz bekommen würde. Was sollte, verdammt nochmal, danach kommen? Erna sah in die großen angstvollen Augen ihres Sohnes und konnte nichts tun, als ihn zu trösten und in den Arm zu nehmen. Sie wusste, dass das nicht ausreichend war. Dicke Tränen liefen über sein Gesicht.

»Ich bin erst 27 Jahre alt. Ich will leben, verstehst du das Mama, ich will leben!«, schluchzte ihr Sohn.

»Mama, wenn irgendetwas schiefgehen sollte, pass auf, dass sie nicht einfach die Maschinen abstellen. Ich will kämpfen! Ich will leben!«

»Ich bin bei dir. Ich passe auf dich auf«, hatte sie unter Tränen geantwortet. Erst der einsetzende Regen löste die beiden aus ihrer Umarmung. Sie verabschiedeten sich. Es sollte ein Abschied für immer werden. Um sechs Uhr in der Früh klingelte das Telefon. Mit zitternder Hand nahm sie den Hörer ab. Bis heute weiß sie nicht, was die Stimme gesagt hatte, sie hatte nur den Namen ihres Sohnes, Intensivstation, Herzversagen, Reanimation und Koma gehört. Völlig verstört raste sie ins Krankenhaus. Sie war unfähig einen zusammenhängenden Satz hervorzubringen. Ihre Gedanken überschlugen sich und waren wesentlich schneller als ihr Mund. Es dauerte ewig, bis sie wusste, wo ihr Sohn war. Dann sah sie ihren geliebten Sohn. Ein schrecklicher Anblick. Sein Brustkorb war feuerrot, sein Gesicht madenweißgrau. Er lag verkrampft und leicht aufgerichtet im Bett. Er wurde über einen Tubus durch den Mund beatmet und sein Körper bebte, wie bei einem Erdbeben. Der Raum war mit Maschinen, Monitoren und Infusionsständern vollgestopft. An den Armen und am Hals waren Schläuche gelegt. Sie schlug die Hände vors Gesicht. Der Arzt erschien und legte seinen Arm um ihre Schultern. Er sagte kein Wort. Sie standen eine gefühlte Ewigkeit schweigend zusammen. Sein mitfühlender Blick sagte mehr, als tausend Worte. Diese Situation war bizarr, unerträglich und so unfassbar unwirklich. Erna stand dort, wie gelähmt. Dann fragte der Arzt, ob sie stark genug für ein Gespräch sei? Was sie dann hörte, riss ihr den Boden unter den Füssen weg. Ihr Sohn hatte komplettes Herzversagen. Sie konnten ihn zurückholen, aber die Reanimationsphase sei sehr langwierig und extrem schwierig gewesen. Es hätte über anderthalb Stunden gedauert, bis sie ihn auf die Intensivstation bringen konnten. Immer wieder versagte sein Herz auf dem Transportweg, selbst im Aufzug. Er hatte schwerste Herzrhythmusstörungen erlitten, die zu Kammerflimmern führten. Die Nieren versagten, das Gehirn bekam kein Blut mehr und auch das Herz wurde nicht mehr ausreichend mit Sauerstoff versorgt. Der Sauerstoffmangel war sehr ausgeprägt; die nächsten Stunden sollten entscheidend werden. Erna löste die Hände von ihrem Gesicht und schaute auf ihren Sohn. Sein Körper war so unglaublich hektisch. Sein Körper bebte und vibrierte. Alles lief auf Hochtouren. Erna saß an seinem Bett, streichelte seine Hand und sprach ihm Mut zu, aber sein Zustand verschlechterte sich zunehmend. Er bekam eine Lungenentzündung und hohes Fieber. Aber er war stark und kämpfte und die Ärzte taten alles, um seinen Kampf zu unterstützen. Die Dialyse übernahm die Funktion der geschädigten Nieren. Die Leber arbeitete nur noch eingeschränkt und zu allem Übel, bekam er auch noch eine schwere Virusinfektion. Die Ärzte setzten alles ein, um die Situation in den Griff zu bekommen. Es war der 06. April 1997, als das Herz von Ernas Sohn endgültig aufhörte zu schlagen. Diagnose: Multiorganversagen. Die Ärzte konnten nichts mehr für ihn tun. Sie konnten seinen Kreislauf noch soweit stabilisieren, dass Erna sich von ihm verabschieden konnte. Er lag in einem künstlichen Koma, aus dem er nicht mehr erwachen sollte. Erna verabschiedete sich schmerzerfüllt und gequält. Eine Schwester betrat den Raum und sagte:

»Wir werden Ihren Sohn jetzt waschen, rasieren und ihm frische Sachen anziehen. Sie sind seine Mutter möchten Sie uns dabei zur Hand gehen?«

›Waschen! Rasieren! Zum Sterben? In welchem Albtraum bin ich hier eigentlich?‹, dachte Erna, aber dann stand sie auf und sagte:

»Ja gerne, wenn ich darf.« 30 Minuten später war ihr Sohn tot. Erna verließ das Krankenhaus. Sie wusste, dass ihr Leben nie mehr normal verlaufen würde. Doch statt in Trauer zu ertrinken, empfand sie ein geradezu überwältigendes Beschützerbedürfnis. Sie hatte beschlossen, sich nicht unterkriegen zu lassen und setzte sich fortan für die Verbreitung von Organspendeausweisen ein. Erna hatte seit der Geburt ihres Sohnes einen Organspendeausweis. Sie hatte es nie bereut. Den Ausweis brauchte sie unbedingt. Die Gründe für eine Organspende waren für sie so einleuchtend, so human, so überwältigend positiv, dass sie glauben musste, es gäbe keinen Grund, einer Organspende nicht zuzustimmen. Sie konnte nicht nachvollziehen, dass es Menschen gab, die kein Organspender sein wollten. Schließlich wären sie ja tot, bekämen nichts mehr mit, und der Körper würde nach dem Tod entweder langsam in der Erde vermodern oder verbrannt werden. Sie fand einfach kein Argument, Organe nicht zu spenden und damit das Leben anderer zu retten oder deren Lebensqualität zu verbessern. Sie war überzeugt, ein Spenderherz hätte das Leben ihres Sohnes gerettet. Sie sprach sich sogar für eine Widerspruchsregelung aus, wie sie in Österreich und Spanien galt. Auf ihrem Feldzug für die Organspende, trug sie ihren Sohn im Herzen. Wenn ihre Seele nur noch Tränen schickte, zog sie sich in sein Kinderzimmer zurück bis die Tränen wieder versiegt waren. Dann stürzte sie sich wieder in ihre Beschützerrolle und in die Werbung für Organspenden. Sie fand heraus, dass die Menschen eher von der Organspende überzeugt werden konnten, wenn sie ausreichend mit Informationen versorgt wurden. Diese Nichtspender anzugiften, brachte dagegen wenig, aber jedes Mal, wenn sie einem Menschen gegenüberstand, der die Organspende ablehnte, empfand sie großen seelischen Schmerz. Sie hatte sich intensiv mit der Frage beschäftigt, wann ein Mensch wirklich tot war. Sie musste lernen, dass sich der Herztod und die transplantations-medizinische Definition von „tot" fundamental unterschieden. Wenn ein Mensch nicht mehr atmete und sein Herz nicht mehr schlug war das nicht der Tod, den die Mediziner benötigten, denn aus einem wirklich toten Körper, kann man keine transplantationsfähigen Organe mehr gewinnen. Organspendende Menschen werden beatmet und mit noch schlagendem Herzen am Operationstisch fixiert, mit Medikamenten ruhiggestellt und gegebenenfalls mit Narkosemitteln versorgt. Während der Organentnahme schlägt das Herz und der Körper ist an eine Beatmungsmaschine angeschlossen. Sie empfand den Gedanken als angenehmer, dass sich die Hinterbliebenen am Bett eines Menschen verabschieden können, der rosig und warm war, dessen Herz schlug und der atmete. Das wäre wesentlich angenehmer als der grausame Tod ihres Sohnes. Bestenfalls sollte niemand sterben, aber das wäre ja eine Utopie. Bei dem Gedanken an eine flächendeckende Verbreitung von organspendebereiten Menschen war ihr wohler. Wenn sie nur genügend Überzeugungsarbeit leisten könnte, wäre das sinnlose Sterben aufgrund von fehlenden Organen vorbei. Bei ihrer Arbeit musste sie feststellen, dass manche Menschen vor ihr zusammenzuckten, als sei ihnen ein Geist erschienen und bezeichneten sie als die Stimme des Todes. Bei solchen Reaktionen sträubte sich alles in Erna. Es war ihr zuwider, dass einige Menschen so kaltherzig reagierten. Doch Widerspruch ihrerseits, hatte diese Menschen nur dazu bewegt, sie als starrsinnig zu bezeichnen. Also biss sie auf die Zähne und arbeitete, stets freundlich und zuvorkommend, die Vorzüge der Organspende heraus. Ihre Anmerkungen beendete sie stets mit der Frage, ob diese Menschen, im Ernstfall, auch für sich selbst die Organspende ablehnen würden.

Die Yogaübungen halfen ihr, den Stress von ihrer Seele und ihrem Körper zumindest kurzfristig fernzuhalten. Seither rollte Erna jeden Morgen ihre Yogamatte aus und nahm sich, mit einem sanften Lächeln auf den Lippen, 40 Minuten Zeit für ihre Yoga-Routine. Erna war überzeugt, dass sie durch die Bewegung ihren Stoffwechsel ankurbelte, die Sauerstoffversorgung Fahrt aufnahm und der Körper ganz allmählich beweglicher wurde. Sie grüßte die Sonne und spürte die Lebendigkeit bei den Rückenübungen. Sie dehnte ihre Beinrückenseiten und vollzog den herabschauenden Hund. Sie regte mit dem Krokodil und dem klassischen Drehsitz ihre Verdauungsorgane an und mobilisierte ihre Wirbel. Dann ging sie zu den Atemübungen über. Nach 40 Minuten war der Wachmacher-Effekt deutlich spürbar. Dann zog sie sich ein schönes Kleid an.

Sie hatte Hans Dampfs Fährte schon vor einem Jahr aufgenommen und er hatte auch bereitwillig angebissen. Es war für sie nicht leicht gewesen, die Polizeiwache zu betreten, so zu tun, als hätte sie Hans nicht erkannt und den anderen Polizisten wegen ihrer Geldbörse anzulügen. Aber Hans war der, nach dem sie schon so lange gesucht hatte.

Kapitel 21

Endlich leben

Sie, de Ungeliebte, lag in ihrem Bett und wartete ... Sie wartete auf den Tod des Vaters. Aber der Tod ließ auf sich warten. Statt seiner, kam ein Wutanfall. Aber nun endlich, nach fünf langen Stunden des Wartens, war ihr Vater endlich hinüber. Der Tod kam in Gestalt eines Erstickungsprozesses. In der ersten Oktoberwoche im Jahr 1965 – sie war gerade 17 Jahre alt geworden – wurde Wilhelm Müller beerdigt. Am Grab standen seine Frau (der Vater hatte sie Zeit seines Lebens verachtungsvoll Schmarotzer genannt), seine Söhne (die Bandwürmer) und sie (die Zecke). Abgesehen davon, waren die dubiosen Freunde seines Briefumschlagbordells erschienen. Pfarrer Meier hielt die verlogene Predigt. Wie aufgereiht standen dort Herr Schmidt, Herr Schneider, Herr Fischer, Herr Weber, Herr Meyer, Herr Wagner, Herr Becker, Herr Schulz, Herr Hoffmann, Herr Schäfer, Herr Koch, Herr Bauer, Herr Richter, Herr Wolf, Herr Schröder und Herr Neumann. Sie kannte sie alle nur zu gut. Sie war die Einzige, die die wahren Charaktereigenschaften dieser Heuchler kannte und zutiefst verachtete. Nachdem das Grab verschlossen, jeder erlogene gutmütige Nachruf auf den Vater verstummt und der gesamte Streuselkuchen von den scheinheiligen Bürgern der Stadt vertilgt worden war, zog sie sich auf ihre Matratze zurück.

Diesmal erschien ihr die kleine Matratze, wie ein Himmelbett im Paradies. Was Glück wirklich bedeutete, erkannte sie erst jetzt. Ihre bisherigen Glücksmomente in der freien Natur, entpuppten sich als Zustände dumpfer Zufriedenheit. An diesem Tag aber zitterte sie vor Glück. Bisher hatte sie nur existiert; das Leben irgendwie überstanden. Aber mit dem heutigen Tag wusste sie genau, was sie zu tun hatte. Sie würde diese Heimatattrappe verlassen; für immer. Nie mehr würde sie an diesen Ort, in dieses Dorf, weder in dieses Haus noch zur ihrem Mutterverschnitt zurückkehren. Sie hatte ihren Vater besiegt. Sie hatte die Familie von diesem Tyrannen befreit. Sie hatte ihn getötet und nun war sie frei und würde ihr Leben ausschließlich selbst gestalten und sich nie mehr unterwerfen. Dass am Anfang ihrer Herrlichkeit ein Mord stand, war für sie überhaupt kein Problem. An das, was er gesagt hatte und wie er sich gewunden hatte, konnte sie sich sehr genau erinnern. Jedes Wort und jede Geste würde ein Seelenpflaster für sie sein. Sie hatte das Beste von ihm aufbewahrt und sich zu eigen gemacht. Und das Beste an diesem Menschen war sein Tod. Sein Tod war ihre Ruhe.

Plötzlich und unerwartet kam die Mutter zu ihr ins Zimmer. Sie setzte sich an den Schreibtisch des Vaters und legte, gut sichtbar, einen Zweig mit Tollkirschen darauf. Sie legte ihre Hand sorgfältig auf den Zweig und strich mit den Fingern über die Früchte. Dabei sah sie ihre Tochter an und sagte:

»Ich bin dir keine besonders gute Mutter gewesen.« Sie, die Ungeliebte, nickte zustimmend.

»Aber ich bin gewillt, dich freizusprechen.« Die Mutter legte eine Pause ein und schaute ihre Tochter eindringlich an, dann sprach sie weiter:

»Ich lasse dich unter drei Bedingungen gehen. Erstens darfst du deine Erlebnisse niemals einem Dritten erzählen und zweitens musst du deinen Heimatort verlassen und darfst auch nicht wieder zurückkehren. Die dritte Bedingung ist, dass du auch über die beiden ersten Bedingungen absolutes Stillschweigen bewahrst.« Sie willigte allen Bedingungen ein. Ihr war es auch egal, unter welchen Bedingungen sie ihre Heimatattrappe verlassen konnte, Hauptsache sie konnte hier weg. Sie hatte endlich die Gelegenheit, unauffällig zu leben, zu reisen und sich eine eigene Existenz aufzubauen. Und was waren das schon für Bedingungen? Sie hatte ohnehin nicht vor, diesen Ort jemals wieder zu betreten. Sie hatte auch niemals vor, über das ekelhaft Erlebte zu sprechen. Niemand sollte je erfahren, was mit ihr geschehen war. Viel zu groß war die Scham und zu schmerzhaft waren die Erinnerungen. Ihre grausamen Erlebnisse vergrub sie ganz tief in ihrer Seele und ließ sie dort vergammeln. Noch ahnte sie nicht, dass diese Erinnerungen sie ein Leben lang begleiten und immer wieder einholen würden. Jetzt aber wollte sie nur noch frei und ungebunden sein. Sie wollte sich endlich entfalten und ihre Seele öffnen. Ihr Innenleben war viel wunderbarer als alles, was ihr bisher von der Welt geboten wurde. Aus diesem Grund waren die Bedingungen, die die Mutter ihr auferlegte, für sie keine Einschränkungen. Sie bedeuteten Freiheit. Mit Anerkennung der gestellten Bedingungen, durchbrach die Mutter den Tollkirschenzweig und warf ihn aus dem Fenster. Sie packte unverzüglich ihre Tasche und nahm sich Verpflegung und etwas Bargeld mit. Die Mutter wünschte ihr viel Glück und ermahnte sie nochmals eindringlich die Abmachung nicht zu vergessen.

All die Jahre hatte Familie Müller unter einem Dach gelebt.

Der Vater hatte die Tochter ausgeplündert. Der Mutter war zwar nie wohl dabei gewesen, aber sie fühlte sich höchstens wie eine unbescholtene Bürgerin, die zum ersten Mal etwas Verbotenes tat. Ein Spiel mit unerlaubten Mitteln. Das Risiko, dass sie auffliegen würden, war gering und die Einnahmen waren groß; aber die Beklommenheit und das schlechte Gewissen wuchsen von Tag zu Tag. Tatsächlich wurde die Mutter immer von ihrem schlechten Gewissen verfolgt. Sie sorgte sich, eines Tages für ihr Wegsehen bezahlen zu müssen. Unermüdlich und ängstlich betete die Mutter in der Kirche, dass alles gut gehen möge. Und ihre Gebete wurden erhört. Nun war ihr tyrannischer, diktatorischer und herrschsüchtiger Ehemann tot. Umgebracht von ihrer ungewollten Tochter. Das war zwar nicht rechtens, aber der liebe Gott würde schon ein Auge zudrücken. Der liebe Gott hatte sie und ihren Ehemann im Lauf ihres Lebens, ohne ersichtlichen Grund, oft genug bestraft. Also wäre es nur gerecht, wenn er sich diesmal versöhnlich verhielte. Ihr Ehemann hatte sich schließlich nur ein paar Jahre schlecht verhalten und das auch nur, weil ihm der Krieg so übel mitgespielt hatte. Bevor er in den Krieg ziehen musste, war er ein liebevoller und einfühlsamer Mann gewesen. Womöglich hatte der liebe Gott selbst die ungewollte Tochter in diesen Haushalt geschickt, quasi als Entschädigung für die grausame Zeit im Krieg und die Erniedrigungen der Vergewaltigung. Was hatte sie denn schon gemacht? Ihr Mann hatte sich versündigt, aber sie doch nicht. Andere betrügen ein Leben lang. Sie hatte nichts Böses gemacht. Sie hätte ihren diktatorischen Ehemann von seinem Vorhaben auch gar nicht abbringen können. Aber jetzt, endlich, war es vorbei. Er war tot und die ungeliebte Tochter ging fort und wür-

de nie wiederkehren. Der Frieden würde in dieses Haus einziehen. Die Mutter legte die Hand auf ihr Herz und atmete tief durch. Mit diesen Gedanken brachte sie ihre Tochter zur Tür. In den Arm nahm sie ihre Tochter nicht. Sie gab ihr auch nicht die Hand. Die Mutter hatte es überhaupt immer vermieden, ihre Tochter zu berühren. Eine Mutter-Kind-Beziehung konnte sie niemals aufbauen. Zu groß waren Ekel und Scham über die Vergewaltigung im kalten Winter '47, als dieses unglückliche Menschenkind entstanden war. Die Mutter sagte nur kurz:

»Machs gut« und schloss, sichtlich erlöst, die Tür. Sie nickte kurz und ging hoch erhobenen Hauptes davon.

Zufrieden und befreit ging sie die Straße entlang. Dort, wo die Straße eine Biegung machte, bog sie links auf den Friedhof ein. Die Abendsonne fiel über die Baumkronen des gegenüberliegenden Waldes gelb und warm auf ihr Gesicht. Der Friedhof war menschenleer. Sie hatte die erdrückende Enge ihrer Heimatattrappe hinter sich gelassen und schritt ohne Eile über die Wege des Friedhofs, bis sie vor dem, mit Blumenkränzen überfrachteten, Grab ihres Vaters stand. Angewidert spuckte sie auf das Blumenmeer. Dann zog sie einen Blumenkranz nach dem anderen beiseite und zertrat die Blumen. Wie im Rausch wühlte sie sich durch die Kränze und Gebinde. Die Anstrengung und ihre Gedanken an die Vergangenheit ließen ihren Magen rebellieren und sie erbrach sich auf dem Grab. Endlich war sie vom Haken. Sie hatte sich aus dem Netz der Knechtschaft befreit und konnte atmen. Dann fing sie an zu träumen ... und verließ den Friedhof.

Mit jedem Schritt, den sie sich weiter entfernte, wurden ihre Sinne klarer, reiner und sauberer. Mit jedem Schritt dünn-

te sie ihre üblen Gedanken aus. Sie genoss die sandigen Wege, sie erfreute sich an den Wiesen, an den Pflanzen und am Wasser des Flusses. Sie schritt langsam. Hin und wieder blieb sie stehen und atmete den Duft der Natur ein und lauschte dem friedlichen Zwitschern der Vögel. Jeder Schritt war eine Befreiung, eine Wohltat und - ganz wichtig - jeden Schritt plante sie nun selbst. Sie bestimmte, wann sie ging und wann sie ruhte. Sie bestimmte, wohin sie ging und mit wem sie sprechen würde. Sie war die Herrin ihrer Intimsphäre. Dieses erhabene Gefühl schmeichelte ihrer Seele. Zum ersten Mal in ihrem Leben musste sie darauf gefasst sein, etwas Neues, Unerwartetes zu entdecken. Womöglich war das Neue auch mit friedlichen und angenehmen Begegnungen verbunden. Ab jetzt und für ihr gesamtes weiteres Leben war ihr jedoch eine instinktive Reserviertheit zu eigen. Auch wenn sie keinen Anlass dazu hatte, blieb sie wachsam gegen alles, was von außen auf sie zukam.

Die Entfernung von ihrem Heimatort befriedigte sie zutiefst. Die dort lebenden Menschen, in ihren biederen Häusern mit den immer gleichen Vorgärten, den weißen Gartenzäunen und den Geranien auf den Fensterbänken waren ihr immer schon suspekt gewesen. Auf den Straßen dieses Ortes wimmelte es von Männern, die sich regelmäßig an ihr vergangen hatten und jeden Sonntag ihre Sünden in der Kirche wegbeteten. Es gab keine Straße in diesem Ort, in der nicht mindestens ein Kinderschänder lebte. Sie hasste jeden Winkel, jeden Stein, jeden Fleck und jeden Mann aus diesem Ort. Dieser geballte Männermorast hatte sie so lange gequält ... und jetzt begann sie, sich diesem Morast zu entziehen. Ohne diesen Sumpf ließ es sich vortrefflich leben. Nach einem langen Fußmarsch traf sie auf eine Ortschaft. Anders als ursprünglich beabsichtigt, mied sie diesen Ort. Sie wollte ihre frischgewonnene, männerlose Eigenständigkeit nicht aufs Spiel setzen und betrat den Ort nur, um sich mit Lebensmitteln einzudecken. Dann verließ sie die Gegend landeinwärts. Sie durchquerte Felder und Wiesen und war berauscht von dem immer menschenleerer werdenden Raum. So kam es, dass sie auch am späten Abend noch immer kein Quartier gefunden hatte. Sie hielt Ausschau nach irgendeiner verlassenen Hütte, aber die Dämmerung gab keine Farben preis und zeichnete nur mühselig ein paar Umrisse. Als die Nacht das letzte Grau verschlungen hatte, verkroch sie sich ins Dickicht und schlief unter Büschen, zusammengerollt wie ein Rehkitz, ein. Bei Sonnenaufgang erwachte sie und setzte ihre Reise fort. Sie genoss die prächtigen Farben der Landschaft und streckte ihr Gesicht der warmen Sonne entgegen. So zog es sie, immer der Sonne entgegen, weiter. Je weiter sie sich von Städten und Ortschaften entfernte, desto empfindlicher wurde sie, wenn ihr zufällig ein Wanderer begegnete. Sie flüchtete weiter, bis sie einen Ort vollkommener Einsamkeit fand. Dort stand eine verlassene Hütte wie ein Massiv aus bleigrauen Brettern. Sie war von hohen Büschen umgeben und mit Moos übersät. Selbst am helllichten Tag hielt sich an dieser Stelle keine Menschenseele auf. Sie befreite den Eingang von den Büschen und richtete sich in dieser Hütte provisorisch ein. Als der nächsten Morgen graute, wusste sie noch nicht, wie sie ihr zukünftiges Leben gestalten sollte. Bei Sonnenaufgang stand sie auf und setzte sich vor die Hütte. Sie lauschte dem Rauschen der Blätter. Ringsherum war nichts und niemand. Ihr Misstrauen wehrte sich noch eine Weile zu glauben, dass sie tatsächlich ihre eigene Herrin war. Auf dieses Glück hatte sie hingearbeitet. Mit der aufsteigenden Sonne suchte sie den Horizont nach der Gegenwart von Menschen ab. Sie legte die Hände wie eine Muschel hinter die Ohren und lauschte. An diesem Ort war nichts, keine Motoren, keine Stimmen, kein Gebell eines Hundes und auch kein Schrei eines Kindes. Das Misstrauen wich einer stetig wachsenden Euphorie. Sie war tatsächlich allein. Mit dieser Erkenntnis brach ein unbändiger Jubel in ihr aus. Wie ein Beduine, der durstig durch die Wüste irrte und die erste Oase fand, begrüße sie nun ihre Hütte. Sie schrie vor Glück. Freudig warf sie die Arme in die Höhe und tanzte ausgelassen über den weichen Waldboden. Dann schrie sie ihren Namen in alle Richtungen. Sie hatte einen Namen und schrie ihn hinaus.

Kapitel 22

Sonntag, der 24.09.2017

Vergnügt sprang Hans-Günter aus dem Bett. Fröhlich pfeifend sprang er unter die Dusche, zog sich an und hüpfte wie ein kleines Kind die Treppen hinunter zum Speisesaal. In der Küche herrschte schon geschäftiges Treiben und das Personal huschte aufgeregt durch die Flure. Hans-Günter setzte sich souverän, wie ein Marschall in den Frühstücksraum und trank einen Milchkaffee. Nebenher schrieb er seinem Freund Dieter Stump eine Nachricht. Damit hatte er die wichtigste Korrespondenz erledigt und alles Notwendige für seinen Plan vorbereitet. Er steckte zwei kleine Karten ein und schnallte seinen Geldgürtel um. Dann ging er auf direktem Wege über die Festmeile bis zur Kaiserstraße 5, wo er sich mit den Skatbrüdern an Fienchen's Bierstand traf. Nach und nach trafen Leonard, Dieter und Harald ein. Sie hatten bereits drei Bierrunden in ausgelassener Stimmung getrunken, als Leonard die Mädels in der Menge entdeckte. Cathrin schritt voran, ihr folgten Loretta, Paula und Evelin. Dann kam, fast unbeachtet, Erna. Neben Erna ging, ganz leichtfüßig, Hans Dampf.

Viele Kinder liefen umher, ihre glockenklaren Stimmen

schallten über die Kaiserstraße. Freudig begrüßten sich die Gesellschaften und wie von Geisterhand fanden sich Paarkonstellationen: Leonard und Paula, Hans-Günter und Cathrin, Loretta und Harald, Dieter und Evelin sowie Hans Dampf und Erna. Leonard holte die nächste Runde Bier. Nur Dampf bekam ein Wasser, er hatte Dienst. Dieter und Evelin wollten das Bier eigentlich ablehnen, aber sie hatten keine Chance.

»Reißt euch zusammen! Morgen könnte ihr wieder Matetee trinken aber heute wird gefeiert und über die Stränge geschlagen«, befahl Hans-Günter ausgelassen.

»Was ist denn auf einmal hier in Haan los?« fragte Erna unverblümt und direkt. »Es ist Kirmes! Wir haben Ausnahmezustand«, antwortete Dampf.

»Das meine ich nicht. Ich meine den seltsamen Polizeieinsatz im Hotel. Was ist denn da passiert?« Dampf hatte dem aktiven Arbeitsleben schon vor einem Jahr gedanklich den Rücken gekehrt, um sich der Planung seines Ruhestandes zu widmen. Als er nun hörte, dass seine Herzdame Interesse an diesen Dingen zeigte, die er bereits erfolgreich auf Beil abgeschoben und innerlich verdrängt hatte, war er zutiefst beschämt. Also kramte er in seinem Gedächtnis, um Erna zu imponieren. Dabei tat er das, was er in seinem gesamten Leben vermieden hatte: Er sprach außerhalb der Wache über dienstliche Belange.

»Ach, das im Hotel war gar nix. Es ist nur ein älterer Herr an einem Herzinfarkt gestorben.«

»Wie ... an einem Herzinfarkt?«

»Zack bum, ist er umgekippt. Er war schon betagt. Für

ihn war es ein angenehmer Tod.«

»Wann ist ein Tod denn angenehm?«, fragte Erna entsetzt.

»Der gute Mann hatte die 80 schon überschritten. Er war aktiv bis zum Schluss. Dann ist er mitten im Leben umgekippt und gleich tot. Perfekt! Wir müssen alle sterben und wenn ich mir meinen Tod aussuchen dürfte, dann so einen.«

»Aber warum kommt dann die Polizei?«

»Das war Routine?«

»Verhört ihr immer alle Gäste eines Hotels, weil ein älterer Herr einen Herzinfarkt bekommen hat?«

»Normalerweise nicht.« Dann stockte er. Ihm gefiel der Verlauf des Gespräches nicht. Unter keinen Umständen, wollte er weitere Informationen preisgeben. Damit lenkte er das Gespräch weg von der entwürdigten Leiche.

»Der Vorfall hat uns überhaupt nicht in den Kram gepasst. Da hat das Hotel etwas voreilig reagiert und uns gerufen. Die Obduktion hat aber Fremdeinwirkungen ausgeschlossen. Wir haben viel Wichtigeres zu tun.«

»Ach was! Erzähl!« Dampf baute sich großspurig vor ihr auf und erklärte, dass die Polizei während der Kirmestage alle Hände voll zu tun hatte. Er und Beil machten sich jeden Tag auf den Weg, um auf dem Volksfest nach dem Rechten zu sehen. Schon morgens strömten die Menschen in Massen auf die Haaner Kirmes. Auch heute werden wir wieder in Schichten arbeiten - immer mit offenen Augen für kritische Situationen und in Bereitschaft für kurzfristige Einsätze. Auf der Haaner Kirmes gab es keinerlei erkennbare Spur von Randalierern.

»Am Donnerstag hatten wir noch in den Abendstunden eine Großübung zwischen den Karussells«, erzählte Dampf ganz wichtig. Erna wurde hellhörig.

»Wirklich? Erzähl! Was war hier los?«, fragte sie interessiert.

»Das stand sogar in der Zeitung, mit einem Foto, wo eine junge Patientin von einer Fahrzeugbesatzung übernommen wurde. Hier, mitten auf der Kirmes, auf dem Neuen Markt hatte das Deutsche Rote Kreuz, die Malteser und die Feuerwehr ein Großaufgebot an Einsatzkräften, um ein, extra für die Kirmes entwickeltes, Einsatzkonzept zu üben. Das war schon sehr beeindruckend. Überall lagen Schauspieler herum, die Verletzte darstellten«, wusste Dampf zu berichten.

»Das klingt ja sagenhaft interessant«, strahlte Erna.

»Ja, und für mich ist es besonders beruhigend zu wissen, dass tatsächlich Fachleute am Werk sind, wenn mal was passieren sollte. Es ist so angenehm, dich wiederzusehen«, sprach er unverblümt, aus seinen Erzählungen heraus.

»So geht es mir auch. Es ist fast so wie früher, als wir noch in der Schule waren. Ich kann gar nicht glauben, dass bereits mehr als 50 Jahre vergangen sind. Wo ist nur die Zeit geblieben?«

»Stimmt, wo ist nur die Zeit geblieben?«, wiederholte Hans.

»Du, heute muss ich noch arbeiten, aber lauf nicht wieder weg! Heute Abend habe ich frei.«

»Okay, melde dich, wenn du Feierabend hast«, sagte sie

zwinkernd. Dampfs Herz machte Sprünge. Beschwingt und zufrieden verließ er die Gesellschaft und schritt hoch erhobenen Hauptes über die Kirmes.

»Ich hätte da eine Überraschung für dich«, sagte Hans-Günter ganz andächtig zu seiner Cathrin. Bei diesem Satz stieg Panik in Cathrin auf.

»Oh je, ich kann mit Überraschungen ganz schlecht umgehen.«

»Vertrau mir, du wirst begeistert sein.« Mit diesem Satz wurde der Druck in ihrer Brust extrem hoch. Cathrin verkrampfte augenblicklich. Sie wich einen Schritt von Hans-Günter zurück und sah sich hilfesuchend um. Paula erkannte die Notsituation und kam ihr zu Hilfe.

»Überraschungen sind sehr interessant«, begann Paula.

»Aber nicht jeder freut sich über den unerwarteten Besuch der Schwiegermutter«, erklärte sie. Hans-Günter sah sie fragend an und verstand noch nicht, worauf sie hinaus wollte. Dann fuhr Paula fort:

»Cathrin bereitet sich gerne auf zu erwartende Reize vor. Wenn du etwas Gutes mit ihr unternehmen möchtest, musst du schon konkreter werden«, erklärte Paula großzügig und als sie bemerkte, dass Hans-Günter völlig auf dem Schlauch stand, ergänzte sie:

»Sonst bleibt Cathrin bei mir!« Diesen Satz hatte sogar Hans-Günter verstanden. Dann legte er seinen rechten Arm um Cathrins Schultern und zog sie sachte zu sich.

»Pass auf Schätzchen, wir lösen das Rätsel gemeinsam«, begann er und hauchte ihr einen leichten Kuss auf die Stirn, bevor er fortfuhr.

»Für meine Überraschung interessieren sich Menschen rund um den Globus«, begann er und lies seine rechte Hand am ausgestreckten Arm im Halbkreis vor ihrem Gesicht hin und her wandern.

»Seit gut hundert Jahren haben sie es auch tatsächlich geschafft, den Raum, in dem meine Überraschung stattfindet, zu erobern. Heutzutage kann man aus einer Vielzahl von Möglichkeiten wählen, denn dieser Raum wird schon längst mit gängigen Verkehrsmitteln bereist. Aber ich kenne eine ganz besondere Art, die die Menschheit bis heute begeistert.« Hans-Günter strahlte vor Glück. Cathrin lag an Hans-Günter angelehnt. Sie genoss seinen Arm, der auf ihren Schultern ruhte. Während der beruhigenden Worte ließ sie sich tiefer in seinen Arm sinken und fragte:

»Welche Art meinst du?«

»Es sind Verkehrsmittel, die sich dann und wann morgens oder in den späten Nachmittagsstunden in unser Blickfeld schieben.« Cathrin schaute Hans-Günter bewundernd an, kniff die Augen zu schmalen Schlitzen zusammen und überlegte angestrengt.

»Es sind bunte Kugeln, die wie aufgehängt einen schönen Platz am Himmel einnehmen«, fügte Hans-Günter geheimnisvoll hinzu.

»Passagiere winken stets fröhlich und zufrieden beglückt. Es ist etwas ganz Besonderes«, ergänzte Hans-Günter.

»OH, handelt es sich bei deiner Überraschung um eine Fahrt auf den Pfaden des Windes?« fragte Cathrin und glaubte zu wissen welche Überraschung Hans-Günter meinte.

»Meine Überraschung ist die ursprünglichste Art der Luftfahrt. Sie ist bis heute mit den Urvätern der Luftfahrt verbunden und ich möchte dir einen Logenplatz am Himmel schenken«, strahlte Hans-Günter sie an. Hans-Günter war in seinem Element. Er erzählte mit Händen und Füßen und begann, in seinem Geschichtswissen zu kramen.

»Es war einmal ... ein Mann, der hieß Leonardo da Vinci. Er ließ im Jahr 1613, zur Ehrung der Krönung von Papst Leo X so eine Überraschung starten. Damals stiegen Heiligenfiguren aus Leinwand auf«, erzählte Hans-Günter geheimnisvoll und ließ erneut seine offene Hand mit ausgestrecktem Arm über Cathrins Kopf wandern.

»Seither war die Menschheit fasziniert und bestrebt, selbst den Himmel in so einer herrlichen Überraschung zu erobern. Im Jahr 1731 erhob sich so eine Überraschung aus Ochsenhäuten über das russische Ryazan. Leider endete diese Fahrt am Glockenturm der örtlichen Kirche.« Hans-Günter machte eine gebieterische Pause und trank sein Bier in einem Zug aus. Cathrin lauschte gebannt und konnte die Fortsetzung seines Vortrags gar nicht abwarten.

»Aber schon fünfzig Jahre später sah König Ludwig XVI mit seiner Marie-Antoniette und unglaublich vielen Zuschauern eine herrliche und erfolgreiche Überraschung am Himmel: Die Papierfabrikanten de Montgolfier waren Brüder und experimentierten schon sehr langen an dieser Überraschung herum. Testweise hatten sie einen Hammel, einen Hahn und eine Ente in den Himmel geschickt.

Es war ein Riesenerfolg. Die Brüder waren damals noch der Meinung, dass meine Überraschung noch durch den Rauch angetrieben wurde. In Wahrheit war es aber die heiße Luft, die meine Überraschung in die Lüfte hob. Die Brüder waren nicht mehr zu bremsen. Die nächste Fahrt unternahmen sie wieder in Versailles. Diesmal dauerte sie 25 Minuten.« Wieder nahm er einen kräftigen Schluck von seinem Bier und schaute Cathrin zufrieden an.

»Bis heute schauen die Menschen fasziniert, wenn meine Überraschung am Himmel auftaucht. Sie wirkt unglaublich erhaben und zieht die Blicke der Menschen magisch an. Ruhig und erhaben bewegt sie sich am Himmel und nicht nur Kinder träumen von meiner Überraschung«, erzählte Hans-Günter und tippte Cathrin mit dem Zeigefinger neckisch auf die Nasenspitze.

»Sie sind die Könige der Lüfte«, hauchte Hans-Günter Cathrin entgegen und streichelte ihr dann über den Kopf.

»Ist es ein zeitloses Vergnügen? Eines das die Faszination zwischen Mensch und Natur herstellt. Wo sich der Mensch als unschädlicher Beobachter aus der Vogelperspektive präsentieren kann?« fragte Cathrin strahlend.

»Ja, mein Kind. So kann man es nennen. Und ich habe einen Freund, der uns all das heute Nachmittag bieten kann. Willst du mit mir heute auf eine kleine spannende Reise gehen und große Motive erleben? Willst du dich heute von mir überraschen lassen?« fragte Hans-Günter.

»Ja, ich will ... mich heute Nachmittag von dir überraschen lassen«, sagte Cathrin lachend. Damit zog sich Paula mit einem Augenzwinkern beruhigt zurück.

Sie, die Ungeliebte, trank stehend, langsam ihr Bier und betrachtete Herrn Neumann ungehindert. Sie war zufrieden und stolz auf ihr Jagdergebnis. Als sie mit dem einen Bier fertig war, reichte ihr Herr Neumann sofort ein neues und zwinkerte ihr vielsagend zu. Die vergangenen Tage hatten ihr gut getan. Nun fühlte sie sich behaglich und glücklich. Sie nahm das gereichte Bier dankend entgegen und blickte blinzelnd in die Sonne. Die Kaiserstraße und das Fienchen's waren belebt. Das Wagengerassel der Fahrgeschäfte, Gespräche und das Klirren von Gläsern tönten zu ihr herüber. Zwischen allem aber war Herr Neumann zu vernehmen. Ein leichtes Lüftchen wehte seinen Körpergeruch zu ihr herüber. Dieser einzigartig widerliche Geruch hatte sie ihr ganzes Leben verfolgt, gelähmt und gequält. Aber heute konnte sie die ängstlichen Gefühle, die dieser Geruch immer in ihr ausgelöst hatte, im Zaum halten, denn ihre Zeit im Nirgendwo neigte sich dem Ende zu. Der Tag des Triumphs stand zum Greifen nah. Im Hotelzimmer verbarg sie in einem, mit Watte ausgepolsterten Kästchen dreiundvierzig winzige Flakons mit den, zu Tropfen gewordenen Giftstoffen ihrer Pflanzen. Das waren ihre kostbarsten Essenzen, die sie in den vergangen Jahren aus den giftigen Pflanzen gewonnen hatte. Bald, sehr bald schon, würde sie sich den Wichtigsten heimholen. Sie hatte schon seit Jahren in ihrem heimischen Garten alles für den letzten Fischzug vorbereitet. Das jetzige Terrain, in dem sie ihn gefunden und in dem er sich nun aufhielt, war aufs Genaueste sondiert. Sie wusste, dass ein plumper Mord dem Anlass nicht würdig wäre. Deshalb suchte sie nach der passenden Gelegenheit. Und er machte es ihr leicht. Er war bereits all ihren Reizen erlegen. Er umwarb sie, wie ein liebestoller Jüngling. Sie hatte die Fäden in der Hand und er war Wachs in ihren Händen. Später dann, würde sie endlich sein Leben ernten und zur Ruhe kommen. Sie spielte mit dem Gedanken, ihn hier an Ort und Stelle zu töten. Aber sie entschied sich, ihn in ihr Heim zu locken. Zu Hause tötete sie doch am allerliebsten. In ihrer gewohnten Umgebung konnte sie ihn perfekt verarbeiten. Die Kleider würde sie, wie gewöhnlich, entsorgen. Für die Endverarbeitung der Leiche und das Herrichten der Ruhestätte veranschlagte sie eine weitere Nacht. Wenn alles nach Plan lief, und sie zweifelte nicht eine Sekunde an ihrem Plan, dann war sie kurz nach der Kirmes im Besitz seines Lebens. Dann war sie endlich bereit, den letzten Weg anzutreten.

Leonard lauschte den Gesprächen. Er hörte, wie Hans-Günter seiner Cathrin das Blaue vom Himmel versprach, wie Dieter seiner Evelin seine Medikamentensammlung aufzählte und wie sogar der schüchterne Harald die schöne Loretta anhimmelte. Er sah wie Paula und Erna genüsslich ihr Bier tranken und sich angeregt unterhielten, ohne dass er besonders auf den Inhalt des Gesprächs achtete. Die Zeit verging wie im Flug. Und eine Art von Übermut erfüllte ihn. Was für eine tolle Frau Paula war, und wie herrlich sie lachen konnte. Mit süßem Schreck stieg in ihm schlagartig ein herrlicher Gedanke auf: ›Ich weiß noch nicht so recht, ob ich heute mit ihr tanzen gehen will?‹ Die Zweifel, die in ihm bei diesem Gedanken aufstiegen, unterdrückte er förmlich mit großer Muskelanstrengung und fügte innerlich mit einer glücklichen Entschlossenheit hinzu:

›Ich will mit ihr tanzen gehen‹, als sein Blick auf einen Mann am Nachbartisch fiel.

»Hermann?«, fragte Leonard unsicher.

»Und wenn ich der wäre?« ,entgegnete der Angesprochene.

›Warum machten die Menschen immer aus allem eine Schwierigkeit, als gäbe es davon nicht schon genug?‹, dachte Leonard und seufzte innerlich leicht auf. Ihm fehlte die Lust, sich mit den Launen anderer auseinanderzusetzen und so schob er eine Gedankenstütze nach.

»Es kann sein, dass ich mich irre, aber ich bin der Meinung, dass wir uns auf unserem letzten Skatturnier begegnet wären.« Der Mann hielt inne und sah Leonard prüfend an. Er war ein groß gewachsener, schlanker Mann im Spätherbst seines Lebens. Er trug ein blauweißes Hemd und eine beige Hose. Aus seinem Gesicht sprach Lebensfreude und noch etwas ... Leonard konnte es sofort deuten ... er empfand eine gewisse Überlegenheit, denn er hatte Leonard damals haushoch besiegt.

»Ach Leonard, schön dich zu sehen. Hast du dich von deiner Niederlage erholt?«, fragte Hermann.

»Deine haushohe Dominanz in diesem Turnier hat mir ganz schön zugesetzt. Aber Ehre, wem Ehre gebührt. Den Sieg hattest du verdient. Aber das nächste Mal gewinne ich«, gab Leonard scherzend von sich.

»Hat dich die Kirmes nach Haan gelockt oder die hübschen Damen dort drüben?«, fragte Hermann.

»Eigentlich die Kirmes, aber mit diesem hübschen Wesen würde ich sehr gerne tanzen gehen. Kannst du mir für heute Abend eine Empfehlung geben?«, fragte Leonard unverhohlen und deutete auf Paula.

»Aber sicher! Ich kann dir die Ü50-Party im Rockin' Rooster Club wärmstens empfehlen.«

»Was zum Gockel ist Rockin' Rooster?«, fragte Leonard skeptisch.

»Zufälligerweise stehen an diesem Tisch einige der Veranstalter. Darf ich dir Manfred Schröpfer vorstellen, er ist der Kassenwart. Daneben steht Meriyam Kerim, die Vorsitzende und last, but not least: die „Gute Seele" des Vereins, Mareika Ksionzek-van-Kempen. Sie ist unser Mädchen für alles. Wenn sie nicht wäre, würde dem Verein eine starke Stütze fehlen«, erklärte Hermann.

»Nicht, dass das so eine dunkle Kaschemme ist«, gab Leonard zu bedenken.

»Nein, wo denkst du hin? Es ist ein schöner, heller Club, der vor gut drei Jahren komplett umgebaut wurde. Ich selbst werde heute Abend auch dort sein«, erklärte Hermann stolz.

»O.k., dann starte ich mal einen Angriff«, sagte Leonard und verabschiedete sich. Entschlossen nahm er sein Bierglas in die Hand, atmete tief durch, stellte sich unmittelbar neben Paula und rutschte noch einen kleinen Schritt näher an sie heran. Hier befiel ihn ein Zittern und sein Herz pochte schwer gegen seine Brust. Er schaute sie an. Nun gab es kein zurück mehr.

›Mochte alles seinen Gang gehen‹, dachte er. Plötzlich war in ihm alles totenstill. Eine lange Minute verging, bis Paula Leonards Blick verspürte und sich zu ihm drehte. Paula trug ein ganz schlichtes, weiß und blau gemustertes Kleid. Forschend schaute sie ihn an und schob ihr Kinn etwas hervor.

»Heute Abend kann man im Rockin' Rooster Club tanzen gehen. Ich tanze sehr gerne, obwohl ich schon etwas aus der Übung gekommen bin ... was ich aufrichtig bedauere!« Leonard stottert etwas vor sich hin und wusste nicht mehr so recht, was er sagen sollte, aber Paula stand da und sah ihn unerschütterlich an. Gerade so, als wolle sie ihn zwingen weiterzusprechen. Leonard stieg das Blut in den Kopf.

›Sie will mich quälen‹, dachte er. Wie ihre Augen zitterten ... Dann, endlich sagte sie mit ihrer hellen und klaren Stimme:

»Das hätte ich jetzt nicht von dir gedacht. Ich tanze auch sehr gerne.« Paula trat einen kleinen Schritt näher an ihn heran, legte ihre linke Hand auf dem Biertisch ab und lehnte sich etwas zurück. Leonard stand vornübergebeugt und hielt sein Bierglas mit der linken Hand fest umschlossen.

»Hast du heute Abend schon eine Verabredung?«, fragte Leonard entschlossen.

»Nein, bis jetzt noch nicht«, sagte Paula ganz ruhig und wandte ihren Blick nicht von ihm ab.

»Ich würde heute gerne mit dir in den Rockin'Rooster Club gehen«, stammelte Leonard.

»Ich weiß noch nicht, ich muss schauen, was die Mädels machen«, sagte sie, legte ihr Kinn auf die Brust und sah ihn von unten herauf wartend an.

»Ich glaube, um die brauchst du dir heute keine Gedanken machen. Schau sie dir an. Sie sind alle in den allerbesten Händen. Wir hätten heute Zeit für uns. Na, was meinst du?«, gab er ruhig zu bedenken und hielt seine Augen groß und sinnlich auf sie gerichtet. Er war begeistert, wie angenehm ihn ihre Stimme beruhigte. Sein Herz schlug wieder normal und er fühlte sich wohl.

»Eine fetzige Oldie-Party? Dann können wir ja gemeinsam das Tanzen wieder aufleben lassen«, sagte Paula nachdem sie ihren Blick über ihre Kegelschwestern hat schweifen lassen.

»Ich stehe Ihnen mit Vergnügen zur Verfügung, gnädige Frau«, sagte Leonard wie im Traum. Er verbeugte sich und gab ihr einen Handkuss.

Dann entstand eine Pause und der Gesichtsausdruck von Paula änderte sich schlagartig. Leonard sah, wie sich ihr Blick in einen kaum merklichen Spott verwandelte und ihr Blick mit dem gleichen zittern, wie vorhin, fest und forschend auf ihm ruhte. Augenblicklich stieg ihm das Blut in den Kopf und sein Gesicht glühte. Etwas ratlos und außer sich, über seine Körperreaktion, ließ er seinen Kopf sinken und blickte auf den Boden. Ein kurzer Schauer von ohnmächtiger und süßlich, peinigender Wut durchrieselte ihn. Als er entschlossen seinen Blick wieder hob, sah sie ihn nicht mehr an, sondern blickte ruhig und besonnen zu Erna. Leonard brachte noch mühsam ein paar Worte hervor:

»Und bist du zufrieden mit deinem Aufenthalt in Haan?«

»Oh ja, sehr«, antwortete Paula begeistert. Leonard kam nicht mehr dazu seine Freude über ihre Zusage auszusprechen, denn Hans-Günter drängte sich mit einem Witz zwischen die beiden.

»Ich wünsche mir ein Einhorn zu Weihnachten.«

»Sei realistisch!«

»O.k., dann wünsche ich mir, die Frauen zu verstehen.«

»Welche Farbe soll das Einhorn haben?« Laut lachend, klopfte Hans-Günter seinem Skatkollegen Leonard auf die Schulter, während er sein Bierglas zum Mund führte und einen kräftigen Schluck nahm. Leonard schaute mit großen und gedankenverlorenen Augen an Hans-Günter vorbei, zu Paula.

»Dann treffen wir uns heute Abend an der Bar des Hotels«, hauchte er Paula entgegen und verabschiedete sich. Als er sein Bierglas leerte, begegnete er Paulas Augen erneut, die ohne jeden Ausdruck auf ihm ruhten. Leonard ging fort, er ging nicht über die Kaiserstraße, sondern schlug seinen Weg zum Park Ville d'Eu ein. Zwar registrierte er die gepflegte Anlage mit den schattigen Wegen und Bänken, aber er ging, ohne aufzublicken, schnell und besinnungslos. Er fühlte sich unerträglich heiß. Wie Feuer stieg die Hitze in ihm auf und nieder und sein müder Kopf pochte unaufhörlich. Es kam ihm vor, als würde ihr

Blick immer noch auf ihm ruhen. Er spürte aber nicht den leeren ausdruckslosen, sondern diesen zitternden Blick. Er war gehetzt und müde und dennoch war alles in ihm in Aufruhr. Da war diese Frau. Sie war sein Schicksal, das hatte er vom ersten Augenblick an gespürt. Obwohl er versuchte, seinen inneren Frieden zu verteidigen, empörte sich in ihm alles, was er seit Jahrzehnten unterdrückt hatte, weil er wusste, dass es für ihn Zerstörung bedeutete.

›Möge alles seinen Lauf nehmen‹, dachte er, als er auf einer Bank im Park Platz nahm. Er würde seinen Weg weitergehen und die Augen vor dem gähnenden Abgrund verschließen. Er gehorchte seinem Schicksal mit seiner überstarken, peinigenden und süßen Macht, der er nichts zu entgegnen vermochte. Leonard saß noch lange vornübergebeugt, die Stirn in beide Hände gestützt, auf einer Bank.

Gegen Mittag waren die Jungs und Mädels mit den Bierrunden vorerst fertig. Hans-Günter ließ die letzte Runde auf seiner Karte abstreichen und zwinkerte Cathrin vielversprechend zu. Nachdem das letzte Bier vertilgt war, verließen sie den gemütlichen Bierstand. Paula, Loretta und Harald, Hans-Günter und Cathrin sowie Dieter und Evelin. Erna war ohne Begleitung, weil Dampf noch seine Runden auf der Kirmes drehen musste. Sie verließen die Festmeile, um sich im Hotel noch etwas auszuruhen.

Schon rückte der Nachmittag heran. Es waren nicht viele Gäste im Hotel. Der überwiegende Teil lief über die Kirmes. Hans-Günter hatte auf seinem Bett etwas Ruhe gefunden und sich von dem bierreichen Vormittag erholt. Er genoss seinen großen Frieden. Nun stand er vor dem Eingang des Hotels und horchte auf die Schritte, die sich ihm näherten. Er stand dort in Gedanken eingehüllt, versunken in Erwartung auf den herrlichen Abend mit Cathrin. Er hätte sich keine andere Frau für sein heutiges Vorhaben vorstellen können. Cathrin kam still auf ihn zu. Als er sie erblickte, lächelte er. Sie begrüßten einander mit einer leichten Umarmung. Dann gingen sie stadtauswärts, über den Kreisverkehr, am Supermarkt vorbei die Landstraße entlang. Sehr bald nach dem kleinen Grünstreifen, der sich hügelig am Bürgersteig erstreckte bogen sie in den kleinen Kiesweg zur Skaterbahn ein. Von dort aus führte ein weiterer kleiner Weg links herunter zu einem, mit Bäumen umsäumten Fußballfeld. Der Platz war menschenleer.

»Willst du mit mir Fußball spielen?«, fragte Cathrin unsicher.

›Warum bringt der mich hier her?‹, dachte sie. Dieser einsame Ort weckte ihr tiefes Misstrauen und sie nahm sich vor, auf der Hut zu sein. Nicht viele Menschen können sich über ihr Leben beklagen, aber wenn sich jemand vom Leben verraten fühlen konnte, dann war es Cathrin.

›Ist es ihm zuzutrauen, dass er mich in einen Hinterhalt gelockt hat? Vielleicht war er nicht so nett, wie er sich gab‹, dachte sie.

»Nein, keine Angst. Ich bin kein Fussballspieler«, sagte Hans-Günter und setzte sich in den Schatten, an einen Baum gelehnt, so, dass er den Weg und den kleinen Bolzplatz im Auge hatte.

Cathrin wurde die Einsamkeit an diesem Ort unheimlich. Sie trat nervös von einem Bein auf das andere. Zuweilen trug der Wind die Geräusche der Straße und des Supermarktes zu ihnen herüber. Es klang, als wenn in der Ferne Gegenstände aufeinander fallen würden.

›Er konnte auch einen Komplizen herbeilocken. Dann würden die beiden zusammen über mich herfallen.‹ Cathrins Angst nahm überhand. Schlimme Erinnerungen stiegen mit aller Wucht in ihr auf. Sie erschrak, als Krähenschreie in den Baumwipfeln ertönten; heiser, öde und verloren. Sie hielt ihre Handtasche fest umschlungen und tastete nach ihrem Pfefferspray. Sie hasste diesen einsamen Ort, den niemand einsehen konnte. Durch die aufsteigende Angst verlor sie jegliches Gefühl für Raum und Zeit. Reue, hierher gekommen zu sein, durchzuckte ihr Herz. Und Fluchtgedanken stiegen in ihr auf. So verging die Zeit. Cathrin hätte nicht zu sagen vermocht, wie lange sie, so erstarrt, mit ihrer Panik kämpfte und sie hatte auch kein Verlangen danach, es herauszufinden. Dann kam ein großes silberfarbenes Auto mit einem Anhänger auf den Platz gefahren. Hans-Günter erhob sich augenblicklich, strich Cathrin beruhigend über den Arm und sagte:

»Da kommt unser König der Lüfte.« Sein freundlicher Ton verwirrte sie mehr, als er sie beruhigte. Entsprechend nervös zuckte sie zusammen, als Hans-Günter ihren Arm berührte.

›Seine ruhige Worte konnten auch die Ruhe vor dem Sturm sein‹, dachte sie. Schänder verbargen ihre Abnormitäten unter manierlichen Kleidern. Die gesamte Situation gefiel Cathrin überhaupt nicht. Als Dieter Stump aus dem Auto stieg, war Cathrin voller Unruhe. Sie fühlte sich, als wäre sie nicht Herr über diese Situation. Sie hatte die sichere Gruppe verlassen und war mit Hans-Günter freiwillig an diesen Ort gegangen. Dieter Stump war ganz und gar wie immer. Er hatte seine Windjacke mit den blauen Streifen an. Seine Basecap hielt er in der hinabhängenden Hand und schlenderte sorglos auf die beiden zu. Cathrin ließ ihre schmal geschnittenen Augen abgewandt. Ihr Herz klopfte bis zum Anschlag. Allein Hans-Günter wandte sich seinem Freund aufgeschlossen zu und musterte den weißen Anhänger.

»Hallo alter Freund!«, begrüßten Hans-Günter und Dieter einander. Dieter Stump trug eine Leidenschaft in sich. Es war eine Leidenschaft, die in seiner Kindheit verwurzelt und ihn bei einem außergewöhnlichen Ausflug überrannt hatte.

»Hallo Cathrin, schön dich kennenzulernen«, sagte Dieter und streckte Cathrin seine rechte Hand zum Gruß entgegen. Unsicher erwiderte sie den Handgruß.

»Kommt, packt mit an, wir brauchen jede Hand!«, gab Dieter die Kommandos und öffnete den Anhänger. Mit Erleichterung nahm Cathrin wahr, dass keiner der Herren ihr irgendetwas Böses antun wollte. Sie fühlte sich erleichtert und zugleich beschämt über ihre Befürchtungen. Jetzt war alles kristallklar. Hans-Günter hatte sie zu einer Ballonfahrt eingeladen. Dennoch brauchte die Erleichterung eine gewisse Zeit, um ihr aufgewühltes Innenleben wieder zu beruhigen. Sie wandte sich den beiden Männern zu und sah, wie Dieter und Hans-Günter gemeinsam einen Korb aus dem Anhänger hoben. Der Korb war ziemlich groß, erkennbar gut erhalten alt und mit Gewissheit bereits einmal komplett neu aufgeflochten. Dann trugen die Männer eine riesengroße Hülle auf den Bolzplatz. Bei diesem Anblick fiel wieder etwas von ihrer Anspannung ab und sie rollte freudestrahlend die Hülle aus. Die Männer schleppten vier Gasflaschen zum Doppelbrenner. Dann brachten sie den Korb und die ausgebreitete Hülle zusammen. Mit der Verbindung von Korb und Hülle nahm die Ballonfahrt ihren Anfang. Cathrin, Hans-Günter und Dieter legten den Ballonkorb mitsamt dem Brennergestell mit der Öffnung nach vorn gerichtet auf den Boden. Cathrin schritt seitlich um dem Korb, auf die Ventilatoren zu. Freudestrahlend positionierte sie jeweils rechts und links vom Korb einen Ventilator. Je mehr Luft die Ventilatoren in die Hülle pusteten, desto deutlicher spürte sie die Freude in ihrem Geist. Die kräftige Luftzufuhr entfaltete die Ballonhülle. Trotz der Unmengen Luft, die sie zuführten, richtete sich weder der Ballon noch der Korb auf. Erst nachdem Dieter die kalte Luft mit dem Brenner beheizt hatte, stieg die Hülle langsam aber stetig - wie ein müder Krieger - auf und breitete sich in der vollen Pracht aus. Glücklich bewundernd sah Cathrin, wie der gigantische Ballon auf dem Höhepunkt der Ausbreitung den Korb kraftvoll aufrichtete. Überwältigt sah sie, wie der laut zischende Ballon der Haaner Felsenquelle imponierend erstrahlte und zum Aufstieg bereit war. Cathrin trat einen Schritt zurück und genoss besänftigt, dass sich ihre Angst in so ein schönes Abenteuer verwandelt hatte. Ein Anflug tiefer Erleichterung bemächtigte sich ihrer Seele. Sie sah Hans-Günter dankbar an. Obwohl das Aufrüsten keine halbe Stunde gedauert hatte, schien es, als ob sich ihre Fröhlichkeit zusammen mit dem Ballon entfaltet hätte. Voller Begeisterung kletterten Cathrin, Hans-Günter und Dieter in den Korb. Im Korb angekommen schauten Cathrin und Hans-Günter, wie die Leinen gelöst wurden und der Ballon langsam in die Lüfte stieg. Als der Korb den Boden verlassen hatte, beherrschte einzig der Wind das Geschehen. Von diesem Zeitpunkt an gab es keine ruckartigen Lenkungs- oder Wendemanöver mehr. Nur der Wind gab Dieter Stump nun vor, was er zu tun hatte.

Für Cathrin schien es eine Meditation zu sein. Sie genoss den Moment und konnte alle Schrecken ihres Lebens hinter sich lassen. Sie war fasziniert von dem Logenplatz am Himmel und staunte über die Perspektive mit einem freien Blick in 300 Metern Höhe. In ihrer Fantasie hatte sie sich so, den schönsten Platz ihres Lebens ausgemalt. Nun wurde das Wirklichkeit. Es war genau die Freiheit, die sie sich immer erträumt hatte. Absolute Ruhe, in einem Konstrukt aus Hellichkeit und atemberaubender Natur, das wie von Zauberhand zusammengehalten wurde. Es war eine spannende Fahrt, über die Kirmes hinweg. Es gab so viel zu sehen, zu erkennen und zu erleben. Sie schaute auf die kleinen Häuser und sah, wie eine Mutter ihr scheinbar schon im Bett liegendes Kind, im Schlafanzug, auf dem Arm nach draußen führte und auf den Ballon zeigte. Das Kind rieb sich einmal mit der Hand durchs Gesicht, dann winkte es heftig. Cathrin und Hans-Günter winkten fröhlich und ausgelassen zurück. Dann fuhr der Ballon über die Kirmes. Die Menschen auf der Festmeile blieben stehen, schauten zum Himmel und zeigten auf den Ballon. Der Anblick des schwebenden Ballons weckte in den Menschen auf dem Boden die Neugier, auf ein Dabeisein. Jugendliche fühlten sich magisch angezogen und winkten dem Trio aus den Fahrgeschäften zu. Als sie die Festmeile passiert hatten, eröffnete die Natur eine neue Seite eines einzigartigen Bilderbuches. Die Luft war klar und würzig. Auf den vielen vereinzelten Höfen bellten die Hunde den Ballon an und die Bewohner kamen aus dem Haus, um zu sehen, warum der Hund bellte. Und wieder sahen Cathrin und Hans-Günter nur strahlende Gesichter und winkende Hände. Die Motive, die diese Fahrt schenkte, waren ein gesegnetes Stück idyllischer Ruhe. Saftige Wiesen waren von üppigen Wäldern und bestellten Äckern umgeben. Cathrin fühlte sich von diesem Anblick eingeladen, sich hinabgleiten zu lassen, um auf der Wiese auszuruhen und den Blick gen Himmel zu richten, um dabei Wölkchen und Ballone zu zählen. Jedes Motiv war ein Gute-Laune-Panorama. Cathrin erfreute sich an den symmetrischen Zeichnungen, die die Bauern ihren Feldern verliehen hatten. Das, was auf dem Boden trivial erschien, bekam auf den Pfaden des Windes einen ganz besonderen Ausdruck. In der Abendstimmung über dem

Rheinland glaubte Cathrin, in das Feuer der untergehenden Sonne zu gleiten und mit ihr, am Horizont zu versinken. Immer wieder senkte sie ihren Kopf und schenkte ihrem verspannten Nacken Erleichterung. Sie fühlte sich so, als wenn die erhabene Situation sie zur Königin gekürt hätte.

›Nach diesem Vorbild werde ich meine Empfindungen ausrichten‹, dachte sie und lehnte sich genüßlich an Hans-Günter an. Der Tag und die Ballonfahrt neigten sich dem Ende zu. Aber es gab noch genügend Licht, um den Ballon sicher auf die Erde gleiten zu lassen. Cathrin und Hans-Günter hielten sich in den Schlaufen am Korb fest und beugten ihre Knie leicht, um die Landung des Korbes gut abzufedern. Nach der sicheren Landung verstauten sie den gesamten Ballon wieder in dem Anhänger, den Dieters Sohn zum Landepunkt gebracht hatte. Hans-Günter strahlte vor Glück. Genauso hatte er sich den Ausflug vorgestellt. Cathrin blickte auf. Die folgenden dreißig Minuten vergingen mit Falten, Einrollen und verpacken des Ballons, wobei alle tatkräftig anpackten. Es war ein schöner lauer Sommerabend und der Himmel zuckte nun jede Sekunde in jähem Phosphorlicht auf. Stumm vor Glück wandte sich Cathrin dem verstauten Ballon zu.

»Und wie hat es dir gefallen?«, hauchte Hans-Günther ihr entgegen. Ohne auf Cathrins Antwort zu warten, ergriff Dieter Stump das Wort:

»Moment, wir sind noch nicht fertig. Jeder Ballonfahrer wird nach seiner ersten Ballonfahrt, in den Stand der Adeligen erhoben«, erzählte Dieter mit unverwechselbarem

Schmunzeln im Gesicht. Dann machte er eine genießerische Pause, bevor er weiter sprach.

»Dafür bitte ich euch nun niederzuknien.« Cathrin und Hans-Günter sahen einander lachend an, erhoben kurz die Unterarme und knieten sich nieder. Dieter nahm eine Flasche Sekt aus der Kühlbox, öffnete sie knallend und brachte eine kleine Schere zum Vorschein. Damit trat er auf die beiden zu und schnitt jedem eine kleine Locke ab. Diese zündete er mit einem brennenden Streichholz an und löschte sie mit dem Sekt.

»Das Feuer ist das, was uns in die Luft bringt und der Sekt ist das edle Tröpfchen, das wir so gerne trinken«, begann Dieter und trat noch einen Schritt näher an die beiden heran.

»Liebe Cathrin, ich taufe dich auf den Namen „Luftkönigin Cathrin, königliche Wetterhahninspektorin der Lüfte zu Haan über den Rheinufern vom Rheinland".« Feierlich überreichte er Cathrin eine Urkunde.

»Lieber Hans-Günter, ich taufe dich auf den Namen „Raubritter Hans-Günter, begeisterter Himmelsstürmer über den Sauf- und Futterbuden der Haaner Kirmes zum Herzeroberer der Wetterhahninspekteurin vom Rheinland".« Damit überreichte Dieter dem Raubritter die Urkunde und füllte die Gläser mit dem kühlen Sekt. Alle drei nahmen lachend, glücklich und zufrieden das Glas in die Hand und führten es an ihre Lippen. Nachdem sie die Ballonfahrt Revue passieren ließen und den Sekt ausgetrunken hatten, verabschiedeten sich Cathrin und Hans-Günter von Dieter. Der Abschied war kurz. Dieter umarmte die beiden und wünschte ihnen Glück, viel Glück. Cathrin sah ihm lange nach, wie er hochaufgerichtet aus dem Fenster seines Autos winkte.

Kapitel 23

Schöne Einsamkeit

Sie suchte in der Einsamkeit weder Buße noch Erleuchtung oder irgendwelche Eingebungen. Sie hatte sich einzig zurückgezogen, um sich selbst nahezukommen. Sie musste erforschen, wer sie überhaupt war, welche Vorlieben und welche Neigungen sie überhaupt hatte. Sie erkundete ihr Inneres und badete in der Erkenntnis, dass sie nunmehr ihre eigene Existenz kennenlernte. Sie saß vor ihrer Hütte und atmete den modrigen Duft des Waldes ein. Ihr Herz schlug ruhig und gleichmäßig. Obwohl sie nichts tat, außer vor dieser Hütte zu sitzen, lebte sie dennoch viel intensiver und ausschweifender als jeder Lebemann in einer pulsierenden Stadt. Dieses ausschweifende Leben führte sie in ihr inneres Reich. In das Reich, in dem sie von Geburt an nur Ablehnung, Gewalt und Hass erfahren hatte. In ihrer Seele tobte das feindlich boshafte Verhalten des Vaters. Sie verabscheute den Rohrstock des Oberlehrers Faust, die ledrig vertrockneten Hände des Herrn Schneiders auf ihrem Körper, den essigsauren Atem von Herrn Müller, das wahnsinnige Stöhnen des Herrn Richter, den widerlichen Schweiß von Herrn Schmidt, der ekelhaft auf ihr Gesicht tropfte, die sabbernden Spuckfäden des Herrn Klein und den Blutgestank, den Herr Neumann aus ihr rausgeprügelt hatte. Hasserfüllt und angewidert sträubten sich ihre Nackenhaare, bei der Erinnerung an ihre Kindheit, an ihren Vater, an ihre Mutter und an alle Männer, an die sie verkauft wurde. Sie steigerte ihre Erinnerungen ins Unermessliche, bis ihr angestauter Hass mit zügelloser Gewalt ausbrach. Sie sprang auf und schrie alle an, die ihr das Leben schwer gemacht hatten. Wie die Blitze eines Gewitters warf sie ihre Wut heraus. Wie diese Menschen es wagen konnten, sie so zu behandeln. Sie drosch auf diese Menschen ein. Wie ein Orkan riss sie diese Menschen auseinander und ertränkte sie in dieser gigantischen Sintflut der geschrienen Worte. Ihr Zorn war ausdrucksstark und echt.

In diesem geschrienen Redeschwall gebar sie ihre Rachegelüste. Welch ein erhabener Moment. Sie zitterte vor Erregung. In ihr tobte ausgelassenes Wohlbehagen. Sie sprang in die Luft und ließ sich anschließend sanft zu Boden sinken. Im feuchten Blättermeer des Waldes blieb sie gelöst und zutiefst befriedet liegen. Wie ein Vulkanausbruch hatte sie sich der schlechten Erinnerungen entledigt. Mit diesem unübertrefflichen Gefühl und der angenehmen Erschöpfung, befand sich ihr Innenleben auf dem Höhepunkt. Sie fühlte sich zu wirklich großen, heldenhaften Taten berufen. Auf dem frisch geputzten und nunmehr gesäuberten Fundament ihrer Seele, streckte sie sich aus und schlief guten Gewissens ein. Erst in der Abenddämmerung erwachte sie zu neuem Leben, wie nach einem ausgedehnten Mittagsschlaf, wenn das Suppenkoma langsam abfällt und das Leben wieder beginnen will. Der zornige Hass – der Feind ihrer schönen Gefühle – war versiegt. Sie hatte ihr Dämonenpaket zerstört und genoss die behagliche Ruhe, die nun in ihrer Seele wohnte. Frei, rein und weich wartete sie auf ihr neues Leben. Sie stand auf und schüttelte sich den Schlaf aus den Gliedern. Stolz und hoheitsvoll blickte sie in die Runde.

›So etwas hatten die Bäume mit Sicherheit noch nie gesehen‹, lachte sie erhaben. Nachdem sie nun die Dämonen ihrer Vergangenheit verscheucht hatte, wollte sie nur noch schöne Zeiten erleben. Gedanklich schritt sie ihr gesäubertes Innenreich ab. Sie dachte an ein fürsorgliches und schmerzfreies Leben. Sie dachte an Freundschaften und schuf sich gedanklich ein Leben, das sie nur noch friedlich führen, leiten und lenken wollte. Nur sie würde dieses Leben umkrempeln wenn es ihr nicht mehr gefiel, um es dann wieder nach ihren eigenen Vorstellungen aufzubauen. Gleichzeitig baute sie eine Festung um ihr neues Leben. Sie würde jeden Eindringling, der drohte, ihr neues Dasein zu gefährden, erbarmungslos zerstören. Schlussendlich zog sie sich mit einem milden, sonnigen Lächeln in die Kammer ihres Herzens zurück und gönnte sich die Vorstellung, einmal eine fürsorgliche, zärtliche und liebende Mutter zu sein. Mit diesen Gedanken kam sie heim, heim in das gemütliche zu Hause ihres Herzens. Ihr Herz war ein Schloss, verborgen im Nirgendwo hinter unzähligen hohen Mauern. Es verfügte über einen Keller, einen Dachboden und viele schöne, gemütliche Räume. Auf dem Dachboden standen Kisten. Darin waren die Schrecken der Vergangenheit verschlossen. Und im Keller standen Särge. Jeder Sarg trug einen Namen. Der erste Sarg, mit dem Namen ›Wilhelm Müller‹ war bereits belegt. Die anderen sollten folgen.

In freudiger Erwartung auf die anderen Opfer, fing sie an zu zittern, fast wie ein Trinker, den die Angst befiel, keinen Alkohol mehr zu bekommen. Sie musste die anderen Männer zu sich locken und in ihre Särge legen. Sie brauchte diese Opfer drin-

gend, sie war süchtig nach ihnen. Sie fühlte sich, als würde sie auf der Stelle sterben, wenn sie kein weiteres Opfer bekäme.

»Ruhig meine Liebe, ganz ruhig. Gut Ding braucht Weile. Du bekommst sie alle; nach und nach. Alle werden dir auf dem silbernen Tablett serviert«, beruhigte sie sich selbst. Der Gedanke daran, trieb ihr vor Wonne das Wasser in die Augen. Derweil beruhigte sie sich mit dem Mord an ihrem Vater. Dieser Mord, der schleichend kam, nachdem er ihren Obstsalat verspeist hatte. Es war ihr erster Mord. Der, an dem sie sich, an jenem zu Ende gehenden Abend heimlich einen Obstsalat schnitt, mit der Absicht, dass der Vater ihr diesen Obstsalat entreißt und verspeist. Lauernd lauschte sie auf die Flurgeräusche, um ertappt zu werden. Aber der Vater schlief vor dem Fernseher. So warf sie polternd einen Teller auf den Küchenboden, der mit ohrenbetäubenden Lärm in tausend Scherben zerbrach. Sekunden später stand der Vater wutentbrannt in der Küche. Sein erster Blick fiel auf die Scherben, sein zweiter ... auf den frischen Obstsalat. Sie versteifte ihre Muskeln, um den Schlägen standzuhalten. Augenblicklich schlug ihr der Vater mit der flachen Hand gegen die Schläfe. Er zog sie an den Haaren zu Boden, befahl ihr den Boden zu säubern und nahm ihr den Obstsalat weg.

›Hervorragend!‹, dachte sie. Und damit ihr Vater auch wirklich den ganzen Salat aß, fragte sie ihn:

»Kann ich bitte den Rest haben, falls du ihn nicht schaffen solltest. Ich habe so einen großen Hunger.«

»Verschwinde ins Bett, da bleibt nichts über!«, brüllte er sie an.

Vater war so verdammt berechenbar. Der frische Duft der sich nähernden Nacht versprach ihr die Freiheit, denn der Vater erkannte die 30 Tollkirschen in dem frischen Obstsalat nicht. Dieser zerbrochene Teller, dieser Schlag ins Gesicht und diese entrissene Obstschale trug die Hoffnung auf ein anderes, ein besseres Leben in sich. Die Erinnerung an seinen Todeskampf bewahrte sie sich sorgsam. Jetzt holte sie sich diese Bilder vor ihr inneres Auge. Damit fiel jegliche Unruhe von ihr ab. Sie setzte sich und lehnte sich locker an einen Baum. So saß sie, bis die Nacht hereinbrach und sie sich erschöpft in der Hütte verkroch. Fröstelnd und elend vor Hunger und Durst erwachte sie irgendwann. Die Sonne stand schon hoch am Himmel. Sie fühlte sich so sterbensübel, wie nach einer durchzechten Nacht. Sie verließ die Hütte und suchte nach Wasser. Die Sonne brannte auf ihrer Haut, als sie endlich, nach zweistündigem Fußmarsch, einen Bachlauf fand. Sie kniete nieder und trank das Wasser gierig. Am Flussufer pflückte sie Kräuter, Beeren und Moose, die ihren Hunger stillen sollten.

Kapitel 24

Montag, 25.09.2017

Auf den Straßen hatte es in den letzten beiden Tagen und Nächten ausgelassene Freude gegeben. Überall lag Müll, Papier und Essensreste, gefolgt von Gläsern, Flaschen und Erbrochenem. Timo Beil schritt um 6:30 Uhr die Kirmesmeile ab. Während die Müllabfuhr in ihren leuchtenden Westen und robusten Handschuhen den Unrat entfernten, erinnerte ihn dieser Anblick daran, dass die Kirmes auch Schattenseiten hatte. Sein Weg führte ihn über die Kaiserstraße bis zur Sparkasse. Dort lag ein Jüngling. Er war blond und ungefähr 20 Jahre alt. Er hatte den Abend offensichtlich auf der Meile und in den angrenzenden Gaststätten verbracht, aber irgendwie den Heimweg nicht mehr gefunden und sein müdes und betrunkenes Haupt auf eine der Bänke vor der Sparkasse abgelegt. Äußerlich wirkte er keinesfalls verwahrlost. Kleidung spielte offensichtlich eine wichtige Rolle in seinem Dasein, konnte aber keinen Ausgleich zu seinem erbärmlichen Zustand bilden. In seinem dichten, blonden Haar klebten Teile seiner erbrochenen Bratwurst und scheitelten es unwirsch in der Mitte. Seine Markenhose war uringetränkt und mit einem teuren Ledergürtel geschmückt. Beil zog angewidert die Einmalhandschuhe an und stieß den Schlafenden mit dem Fuß wach. Verstört schaute der Geweckte auf und vermochte nur ein Grunzen von sich zu geben.

»Junger Mann«, sagte Beil laut und stieß den Mann erneut mit dem Fuß an, als dieser sich wieder seinem Schlaf widmen wollte.

»Chrmmm«, grunzte der Wachgehaltene ungehalten. Er öffnete die Augen und schaute Beil fragend an. Dann drehte er seinen Kopf suchend in alle Richtungen und erkannte allmählich seine Situation.

»Die Party ist vorbei. Sie können nach Hause gehen«, sagte Beil verachtungsvoll.

Der Blonde atmete tief durch, richtete sich auf und versuchte aufzustehen. Sein Körper reagierte zeitversetzt, sodass er wieder zurück auf die Bank fiel.

»Machen Sie langsam, aber gehen Sie nach Hause«, empfahl Beil.

»Ja, ja«, erwiderte der Mann, dessen Geist nun offensichtlich erwachte. Dann zog er seinen Autoschlüssel aus der Hosentasche. Beil zog die Augenbrauen hoch und verdrehte die Augen.

»Wie wollen Sie nach Hause kommen?«

»Mein Auto steht dort hinten in einer Seitenstraße«, antwortete der Mann lallend.

»Das ist keine gute Idee. Nehmen Sie den Bus oder ein Taxi«

»Warum?«

»Haben sie noch Restalkohol?«, stellte Beil als Gegenfrage.

»Wie Restalkohol?«, fragte der Betrunkene, der mittlerweile aufrecht und halbwegs sicher vor Beil stand. Er schwankte noch leicht, dann drückte er Beil seinen Autoschlüssel in die Hand und sagte:

»Meine Güte, die Bettelei des Öffentlichen Dienstes nimmt langsam peinliche Formen an!« und ging davon.

Es war der Vormittag am Kirmesmontag, als Hans-Günter allein einen Spaziergang zur Kirmesmeile unternahm. Überreizt von der lauten Musik und den auffordernden Stimmen der Fahrgeschäftsbetreiber konzentrierte sich Hans-Günter mit höchster Behutsamkeit auf das Geschehen der Kirmesmeile. Er hatte gestern nach der Ballonfahrt eindeutig zu viel Bier und Wein getrunken. Sein Gesicht war noch erschreckend bleich. Seine Wangen waren eingefallen, aber seine geröteten und dunkel umschatteten Augen zeigten einen freudigen Schimmer. Er ließ seinem inneren Triebwerk, das aus Fröhlichkeit bestand, freien Lauf. Er hatte bald nach dem Frühstück das Freie gesucht, in der Hoffnung, dass frische Luft und Bewegung ihn wiederherstellen und ihm zu einem weiteren ausschweifenden Kirmestag verhelfen würde. Selbstverständlich hatte jede Stadt, sogar jedes Dorf ein eigenes Volksfest. Nett, bunt und laut war es überall, aber die Haaner Kirmes war anders und der Montag, der war ganz anders. An diesem Tag wurde in Haan weder gelernt noch gearbeitet. Es war der Tag, an dem Großkaufleute und Unternehmer zusammen mit ihren Angestellten gemütlich auf der Kirmes versammelt waren und der Chef alles bezahlte.

Hans-Günter schritt ohne Umwege zielstrebig auf den Autoscooter zu. Dort wurde alljährlich ein Gottesdienst abgehalten. Er liebte dieses ungewöhnliche Ambiente des ökumenischen Gottesdienstes auf dem Autoscooter und die scheppernden Geräusche der Bierfässer während der Fürbitten. Beim Vaterunser schloss er nicht die Augen und schaute geradewegs auf die Fahrgeschäftsdekoration. Es war die Zeichnung einer übergroßen und leicht bekleideten Frau. Ihr Oberkörper war nur spärlich mit einem knappen T-Shirt bedeckt. Erstmals wurde diese Art des Gottesdienstes im Jahr 2006 ins Leben gerufen. Seither betete sich Hans-Günter alljährlich auf diesem Autoscooter alle seine Sünden von der Seele. Er ließ seine Blicke über die Besucher schweifen und entdeckte Cathrin, wie sie andächtig in der dritten Reihe saß. Der Gottesdienst dauerte eine gute Stunde. Er betrachtete Cathrin mit Bewunderung. Sie schien unaufhörlich von grellblauem Leuchten umgeben zu sein. Der Blick von Hans-Günter hatte Cathrin fest umschlungen, als der Gottesdienst mit dem letzten Segen endete und die Gläubigen sich erhoben. Derart geistig erfrischt strömten die Besucher nach dem Gottesdienst in alle Himmelsrichtungen. Hans-Günter wartete und behielt Cathrin die ganze Zeit im Auge. Als sie knapp zwei Meter von ihm entfernt war, lief er zwei schnelle Schritte hinter ihr her und sprach ihr von hinten in ihr rechtes Ohr:

»Komm mit schöne Frau, ich zeig dir was.« Erschrocken und erfreut zugleich wandte sich Cathrin um und sah Hans-Günter strahlend ins Gesicht. Auf der Kaiserstraße schlenderten Besucher plaudernd umher. Eine große Menschentraube hatte sich bereits beim Hahneköppen versammelt, wo Besucher unter allgemeinem Gelächter versuchten, einen Hühnerkopf von einem Korb abzuschlagen.

»Hallo, du bist aber schon früh auf den Beinen«, strahlte Cathrin Hans-Günter an.

»Ja klar, ich muss doch meine Sünden beichten«, lachte Hans-Günter, nahm Cathrin unverblümt bei der Hand und zog sie zu der Menschentraube. Hans-Günter ging mit leichtem Kopfnicken vorüber und wies auf die Aktionsfläche des Traditionsvereins „Haaner Hahneköppen 1999“. Hans-Günter wählte einen Platz sechs Schritte seitwärts von der Kaiserstraße. Hier hatten die beiden eine bessere Sicht, als zwischen den ganzen Schaulustigen. Sie schwiegen eine Weile und blickten auf den Korb. Dann zog Hans-Günter ab und besorgte zwei Bier für sich und Cathrin.

»Es ist noch früh, willst du jetzt schon Bier trinken?«, fragte sie verwirrt.

»Ja, sicher! Worauf willst du denn warten? Nimm, das schmeckt schon!«, lachte er, erhob das Glas zum Gruß und trank es aus. Cathrin nippte erst verlegen, aber als sie sah, dass die meisten Menschen um sie herum bereits Bier tranken, war es ihr egal und sie genoss dieses außergewöhnliche Ritual.

Die Augen von einem dicken, braunen Fleece-Stoff verhüllt, versuchte eine Frau ihr Glück in dem abgesperrten Bereich. Mit einem Säbel in der Hand ging sie auf den

Korb zu, aus dem der Kopf eines echten, toten Huhns heraushing. Eifrig brüllten Hans-Günter, Cathrin und die anderen Schaulustigen der Frau Kommandos zu: „Vor, vor, vor!“, wenn sie noch einen Schritt vorgehen sollte oder „tiefer, tiefer, tiefer!“, wenn sie den Säbel in die richtige Position bringen sollte. Ihr Schlag misslang, das Publikum grölte und applaudiert dennoch.

»Willst du auch mal?«, fragte Hans-Günter.

»Um Gottes willen!«

»Komm trink aus, ich hol uns noch ein Bier und dann schlage ich dem Hahn den Kopf ab!« Cathrin zögerte, aber dann reichte sie ihr leeres Glas herüber, denn der fröhliche Ton, den sie an Hans-Günter vernommen hatte, berührte sie wieder. Sie liebte diese Heiterkeit und ließ sich von dem ungedämpften Lachen der Menschen anstecken. Fröhlich und entschlossen trank sie ihr Glas leer und freute sich auf das Zweite. Wenig später kam Hans-Günter mit zwei Bier zurück und stieß mit Cathrin an.

Hans-Günter schaute in die Runde, dann erspähte er ein bekanntes Gesicht und rief laut über den Platz.

»Hallo Helmut!«

»Hallo Hans-Günter!«, brüllte Helmut zurück und kam auf Hans-Günter zu.

»Das habt ihr wieder toll hinbekommen!«

»Ich habe heute morgen ganz früh mit den Vorbereitungen begonnen. Der Aufwand lohnt sich, schau dir die Menschen an, herrlich!«

»Ja, das stimmt.«

»In den letzten Jahren waren wir immer gut besucht.

Los komm, mach du auch mal. Das Startgeld kostet 1 Euro.«

»Warte, ich trink nur schnell aus. Cathrin, halt mal meine Jacke« Helmut und Hans- Günter gingen in den abgetrennten Bereich.

»Denk dran, du hast nur einen einzigen Schlag. Zwölf Hühnerköpfe haben wir bereitgestellt«

»Ja, ich weiß. Ich habe mich schon ein paar Mal zum Affen gemacht«

»Was willst du ... Korn oder Kräuterschnaps?«

»Gibt mir 'nen Kräuter!« Helmut schenkte Hans-Günter einen Kräuterschnaps ein und klopfte ihm aufmunternd auf die Schulter. Anschließend verband er ihm die Augen und wünschte viel Glück. Begleitet von den vielen Rufen des Publikums, taumelte Hans-Günter in Richtung Korb. Das laute „vor, vor, vor" und „tiefer, tiefer, tiefer, höher, höher, höher" begleitet seinen Weg. Beim Ausritt in die Traditionen hatte Hans-Günter eine kleine Weile über die vielen Stimmen gelauscht, an dessen Rand sich eine Stimme durchsetzte, nämlich die von Cathrin. Sie hatte im Schatten der Häuser auf ihn gewartet und Zerstreuung bei dem Spektakel gefunden. Dabei hatte sie sich vor ihrem geistigen Auge in einer durchscheinenden Mystik verloren. Der Schlag ging leider daneben. Hätte er den Kopf abgeschlagen, hätte er ein halbes, gegrilltes Hähnchen vom Rathausgrill gewonnen.

»Das sah gut aus, was du gemacht hast. Schade, dass du nicht gewonnen hast«, begrüßte sie den Haanekoppritter.

»Kein Problem. Wir können es ja später nochmal versuchen.« Er und Cathrin gingen Hand in Hand noch eine Weile die Kaiserstraße entlang. Sie bewegten sich auf der rechten Seite. Menschen schritten an ihnen vorbei und schlenderten dann gemütlich weiter.

»Für uns Kinder gab es fünf große Erlebnisse im Jahr«, nahm Hans-Günter das Gespräch wieder auf:

»Weihnachten, Geburtstag, die großen Ferien, Karneval und die Kirmes. Geburtstag und Weihnachten sind selbsterklärend. Beim Karneval schieden sich die Geister, die einen fanden es doof; ich fand es klasse. Aber bei der Kirmes waren sich wieder alle einig«, strahlte er.

Die Kirmes war, soviel erkannte Hans-Günter schon, eine alljährlich künstlich herbeigeführte Naturkatastrophe, die die gesamte Innenstadt Haans lahmlegte. Sie raubte den angrenzenden Anwohnern den Schlaf und die Kinder waren bis Weihnachten finanziell ruiniert. Dennoch liebten alle die Kirmes. Zudem wurde ein verdorbener Magen, übermäßiger Alkoholkonsum und gegebenenfalls auch eine Beziehungskrise billigend in Kauf genommen. Das alte HTV-Zelt könnte Geschichten erzählen ... Hans-Günter strahlte zufrieden in sich hinein und beschloss, dass er diese Geschichten noch nicht mal dem Pastor anvertrauen würde. Aber bei dem Gedanken an das HTV-Zelt machte sein Herz Sprünge.

›Verdammt schön war die Zeit‹, lächelte er vielsagend und sprach weiter.

»Schon als wir noch Kinder waren, liebte ich diese Zeit. Ich konnte es nie abwarten. Montags hatten wir alle schulfrei. Das ist auch heute noch so. Früher war es verpönt, während der Kirmes Hausaufgaben aufzugeben. Die meisten Lehrer hielten sich auch daran. Von Zeit zu Zeit versuchte der ein oder andere Lehrer diese Tradition zu brechen, aber er musste lernen, dass man eher einem Fisch das Fahrrad fahren beibringen kann, als einen Schüler während der Kirmestage dazu zu bringen, Hausaufgaben zu erledigen. Ich habe jedenfalls niemals welche gemacht.«

»Hattest du eine schöne Kindheit?«

»Meine Kindheit war rattenscharf. Wir lebten hier im Paradies. Die Kirmes begann für uns immer schon etliche Tage vorher, nämlich dann, wenn die ersten Wagen der Schaustellerfamilien eintrafen. Richtig interessant wurde es aber, als die ersten Materialien für die Fahrgeschäfte ausgepackt wurden. Für uns Kinder, aber auch für einige Erwachsene, gab es dann kein Halten mehr. Neugierig erkundete ich mit meinen Freunden immer, welche neuen Attraktionen es geben würde. Überall traf man alte oder neue Bekannte. Ich freute mich auf alles und entdeckte immer Altvertrautes und Neues. Als Kinder belagerten wir die interessantesten Fahrgeschäfte und boten unsere Hilfe an.«

»Echt, hat das geklappt?«

»Nun ja, wie man es nimmt. Das Ziel waren Freifahrtscheine. Irgendwann in geraumer Vorzeit hatte mal ein Karussellbesitzer einen weitreichenden Fehler begangen. Dieser Fehler hatte generationsübergreifende Auswirkungen bis ins einundzwanzigste Jahrhundert. Die Gründe für diesen Fehler verlieren sich im Dunklen der Geschichte. Vermutlich war der Karussellbesitzer zu dumm oder zu faul - egal, aus welchem Grund - Fakt war, er nahm für den Aufbau seines Karussells die Hilfe eines kräftigen Jungen in Anspruch und entlohnte ihn mit Freifahrtkarten. Dieses Vorgehen wurde von Jahr zu Jahr überliefert und war uns Kindern natürlich bestens bekannt. Als Kind machte ich jedes Mal von diesem Gewohnheitsrecht Gebrauch und bot meine Hilfe beim Aufbau an. Nur, was soll ein siebenjähriger bei diesen riesigen Fahrgeschäften schon aufbauen?«

»Ich weiß nicht. Ich hätte dich nicht arbeiten lassen. Das wäre mir viel zu gefährlich gewesen«

»Richtig!«, sagte Hans-Günter und erhob kurz den rechten Zeigefinger.

»Ich stand einfach immer nur im Weg und habe permanent meine Hilfe angeboten. Die armen Schausteller konnten mit mir selbstverständlich nichts anfangen und kauften sich den Weg mit den begehrten Freifahrtchips frei.«

»Du bist kein kleiner Dummkopf gewesen«

»Der Rest der Vorbereitungszeit war für mich immer von aufgeregter Schlaflosigkeit geprägt und ich sehnte mich jedes Jahr so sehr nach meiner spendablen Großfamilie. Immer um die Kirmeszeit entdeckte ich, dass Blut wesentlich dicker war als Wasser, und verspürte einen eindeutigen und unbändigen Drang, alle lieben Verwandten zu besuchen.«

»Sag ich doch, kein kleiner Dummkopf.«

»Mein allerbester Freund war aber immer mein Opa. Wenn das Geld schon ausgegeben war und weder in der

Hosentasche, noch im Versteck zu Hause ... also wenn auch wirklich gar kein Geld mehr zu finden war, auch nicht in den Ritzen der Bretterböden an den Kassenbuden, dann suchte ich immer meinen Opa. Er war mein Retter in der Not und obwohl ich noch sehr jung war, wusste ich ganz genau, wo sich mein Opa aufhielt. Er war nicht an den Bierständen der Kirmesmeile. Die wurden wahrscheinlich auch nur für die Touristen oder als Zwischenstation für die Einheimischen aufgebaut. Mein Opa hielt sich entweder in einer der vielen Wirtschaften auf, die sich, wie ein Korsett um die Haaner Kirmes legten oder er war beim Haaneköppen. Ohne die Kneipen und das Haaneköppen würde die Haaner Kirmes wahrscheinlich zu einem gewöhnlichen Volksfest verkommen. Dort hatten sich immer die Einheimischen getroffen, zusammengestanden und Bier getrunken. Aber mein Opa war niemals in nur einer Kneipe. Er ging regelmäßig ein Stückchen weiter, traf einen alten Bekannten und kehrte wieder auf ein paar Biere ein. Anschließend ging er wieder zwei Meter, um erneut einen Bekannten zu treffen, einzukehren und wieder ein paar Biere zu trinken. Für zehn Meter brauchte er mindestens zwei Stunden und sieben Biere. Wenn er Pech oder Glück hatte, traf er einen Bekannten, der nahm ihn wieder drei Meter mit zurück. Mein Opa bewegte sich wie ein Jo-Jo über die Kirmes. Ich wusste also ganz genau, dass er sich irgendwo dort aufhielt. Und dort habe ich ihn auch immer gefunden. Der hat sich immer so sehr gefreut, dass ich ihn gefunden habe ... und nicht die Oma! Aus lauter Freude darüber, drückte er mir immer Geldmünzen in die Hand. Im Gegenzug habe ich ihn auch immer gewarnt, wenn ich die Oma suchend auf der Kirmes gesehen hatte.« Hans-Günter ließ seinen Gedanken freien Lauf und blickte voller Wehmut in die längst vergangene Zeit. Schön war sie gewesen, seine Kindheit.

»Nicht schlecht. Durftest du dich denn alleine über die Kirmes bewegen?«

»Ja sicher! Als wir Kinder waren, haben wir morgens das Haus verlassen, kamen mittags zum Essen rein und dann erst wieder, wenn die Lampen angingen. Unsere Eltern wussten nie, wo wir waren. Nicht so wie heute, wo die Kinder keinen Schritt allein unternehmen dürfen. Wir waren noch frei und hatten den Kopf voller Blödsinn und wenn Kirmes war, tickten die Uhren nochmal anders. Kirmes war immer ein Ausnahmezustand, in dem die sonst geltenden Regeln entweder komplett ausgesetzt waren oder in einer abgeschwächten Form galten. Während der Kirmeszeit musste ich zu Hause sein, wenn die Kirmeslichter ausgingen oder das Rathaus brannte. Heute hat sich einiges verändert, aber die Kirmes ist und bleibt ein Paradies, wenn auch elektronisches, aber ein Paradies«, erzählte Hans-Günter freudig.

»Warum hast du Haan verlassen?«, fragte Cathrin.

»Wegen einer Frau«, antwortete Hans-Günter in einem Tonfall, der Cathrin davor warnte weiterzufragen.

Lachend und kreisend bewegten sich Cathrin und Hans-Günter umeinander. Andere Paare wandelten Arm in Arm über die Kaiserstraße. Die Besucher waren nicht übermäßig schick gekleidet, sondern wie an einem Sommersonntag, den man im Freien verbringen möchte. Die Jugendlichen trugen legere Klamotten, denen man ansah, dass sie nie geschont wurden und die kleinen Mädchen liefen in ihren hübschen und leichten Kleidchen mit Schokoladenflecken auf der Brust. Eine Mutter schaute sich hilfesuchend nach ihren Kindern um. Im nächsten Augenblick hatte die Mutter ihre verloren geglaubten Kinder gefunden und in die Arme geschlossen. Eine langbeinige Dame, in einem schwalbenschwanzförmigen Rock, schritt gemütlich hinter der Mädchenfußballmannschaft des TSV Gruiten her, die stolz ihre einheitliche Spielkleidung zur Schau stellte.

Eilfertig, transpirierend und mit ganzer Seele bei der Sache, schwänzelte ein kleiner Junge über die Kaiserstraße, indem er kunstvoll mit den Zehenspitzen zuerst auftrat und die kleinen Füße auf eine verzwickte Art kreuzweise übereinander setzte. Er schwang die Arme in die Luft und rief nach Zuckerwatte. Er klatschte voller Freude in die Hände, dabei flog der bunte Luftballon, der an seinem Handgelenk befestigt war, flatternd hin und her.

Auch Evelin und Dieter waren dort. Sie zogen im Sonnenlicht an den Fahrgeschäften vorüber. Evelin sah im Gedränge eine Bekannte aus dem vergangenen Jahr und ging winkend auf sie zu.

»Hallo Margarita!«, rief Evelin.

»Hallo Evelin!«, brachte Margarita freudig hervor und kam ebenfalls winkend auf Evelin und Dieter zu. Margarita war 31 Jahre alt, in Kasachstan geboren und lebte seit 1994 in Deutschland. Sie hatte als siebenjährige die Kirmes erstmals begeistert erlebt. Noch nie in ihrem jungen Leben hatte sie so viele bunte Karussells und so viele unterschiedliche Kuscheltiere gesehen. Auch ihre Eltern waren überrascht und begeistert zugleich. Margaritas Vater nahm damals sehr erfolgreich an den zahlreichen Gewinnspielen teil und gewann unglaublich viele Kuscheltiere für die kleine Margarita. Immer wenn sie sich die Bilder von damals anschaute, machte ihr Herz Sprünge. Ihre Augen funkelten vor Glück mit den ganzen Kuscheltieren und den Spielsachen im Arm. Seither besuchte sie die Haaner Kirmes jedes Jahr und mittlerweile kam sie mit ihren eigenen Kindern hierher.

»Wie geht es dir?«, fragte Evelin.

»Mir geht es sehr gut, danke und dir?«

»Mir auch«

»Ich bin heute mit meinen Kindern hier. Schau mal dort sind sie«, sagte Margarita und zeigte auf zwei entzückende kleine Mädchen im Kinderkarussell.

»Ach Evelin, heute ist die Kirmes wieder etwas ganz besonderes für mich. Meine Große ist nun 5 Jahre und traut sich schon auf so viele Fahrgeschäfte. Wir waren schon gemeinsam auf dem großen Kettenkarussell, dem Musikexpress und auf der schnellen Krake. Wir hatten schon unglaublich viel Spaß. Ich bin so stolz auf meine Große. Die Kleine geht auch schon auf so viele Karussells und ist überglücklich. Für mich ist es, als wenn ich meine eigene Kindheit noch einmal erleben darf«, gab Margarita mit einer kleinen Träne im Auge von sich.

»Herrlich, genießt den Tag noch. Ich wünsche euch eine schöne Zeit«, sagte Evelin und legte zum Abschied die rechte Hand kurz auf Margaritas Unterarm.

»Danke, das wünsche ich euch auch. Vielleicht sehen wir uns später noch.«

Dann gingen Evelin und Dieter ein Stück weiter und schlenderten ganz nah an einer Gruppe von rotwangigen Menschen vorbei. Die aßen und tranken, erzählten und vergnügten sich. Sie riefen sich Neckereien zu und lachten hell und laut. Der Duft von Evelins Haar umwehte Dieter manchmal. Er schloss kurz die Augen mit einem Gefühl, das ihm wohlbekannt vorkam. War es Sehnsucht? War es Zärtlichkeit, Neid oder gar Selbstverachtung? Er sah sie an und ein Verlangen stieg in ihm auf, ein Verlangen, dessen er sich schon entledigt glaubte und das ihm doch noch so vertraut war.

Eine kleine Gruppe Kinder vor ihnen riss Dieter aus seinen Gedanken, denn die Gruppe hatte eine tolle, ausgelassene Bewegung angenommen. Die Kindergruppe hatte sich aufgelöst und sprang wild hin und her. Einige Kinder flogen rasend, einander überholend, mit kurzem, atemlosen Gelächter an Dieter und Evelin vorüber. Ein Mädchen wurde von der allgemeinen Jagd mitgerissen. Das Mädchen hatte ein blasses, schmales Gesicht und magere, hohe Schultern. Ganz plötzlich, dicht vor Dieters Füßen, entstand ein Stolpern und Stürzen. Das blasse Mädchen fiel so heftig hin, dass es gefährlich aussah und mit ihr stürzte ein weiterer Junge. Auch er hatte sich offensichtlich sehr weh getan, denn nur halb aufgerichtet, zog er eine schmerzverzerrte Grimasse und hielt sich sein Knie mit beiden Händen. Das Mädchen lag, wie betäubt am Boden. Dieter trat hervor, fasste das Mädchen sachte an den Armen und hob es auf. Gehetzt aber glücklich sah das Mädchen zu Dieter auf. Dabei verfärbte sich ihr blasses Gesicht mit einer leichten Röte.

»Du solltest nicht so schnell laufen, junge Dame«, sagte Dieter sanft. Aber das Mädchen und auch der Junge sprangen auf und rannten weiter, bis zum Autoscooter.

»Ich bin im Sommer geboren und laut Erzählung meiner Eltern auch bereits in meinem Geburtsjahr das erste Mal hier auf der Haaner Kirmes gewesen«, sagte Dieter. Evelin sah ihn interessiert an.

»Kommst du hier aus Haan?«, fragte Evelin.

»Nein, ich wurde in Solingen geboren und bin dort aufgewachsen. Aber ich hatte viele Freunde hier in Haan. Mit dem Fahrrad war es ein Katzensprung von Solingen nach Haan«

»Stimmt, früher ist man noch Fahrrad gefahren. Heute werden die Kinder immer nur von ihren Eltern hin und her kutschiert. Warum hast du Solingen verlassen?«

Dieter schmunzelte zustimmend.

»Ich habe sehr gerne in Solingen gelebt. Eine Frau hat mich hier weggezogen«, Dieter seufzte kurz, dann sprach er weiter und beendete dieses unangenehme Thema.

»Über viele Jahre habe ich keine Kirmes verpasst und mich als ein großer Fan dieses traditionsreichen Haaner Festes bezeichnet. Im Laufe dieser Jahre haben sich viele Erlebnisse aus und rund um die Kirmes angesammelt.

Meine Tochter erblickte in der Nacht von Kirmesmontag auf Kirmesdienstag das Licht der Welt. Meine Frau ließ mich damals von der Kirmes holen und beorderte mich nach Hause.«

»Du hast eine Tochter?«

»Ja, sie lebt aber leider noch weiter weg als ich. Sie lebt in Australien«, erklärte Dieter mit einem wehmütigen Unterton.

»Aber lass mich jetzt nicht Trübsal blasen. Ich will dir eine andere Geschichte erzählen«

»O.k., ich höre«

»Ich war ungefähr 14 Jahre alt und verbrachte die Kirmestage überwiegend hier, an diesem Autoscooter, zusammen mit meinen Freunden. Der Autoscooter war cool, hier standen immer die tollsten und aufregendsten Mädchen. Schau mal, heute ist es noch ganz genauso« lachte Dieter und zeigte auf eine Mädchengruppe, die von einer Jungengruppe umgarnt wurde.

»Wir investierten damals unser Kirmesgeld in die bunten Fahrchips. Sobald die Wagen zum Stehen kamen, rannten wir über die Fläche und ergatterten schnellstmöglich einen Wagen. Kaum saßen wir, steckten wir einen Chip schon bis zur Hälfte in den Schlitz, hielten ihn aber mit ausgestrecktem Arm, zwischen zwei Fingern noch solange fest, bis die Sirene ertönte. Mit der Sirene stießen wir den Chip durch den Schlitz. Dann drehten wir möglichst coole Runden und verursachten so viele Crashs, wie möglich. Einmal kam uns der Kollege Zufall zur Hilfe. Ich hatte mal wieder einen grandiosen Crash herbeigeführt, da sprang plötzlich der Kasten auf, in dem die ganzen Chips des Tages gesammelt waren.« Dieters Augen leuchteten und Evelin konnte die Freude von damals darin lesen.

»Diese schicksalhafte Öffnung machte uns zu den Königen des Autoscooters. Wir haben natürlich die hübschesten Mädchen eingeladen und eine herrlich unbeschwerte und glückliche Zeit verbracht. Aber das Glück war nur von kurzer Dauer, denn die Chips waren schnell aufgebraucht und was soll ich sagen ... Wer einmal Blut geleckt, der weiß, wie es schmeckt. Wir versuchten natürlich, dem Zufall etwas auf die Sprünge zu helfen. Wir schafften es auch mehrfach, die Auffangbehälter durch gezielte Crashs und passende Fußarbeit zu öffnen. Vom Glück beseelt vergaßen wir aber, dass unser Trick irgendwann auch mal auffallen könnte.« Dieter atmete tief und schmunzelte in sich hinein.

»Oh je«, brachte Evelin hervor und wartete gespannt auf das Ende der Geschichte.

»Bei einem weiteren Versuch wurden wir von einem Angestellten des Fahrgeschäfts beobachtet. Leider war es nicht der schmächtige Knabe im Kassenhäuschen, sondern einer von der Sorte Cowboystiefel, Ohrringe, Tätowierungen bis zum Hals und einer Träne unter dem Auge. Heute ist ja fast jeder tätowiert und der Anblick bereitet keine Angst mehr. Aber damals waren solche Typen noch schwere Jungs. Wir ergriffen also schnellstmöglich die noch verstreuten Chips und danach ... die Flucht. Aus unserer Sicht rannten wir um unser Leben! Wir rannten so schnell wir konnten über die Kaiserstraße, dann links Richtung Rathaus und bogen sofort rechts in die Turnstraße ein. Wir nahmen unsere Beute aus den Taschen und verstreuten sie auf der Flucht, in der Hoffnung, dass unser Verfolger sich damit begnügen würde. Plötzlich nahm das dichte Gedränge der Kaiserstraße ab und die Straße wurde leerer und leider auch dunkler. Hinter uns hörten wir die Rufe des Verfolgers. Aber noch viel schlimmer war das Klappern der Absätze seiner Cowboystiefel, die wir in der nun ruhigen Turnstraße deutlich hörten. An dieses Geräusch kann ich mich bis heute noch sehr lebhaft erinnern. Und ich habe es sogar jetzt, in diesem Moment, wo ich davon erzähle, in meinem Ohr und meinem Gedächtnis. Mein Freund Olaf und ich entschieden, dass es besser sei, wenn wir uns trennen würden. Olaf lief links und ich rechts in die Kirchstraße. Ich wollte nur noch weg und lief und lief und lief. Irgendwann hörte ich das Klackern der Stiefel nicht mehr. Dann lief ich zu meinem Freund Olaf nach Hause. Wir waren beide heilfroh, dass wir unserem Verfolger entkommen waren. Die restlichen Tage haben wir uns nicht mehr auf die Kirmes getraut. Selbst in den Jahren danach, habe ich immer einen großen Bogen um den Autoscooter gemacht. Auch heute sehe ich mir immer die Menschen an, die dort arbeiten und habe immer noch ein etwas schlechtes Gewissen. Dennoch muss ich zugeben, dass ich diesen Trick Jahre später bei einer Fahrt noch einmal ausprobiert habe. Bei den heutigen Scootern funktioniert er aber nicht mehr«, sagte Dieter leicht traurig, mit einem Zwinkern im Auge.

Evelin und Dieter lachten aus vollem Herzen. Diese Geschichte, die Fröhlichkeit, diese ausgelassene Stimmung war für Evelin die pure Lebensfreude.

Am Brauhaus zum Dom trafen sich viele Besucher und rundeten ihr Treffen mit einem Kölsch ab. Die Menschen standen kreisförmig in Gruppen beisammen, sodass sich lediglich ein Schlengelweg bildete, den Leonard bedächtig und amüsiert beschritt, bevor er am Musikexpress stehen blieb. Dort stand eine Frau, die augenblicklich seine Aufmerksamkeit erweckte. Er erkannte sie sofort. Es war Paula. Leonard erschien es, als würde sein Herz für einen kurzen Moment aufhören zu schlagen. Paula stand dort in ein Gespräch vertieft. Leonard stand mit einem Bratwurstbrötchen in der Hand etwas abseits und beobachtete sie. Er stand ganz dicht am Musikexpress. Breitbeinig und ein wenig vorgebeugt verzehrte er bedächtig seine Bratwurst, wobei er die hohle Hand unter sein Kinn hielt, um die Krümel des Brötchens aufzufangen. Leonard stand so locker wie es nur ging und sah, wie Paula auf eine gewisse übermütige Art lachend den Kopf zu Seite warf und ihre schmale Hand zum Hinterkopf führte. Dabei glitt ihr leichter Ärmel über ihren Ellenbogen. Genau in diesem Moment erschütterte ihn ein unendlicher Instinkt mit einem solchen Schmerz in seiner Brust, dass er unwillkürlich seinen Kopf drehte, damit niemand das Zucken in seinem Gesicht sah. Er hätte dieses Gefühl am liebsten vergessen, aber das war unmöglich. Niemals. Ach könnte er noch einmal von vorne anfangen, rechtschaffen, fröhlich und schlicht; im Einverständnis mit der Natur, geliebt werden von der Harmlosen und Glücklichen, frei sein vom Fluch und der grausamen Qual. Er hätte so gerne in seliger Gewöhnlichkeit gelebt. Aber es half nichts. Die Zeit war vergangen und konnte nicht rückgängig gemacht werden. Und selbst wenn er die Zeit zurückdrehen könnte, würde trotzdem wieder alles so werden, wie es gekommen war, denn er ging aus der Notwendigkeit in die Irre, weil es für ihn einfach keinen anderen Weg gab.

Inzwischen war die Abenddämmerung über Haan eingefallen, dieser Tag würde nicht wiederkehren. Die Kirmes aber war immer noch laut und hell. Ein laues Lüftchen ging hernieder. Als Loretta und Harald am Rathaus vorbei gingen, nahm Loretta heimlich Abschied vom schönen Kirmestag und begrüßte den Abend; diesen herrlichen Abend, der nun unerbittlich heraufzog. Genauso erbarmungslos würde diesem Abend der nächste Tag folgen, dessen Datum sie in der Nacht zuvor leise vor sich hingesprochen hatte, mit einem Gefühl von Andacht und stiller Trauer, denn es würde der Tag sein, an dem sie sich von Harald würde verabschieden müssen. Harald ging zufrieden neben Loretta. Auch er war in Abschiedsstimmung gefangen. Er mochte nicht daran denken, aber die Vorstellung drängte sich ungefragt auf. Loretta war eine gute Begleiterin. Sie schwieg und richtete nur manchmal ihre großen und liebevollen Augen auf ihn. Sie waren über den Neuen Markt gegangen und wollten nicht weiter auf der Kirmes flanieren. Während sie in den Park hinter der

Stadtbücherei gingen, erfreute sie der Anblick des Riesenrades. Schrill und bunt lugte es über die Häuserreihe. Loretta und Harald gingen den Weg entlang, bis zum Bürgergarten. Der Park mit seinen grünen Büschen, von denen sich die innen liegende Wiese mit den kleinen Gänseblümchen abhob, lag im unruhigen Licht der Fahrgeschäfte aber die Parkbank dort, lud zum Verweilen ein. Loretta hatte sich auf der Bank niedergelassen und umschlang mit den Armen, ihr hochgezogenes Knie. Das andere Bein ließ sie an der Bank herunter baumeln. Dadurch rutschte ihr Kleid ein wenig hoch und ließ die blanke Haut ihres Knies glänzend zum Vorschein kommen. Wellen ihres Haares ruhten auf ihren Schultern. Für Harald ging von Loretta so ein großer Liebreiz aus, dass er nur mit einem innerlichen Schluchzen reagieren konnte. Loretta berührte sein Herz genau so, wie es damals seine erste und bisher einzige Liebe getan hatte. Die, die ihn verließ und nicht mehr gesehen ward. Harald gedachte ihrer viele Nächte und blieb in den vergangenen Jahren ein einsamer Junggeselle. Aber Lorettas Gegenwart legte sich auf sein Herz und ließ es langsamer und ruhiger schlagen. Harald war äußerst zufrieden und seine Laune war wirklich sehr gut. Freudig und erfrischend erzählte er aus seinem Leben. Er besaß keine großen Leidenschaften, aber eine Geschichte trieb regelmäßig allen Zuhörern die Tränen vor Lachen in die Augen.

»Damals«, so begann er seine kleine Anekdote. Damals, an einem sonnigen Kirmesdienstag verließ Harald sein Haus und begab sich auf die Kirmes. Dort traf er sich mit zwei Freunden. Das Trio heckte beim vergnügten Bier einen Plan aus. Es war das Jahr, in dem sich ein Wechsel in der Traditionskirmes ereignete; ein Wechsel, der alle Besucher in Erregung versetzten sollte. Der Abschluss der Kirmes, der lange Jahre ohne großes Aufsehen erfolgte und trotzdem in den Kreisen der Gesellschaft beliebt gewesen war, sollte verändert werden. In der Zeitung wurde ein großes Feuerwerk angekündigt. Die Freunde begannen sehr bald nach ihrer Zusammenkunft diverse Einkäufe zu tätigen. Unter einem Baum, in einem Garten hinter dem Park, begutachteten die drei ihre Einkäufe. Harald stand zwischen seinen Freunden. Nachdenklich strich er sich mehrmals mit der Hand über das Kinn und schaute auf die Trophäen. Sie hatten am Vormittag von ihrem schmalen Taschengeld drei Raketen und einen Böller gekauft. Dann begann er zu gehen, umkreiste dreimal den Baum, an dem die Raketen lehnten, trat dann wieder zwischen seine Freunde und sagte, während er die Raketen und den Böller die ganze Zeit im Auge behielt:

»Wollen wir das wirklich machen?«

»Aber selbstverständlich«, antworteten die Freunde.

Harald schwieg eine Weile. Dann wiederholte er fragend und unschlüssig zugleich:

»Selbstverständlich?«

»Ja!«

Die drei Jungs begaben sich in den Abendstunden in die Gärten hinter dem Neuen Markt. Harald hielt eine Rakete in der rechten Hand. Mechanisch drehte er mit seiner linken Hand an seinem tief in die Schläfe gestrichenem

Haar. Sein Gesicht war rot und mit freudigem Blick verfolgte er, wie seine Freunde nacheinander, jeder eine Rakete anzündete und damit den dunklen Himmel erleuchtete. Auch Harald ließ seine Rakete starten und warf den Böller. Es war 15 Minuten vor 22:00 Uhr. Was nun geschah, war so haarsträubend lustig, dass selbst Harald beim Erzählen schon wieder lachen musste. Diese Aktion war für die Jungs ein Riesenerfolg.

»Alle Lichter der Kirmes gingen aus und das Riesenrad blieb stehen.« Loretta lachte hemmungslos, bis ihr die Tränen die Wangen herunterliefen.

Paula und Leonard bekamen davon nichts mit. Sie hatten sich in den frühen Abendstunden getroffen, um sich einem gemeinsamen Tanzabend zu widmen. Jedem, der sich eine Unterhaltung im guten, alten Stil wünschte, waren die Ü50-Partys des Rockin' Rooster Clubs aufs Wärmste zu empfehlen. Von der Büssingstraße bogen die beiden auf die Siemensstraße und betraten nach wenigen Metern die Dieselstraße. Freudig gingen sie durch den kleinen Vorgarten des Etablissements, in dessen Mittelpunkt ein Festsaal gelegen war. Die Halle, die mit einer kleinen Bar verbunden und mit lauter alten und neuen Gegenständen eingerichtet war, erinnerte ein wenig an die Partykeller der 1970er Jahren. Der Raum besaß eine große Fensterfront, die einen Blick auf die Wiese des kleinen Vorgartens gewährte.

Paula und Leonard wurden von dem Stimmengewirr vor dem RRC überrascht, denn der Festsaal war schon mit sehr vielen Menschen besetzt. Den beiden bot sich ein wahrhaft freudiger Anblick. Am Eingangsbereich hielten sich einige Besucher auf, um im Freien noch eine Zigarette zu rauchen. Am Ende des Saals befand sich die Bühne, an deren Seiten Uromas Stehlampen standen und auf deren rotgemusterten Perserteppich DJ Klaus fast wie von Geisterhand schwebte und Tanzmusik von Schallplatten und CDs abspielte. Von der Bühne bis zum anderen Ende des Raumes schwoften über 100 Gäste. Heitere Ungezwungenheit war heute Gesetz. Leonard und Paula drängten sich durch den Eingang, denn sie wollten tanzen. Der Saal war voller Oldie-begeisterter Ü-Fünfziger. Sie waren alle gekommen, um zu den Hits aus den 60er, 70er und 80er Jahren abzutanzen. Es gab kein Techno, House oder Schlagergedöns. An diesem Abend wurden die Hits der großen Rocklegenden gespielt. DJ Klaus achtete auf eine gesunde Mischung und wählte Musik aus, zu der eigentlich alle Junggebliebenen tanzen konnten. Geschickt leitete er den musikalischen Streifzug durch die Hits der vergangenen Jahrzehnte, so dass für jeden etwas dabei war. In alter Frische tobten sich Paula und Leonard auf der Tanzfläche aus, die Zwanglosigkeit war vollkommen. Sie waren nass geschwitzt und strahlten übers ganze Gesicht. Sie fühlten sich um Jahrzehnte verjüngt und lachten um die Wette. Anschließend fuhren sie fröhlich beseelt und erschöpft vom Tanzen mit dem Taxi zum Hotel. Dort verabschiedete sich Paula von Leonard und bedankte sich für diesen wunderschönen Abend.

Kapitel 25

Vergnügte Rache

Sie, die Ungeliebte, verbrachte sehr viel Zeit im Labor. Sie liebte und erforschte die Entwicklungsgeschichte von Pflanzen. Pflanzliche Organismen wie Algen und Moose, Gräser, Farne und Blumen faszinierten sie genauso, wie Sträucher und Bäume. Sie untersuchte die Energie- und Stoffumwandlungsprozesse der pflanzlichen Zellen und studierte die Wechselwirkungen zwischen den einzelnen Organismen. Sie beschrieb pflanzliche Formen, ordnete sie nach dem Grad ihrer Ähnlichkeiten und lernte die Regeln der botanischen Systematik. Sie beschäftigte sich mit den Gesetzen der Vererbungslehre und der molekularen Genetik. In der Paläobotanik untersuchte sie die Reste von ausgestorbenen Pflanzenarten und lernte, den Zeitpunkt ihres Auftretens auf der Erde zu bestimmen. Sie tat also alles, was eine gute Botanikerin tun sollte. Ihr eigentliches Interesse aber war die Pharmakologie der Giftpflanzen. Mit ihnen experimentierte sie geduldig und ausdauernd. Sie suchte nach geruchs- und geschmacksneutralen Giften, die robust und einfach zu handhaben waren. Sie kreierte neue Rezepte. Dabei begnügte sie sich nicht mehr damit, aus hastig zusammengesuchten Materialien, mehr schlecht als recht, einen Obstsalat herzustellen. Sie setzte ihren Ehrgeiz daran, ihre Opfer todsi-

cher zu erledigen. Es dauerte nicht lange und sie war eine echte Gift-Spezialistin. Sie mischte verschiedene Pflanzen und fand heraus, dass jedes Gewächs eine besondere Prozedur verlangte. In verschiedenen Lösungsmitteln musste mal stark gebrodelt, mal erhitzt und mal vorsichtig mit Dampf gearbeitet werden. Genauso wichtig war die Aufbereitung. Einige Pflanzen mussten im Ganzen extrahiert, andere erst fein verlesen und wieder andere erst zerpflückt, gehackt oder geraspelt werden, bevor sie die gewünschte Wirkung entfalten konnten. Ihre Kreationen testete sie zunächst an Mäusen, die sie einzig zu diesem Zweck in ihrem Keller in kleinen Käfigen hielt. Dann machte sie Jagd auf Katzen und Hunde aus der Nachbarschaft. Mit jedem Versuch verfeinerte sie die Ergebnisse. Für den letzten Versuch schlich sie sich nachts in den Schweinestall eines Bauern aus der Nachbarschaft. Sie gab einem Schwein ihre Mischung zu fressen.

›Es wird traumhaft werden. Mein Gift wird scharf sein, wie ein Beil. Der Tod wird sich von seiner schönsten Seite zeigen‹, dachte sie. Sie fand den Vergleich äußerst passend, denn ihre Opfer waren alle Schweine. Das Schwein starb binnen 20 Minuten. Unter ihren Händen entstand die perfekte Giftwaffe.

Im Schutz ihres Heimes, in das sie sich oft und gerne zurückzog, widmete sie sich der raffinierten Jagd nach Kinderschändern. Weil sie ein großes Ziel vor Augen hatte, ging sie mit brennendem Eifer zur Sache. Ungemein planvoll und systematisch ging sie beim Schärfen ihrer Waffen vor. Sie feilte Techniken aus und perfektionierte allmählich ihre Methoden. Nach und nach produzierte sie eine sehenswerte Giftsammlung, die sie in winzige Flakons immer mit sich führte und, falls es ihr notwendig und sinnvoll erschien, einsetzen konnte. Es waren ihre kleinen Spielereien, die todsichere Kunstwerke hervorbrachten. Keiner konnte ihren Schatz würdigen, geschweige denn jemals Kenntnis davon erlangen. Sie aber war entzückt von ihren Kreationen. In ihrem Leben gab es, weder davor noch danach, vergleichbare Momente der wahren Genugtuung. Sie liebte die Tatsache, dass sie im spielerischem Eifer todbringende Säfte erschaffen hatte, die das Ableben einzelner Kinderschänder und Sadisten bewirkte. Die Schänder des Landes, die sie beiseite schaffen wollte, würden sich wohl nicht wehrlos in ihre Fänge begeben. Aber sie würde sie überlisten.

Als erstes probierte sie es mit Herrn Schneider. Er lebte alleine und hatte keine Freunde. Sie lockte ihn mit einem anzüglichen Versprechen in ihr Haus. Während er noch freudig erregt nach einem Kuss von ihr schnappen wollte, servierte sie ihm ein tödliches Mahl. Der Tod kam so plötzlich über Herrn Schneider, dass sein lechzender Blick noch auf seinem Gesicht lag, als sie längst den unbekleideten Körper mit Zigarettenstummeln übersäte. Sicherlich musste sie Acht geben. Auch Kinderschänder werden irgendwann mal vermisst. Aber sie war sich ganz sicher, dass ein Kinderschänder in libidonösem Vorsatz niemals jemandem erzählen würde, wo er tatsächlich hinging. Sollte Herr Schneider gesucht werden ... dann auf keinen Fall bei ihr. Den todbringenden Flakon schloss sie ganz fest und trug ihn, als Erinnerung an diesen Triumph, bei sich. Es war ihr gelungen, einem Schänder das Lebenslicht zu rauben. Die Leiche wickelte sie in ein Leinentuch und zog sie über den glatten Fußboden bis zur Terrasse. Hier ließ sie den Leichnam vorerst im Schutze der Dunkelheit liegen. Dann schritt sie hinaus in den Garten und hob eine Ruhestätte für Herrn Schneider aus. Vor dem ersten Morgengrauen zog sie die Leiche mit dem Leinentuch über die Terrasse und den Rasen bis zu dem ausgehobenen Grab. Mühevoll zerrte sie das Leinentuch auf die Grabkante, bis die Schwerkraft den schlaffen Körper in die Tiefe zog, wo er mit einem dumpfen Plumps liegen blieb. Schnell, aber ohne Eile, schaufelte sie das Grab lautlos zu. Anschließend pflanzte sie in der Mitte des Erdhügels einen Rosenstock. Um ihn herum setzte sie Lavendel, Rittersporn, Fingerhut, Frauenmantel und Bergminze. Euphorisch betrachtete sie dieses wunderschöne Blumenmeer.

Mit äußerster Vorsicht machte sie sich an den nächsten Peiniger heran. Sie variierte das Prinzip ihrer Jagdmethode und errichtete ein weitmaschiges Netz, um möglichst große Beute zu machen. Mit der Leichtigkeit eines unschuldigen Kindes getarnt, nahm sie Kontakt auf. Sie verzichtete darauf, beliebige Opfer aufzugreifen, um sich ihres Lebens zu bemächtigen. So etwas war immer mit Risiken verbunden und brachte ihrer Seele keinen Frieden. Sie begehrte nur gewisse Menschen: Menschen, die Kindern die Sprache, das Lachen, das Leben und die Freude geraubt hatten. Menschen, die man Schänder und Quäler nannte. Das waren ihre Opfer.

Es mochte etwa ein Jahr vergangen sein, seit sie Herr Schneiders Leben geerntet hatte; Zeit, sich nach dem Stand der Dinge in ihrem Heimatdorf zu erkundigen. Sie schlich sich des Nachts unerkannt durch die Straßen und spähte ihre Peiniger aus. Sie war auf die Erinnerungen, die mit diesem Besuch verbunden waren, vorbereitet und wusste ganz genau, was sie erwartete. Den-

noch klopfte ihr Herz rasend schnell, als sie durch die Straßen schritt und die Häuser ihrer Opfer ins Visier nahm. Sie spürte wie ihr Blut durch die Adern schoss. Ihre Erlebnisse waren allgegenwärtig. Die Männer waren alle noch da. Sie hatten ihre Abnormitäten unbeschadet überdauert und sich womöglich eines neuen Kindes bedient. Der Druck in ihrer Brust war, wie erwartet, gewachsen und schränkte sie extrem ein. Was noch vor ein paar Jahren unfassbares Schweigen in ihr auslöste, war nun zu einem Feldzug geworden und nicht mehr zu stoppen. Dieser Feldzug speiste sich aus einer immer stärker werdenden inneren Quelle. Ein Leben lang hatte sie nun Zeit, um ihre innere Quelle sprudeln zu lassen. Sie konnte ihre Zielpersonen nach und nach abfangen und töten.

Sie lief die Straße entlang, bis zum Wald nördlich der Stadtgrenze. Von weitem sah sie schon den Walnussbaum und nahm den leicht süßlichen Duft der Schnapsbrennerei wahr. Unsicher aber zielstrebig schlich sie zu jenem Haus. Sie erklomm die Stufen und las das Namensschild:

›Neumann‹. Perfekt! Auch er war noch da. Alles war still und dunkel. Wahrscheinlich schlief Herr Neumann im oberen Stockwerk des Hauses. Obwohl die Fenster verschlossen waren, wehte ihr sein Körpergeruch wie eine schaurige Brise durch die Nase. Sie stand starr und benommen. Genauso hatte es sich angefühlt, als sie dieses verdammte Haus zum ersten Mal betreten musste. Sie war vom Schmerz erfüllt, wie eine Sklavin, die aus der Ferne die Freiheit beobachtet. Nur eines war anders als damals: jetzt wusste sie, dass sie Herrn Neumann heimholen und töten würde. Wahrhaftig, Sie, die Geschändete. Sie, die niemals Liebe empfangen hatte. Sie stand voller Vorfreude vor

seinem Haus und war zutiefst beglückt über die Aussicht auf seinen Todestag. Freilich hatte sie auch die anderen Opfer vor Augen, aber Herr Neumann war ihr eine besondere Herzensangelegenheit. Sie liebte den Gedanken, ihn bald zu töten; ihn ganz besonders. Ihn würde sie sich mit dem größten Vergnügen heimholen. Das schwor sie sich, dort auf dem Treppenabsatz, bei ihrem Leben. Nachdem sie dieses Gelöbnis vor sich selbst abgelegt hatte, verließ sie diesen Ort beschwingt und kehrte nach Hause zurück.

In dieser Nacht lag sie glücklich und zufrieden in ihrem Bett und holte sich die Gedanken an Herrn Neumanns Tod ins Bewusstsein. Sie gab sich gerne der Verlockung hin und tauchte in die wildesten und abnormsten Tötungsmethoden ein. Sie liebkoste seinen Tod so eng, als hätte sie ihn schon vor sich wimmernd auf dem Boden liegen. Sie berauschte sich eine köstliche Weile lang daran und nahm die Gedanken mit in den Schlaf. Gegen drei Uhr in der Frühe schreckte sie hoch.

›Was ist, wenn ich nicht alle Peiniger erwische?‹, dachte sie.

›Was ist, wenn einer abtaucht und sich versteckt; wenn sich weitere verstecken und untertauchen? Oh Gott, ich werde nackt sein, wie zuvor und muss mit anderen Dingen die Schatten von meiner Seele nehmen. Nein! Es wird noch schlimmer sein, als zuvor, denn ich habe den Tod schon gesehen. Ich werde den Tod niemals vergessen und Zeit meines Lebens von diesen Erinnerungen zehren müssen. Wie ich mich schon jetzt an meiner Vorfreude auf die Tötung verzehrt habe.‹

Dieser Gedanke erschreckte sie so sehr, dass nunmehr Angst in ihr aufstieg. Wie lange würde sie brauchen, um alle Peini-

ger zu ernten? Einige Jahre oder ein halbes Leben? Und wenn einer fehlen würde, was dann? Sie würde qualvoll vegetieren, in dieser grässlichen Welt; langsam welken und dann sterben. Der Gedanke fröstelte sie. Sie erwog, ihre Pläne aufzugeben und den Peinigern nicht weiter hinterherzuhecheln und einfach zu einem normalen gutbürgerlichen Leben überzugehen.

Aber sie tat es nicht. Sie begann, ihren Plan zu perfektionieren. Die Gedanken waren so herrlich, wie der Tod von Herrn Schneider. Der Besitz des Todes und der eventuelle Verlust eines Peiniger war wesentlich begehrenswerter, als der Verzicht auf beides, denn verzichtet hatte sie bereits genug. Sie verscheuchte alle aufkommenden Zweifel und spürte, wie ihr warmes Blut wohlig durch die Adern floss; und so nahmen die Rachegedanken, noch viel mächtiger als zuvor, Besitz von ihr. Die Rache entsprang nun nicht mehr ihrer reinen Begierde, sondern hatte sich zu ihrem persönlichen Lebensziel entwickelt. Sie hatte diese Entscheidung getroffen, sie allein. Mit einem heroischen Gefühl ließ sie sich noch tiefer in die Kissen sinken und kuschelte sich behaglich unter die Decke. In dieser Nacht erwachte ihr Selbstbehauptungswille und ihr wacher Geist vollendete den Entschluss, alle Peiniger zu vernichten. Ruckartig setzte sie sich senkrecht im Bett auf … dass sie nicht schon viel früher darauf gekommen war! Viel besser war es, all ihre Peiniger für alle Zeiten für sich zu besitzen. Sie wollte deren Tod haltbar machen. Sie wollte die Vergänglichkeit bannen, ohne den Charakter des Todes zu zerstören. Sie würde dem natürlichen Verwesungsprozess durch herrliche Blumenbeete begegnen. Damit legte sie der Vergänglichkeit Zügel an. Sie verließ ihr Bett und schritt in den Garten direkt auf die Stelle, an der Herr Schneider lag.

Mit den vielen, schönen Blumen hielt sie die Fesseln genauso locker, dass der Verwesungsprozess unter der Erde ungehindert fortschreiten konnte, sie jedoch täglich die Erinnerung an das Ableben der Peiniger lebendig halten konnte. Dieses Kunststück war ihr mit Herrn Schneider gelungen. Das Blumenmeer brachte ihre gebrochene Seele zur Geltung und verlieh ihr ein Gefühl der Macht, über die Vergangenheit. Warum sollten die anderen nicht auch hier im Garten für ihre Zerstreuung sorgen? Alles Schöne wurde bearbeitet: Diamanten wurden geschliffen; Gold wurde filigran bearbeitet ... Natürlich durften ihre weiteren Opfer nicht irgendwo entsorgt werden! Sie würde sie einfassen, wie kostbare Edelsteine. Einen Garten Eden würde sie sich schaffen. Hier in ihrem Garten würde sie alle Peiniger beherrschen und sie kreisförmig anlegen; und dort, an der erhabensten Stelle wird Herr Neumann liegen. Sie würde einen Garten nach allen Regeln der Kunst anlegen und Herr Neumann sollte das Herzstück werden.

Im Mai desselben Jahres kam Herr Schmidt von einer Segeltour nicht zurück. Im November verließ Herr Fischer urplötzlich seine Familie. Im März des darauffolgenden Jahres kehrte Herr Richter von einer Bergtour nicht zurück. Herr Schmidt war offensichtlich ertrunken, Herr Fischer war mutmaßlich vor dem Finanzamt geflüchtet und die Leiche von Herrn Richter hatte der Berg nicht mehr preisgegeben. Im Dorf überschlugen sich die Gerüchte. Zuerst verdächtigte man die Liebhaber der Ehefrauen. So ein Verschwinden konnte nur Fremden zugeordnet werden. Der Nachteil dieser These war, dass die Frauen überhaupt keine Liebhaber hatten. In Ermangelung von Liebha-

bern, verdächtigte man dann die Ehefrauen selbst. Frau Schneider und Frau Richter hatten beträchtliche Summen von ihren Ehemännern geerbt. Auch an Frau Fischer ließ die Nachbarschaft kein gutes Haar. Herr Fischer war ein ausgebuffter Steuerhinterzieher. Das Finanzamt hatte sich jedoch alles, was ihr Mann unterschlagen hatte, zurückgeholt. Kurz darauf musste Frau Fischer das Haus verkaufen. Konkretes gab es zwar nicht, aber das störte niemanden. Die Gerüchte wurden immer haltloser und verhallten irgendwann ungehört im Nirgendwo. Kurz darauf kehrte auch Herr Schulz von einer langen Weltreise nicht zurück. Die Nachricht verbreitete sich wie ein Lauffeuer. Nun waren die neu zugezogenen Bewohner des Dorfes die Leidtragenden der Gerüchteküche. Offene Feindseligkeit wurde ihnen gegenüber geäußert. Die Frauen der Stadt empörten sich, waren aber ratlos. Wer an Gott glaubte, betete was das Zeug hielt. Die Bewohner versammelten sich nach dem Gottesdienst und sprachen den Männern ein Ausgehverbot aus. Niemand durfte mehr allein das Haus verlassen. Dann war vorerst Ruhe. Ein Jahr verging … ohne weitere mysteriöse Vorkommnisse. Die Bewohner des Dorfes schlugen drei Kreuze und dankten Gott, dem Allmächtigen. Sie organisierten ein Kaffeetrinken im Gemeindehaus und lockerten das Ausgehverbot für Männer.

Nur die betroffenen Frauen trafen sich regelmäßig und gestanden sich ein, dass sie über das Verschwinden ihrer unberechenbaren und teilweise gewalttätigen Männer nicht wirklich traurig waren. Endlich blühten sie auf und konnten leben. Zwei Wochen später trat Herr Koch eine Reise an. Die bereits betroffenen Frauen besuchten Frau Koch unmittelbar nach seiner Abreise. Sie führten ein langes Gespräch.

Nachdem Herr Koch in der dritten Woche noch nicht zurückgekehrt war, verkündete Frau Koch, dass ihr Mann sie verlassen hatte und dieser sich, mit seiner neuen Lebensgefährtin, an einem unbekannten Ort ein neues Leben aufgebaut habe. Mit dieser Aussage war die Gerüchteküche mit bestem Material ausgestattet und alles nahm seinen gewohnten Lauf. Normalität kehrte wieder in das Dorfleben ein. Es war, als habe die Gerüchteküche nicht nur die Angst, sondern auch die Erinnerungen ausgelöscht und genau das, war den Bewohnern mehr als recht.

Es gab aber einen Mann im Dorf, der traute dem ganzen Geschehen nicht. Erst wollte er sich eigentlich eine neue Gespielin besorgen. Er dachte sogar ernsthaft über eine Verehelichung nach. Er suchte händeringend nach einer Frau und zwar nicht nach irgendeiner, sondern nach einer Frau, die imstande war, ihn mit all seinen Eigenschaften zu akzeptieren. Er konnte einiges vorweisen: Er war im Besitz eines Hauses mit Garten und besaß sogar ein Auto. Er suchte nach Familienvätern, die ihre Töchter unter die Haube bringen wollten. Und das nicht, weil er eitel war und unbedingt eine Bettgemahlin brauchte, sondern weil er eine Schwäche hatte, die er nicht mehr kontrollieren konnte. Er brauchte eine ruhige und verschwiegene Partnerin. Die Vorkommnisse im Dorf fand er sonderbar und merkwürdig. So kam es, dass er Vergleiche zwischen den verschwundenen Personen und sich selbst zog. Dabei erkannte er eine Gemeinsamkeit und begriff, dass er seine Pläne ändern musste. Dieser Umstand widerstrebte im zutiefst. Er war ein Mann, der es hasste, wenn andere Menschen ihm sein Leben vorschrieben. Dennoch geriet er angesichts der Vielzahl von vermissten Männern in Panik. Er war einer der wenigen, wenn nicht der einzige, der entgegen der haltlosen Gerüchte erkannt hatte, dass hinter dem mysteriösen Verschwinden auch ein Mörder stecken könnte. Er versuchte einen kühlen Kopf zu behalten, aber in seinem Herz breitete sich bleierne Angst aus. Es dauerte recht lange bis er sich eingestand, dass die Angst Besitz von ihm ergriffen hatte. Er beobachtete, wie sein Nachbar, Herr Klein, mit dem Zug nach Köln fuhr. Er sah, wie Herr Klein in den Zug stieg und erschrak zu Tode. Er dachte etwa zwei Sekunden lang nach; dann fasste er den Entschluss, das Dorf zu verlassen. Er kehrte heim und traf erste Vorbereitungen. Es war tiefe Nacht, als er endlich in einen ruhelosen Schlaf fiel. In der Nacht wachte er aus einem unruhigen Traum auf. Er schritt schweißnass und bebend durchs Zimmer, überzeugt, dass auch er auf der Abschussliste stand. Das Verschwinden hatte System. Nicht nur, dass Männer aus dem gleichen Dorf verschwanden, auch die Auswahl dieser Männer verriet eine planende Absicht. Zwar wusste er noch nicht, wer dahintersteckte, aber er ahnte, dass hinter dem Verschwinden kein destruktiver sondern ein sammelnder Geist steckte. Er war ein klar strukturierter Mensch, der auch nicht vor unangenehmen Schlussfolgerungen zurückschreckte.

›Nehmen wir mal an, dass hier ein Sammler sein Unwesen treibt. Ein Sammler, der nur die Männer sammelte, die in ihrer eigenen Welt gefangen waren. Dann musste er unweigerlich davon ausgehen, dass auch er in das Schema passte‹. Während er diese Gedanken zusammenfasste, schwand seine innere Unruhe. Seine Angst wurde von einer wahrnehmbaren Bedrohung abgelöst. Ihm gefiel es zunehmend, dass er ein Muster erkannt hatte. Im Grunde war es nicht anders als im Krieg.

Hatte man den Gegner erst einmal durchschaut, war man ihm überlegen und konnte ihn besiegen. Der Krieg hatte ihn gelehrt, seine strategische Natur zu perfektionieren. Er durchkreuzte die Pläne des Sammlers, stellte seine künftigen Ziele um und entwarf einen neuen Plan. Er verspürte neuen Mut, nachdem er die Bedrohung in eine Gegenstrategie umgewandelt hatte. Die nebelhaften Gedanken der Nacht waren wie weggeblasen. Er befand sich auf gewohntem Terrain und die anfänglich grässliche Sorge steigerte sich in Übermut. Er nahm die Herausforderung an.

Kapitel 26

Dienstag, 26.09.2017

Es war sieben Minuten vor acht Uhr. Evelin ging durch ihr Hotelzimmer um ihr kleines Tamtam zu rühren. In ihrer veilchenblauen Leinenhose stand sie auf der Yogamatte und bearbeitete das Metall mit dem Klöppel. Dies war nur eine kleine Version, mit der sie auf Reisen vorlieb nehmen musste. Zu Hause in ihren eigenen vier Wänden hatte sie ein richtiges Tamtam. Der Klang drang wild und beruhigend durch das mit süßem Duft und exotischem Parfüm geschwängerte Hotelzimmer. Sie liebte dieses Geräusch und beruhigte sich etwas. Sie hatte gestern Abend in einer Zeitschrift noch einen Selbsttest gemacht; ohne zu schummeln. Danach sollte sie nur 71,8 Jahre alt werden. Der Schock über das Ergebnis saß so tief, dass sie den Test wiederholen musste; mit Schummeln. Sie hatte sich die ganze Nacht hin und her gewälzt und sich immer wieder die Frage gestellt, ob es überhaupt moralisch vertretbar war, solche Tests für die Öffentlichkeit und für jedermann zugänglich ins Netz zu stellen. Es gab schließlich labile Menschen, die so ein Ergebnis in tiefe Depressionen stürzen kann. Sie überlegte, ob sie die Betreiber des Testes dafür haftbar machen könnte. Selbst die vier Johanniskraut-

Tabletten halfen ihr nicht richtig in den Schlaf. Um vier Uhr in der Früh rief sie Paula an und erzählte ihr unter Tränen, dass sie in achtzehn Monaten sterben müsse.

»Ach komm Hase, du hast nicht schon wieder so einen blöden Test aus der Zeitung gemacht?«, fragte Paula schlaftrunken.

»Doch«

»Schätzchen, du hast doch erst vorgestern einen Test gemacht, bei dem du recht gut abgeschnitten hast.«

»Nun ja, wie man es nimmt. Bei diesem Test sollte ich 78,9 Jahre werden. Das ist auch nicht wirklich alt.«

»O.k., um deine und meine Nachtruhe noch etwas zu retten, zählen wir jetzt beide Ergebnisse zusammen und nehmen den Mittelwert«, schlug Paula vor.

»Das sind keine tröstlichen Worte«, weinte Evelin hemmungslos in das Handy.

»Ist ja schon gut. Ich bin jetzt wach und komme zu dir.« Paula schlich im Morgengrauen in kurzen Schritten über den Hotelflur bis zu Evelins Zimmer. Paula hatte im Lauf ihres Berufslebens ein erhebliches Maß an Verständnis und Fürsorge erworben. Sie war die Güte in Person. Nach zwei Stunden intensiven Gesprächs, rieb Paula Evelins Hand und fragte in ihrer ruhigen aber leitenden Art:

»Wollen wir jetzt noch ein wenig schlafen gehen?« Danach ging sie aus Evelins Zimmer über das Treppenhaus geräuschlos zurück in ihr Zimmer. Um genau acht Uhr bearbeitete Evelin das Tamtam erneut. Dann schritt sie zum Frühstückssaal. Erna, Paula, Loretta und Cathrin saßen bereits am Tisch und tranken ihren ersten Kaffee. Sie sahen Evelin an und erkannten sofort, dass sie eine grausige Nacht hinter sich hatte.

»Lass uns nach dem Frühstück etwas schwimmen gehen. Bewegung tut dir gut und bringt dich auf andere Gedanken«, schlug Erna vor.

»Ich bin nicht depressiv, ich bin nur etwas nachdenklich«, gab Evelin von sich und bestellte sich einen Yogi-Tee. Dann bereitete sie sich ihr Bircher Müsli zu, obwohl sie keinen Appetit hatte. Dafür hatte sie sich eigens in der Schweiz eine original Bircher Reibe gekauft, die sie auf Reisen immer mitführte. Damit rieb sie einen frischen Apfel in ihre Schale.

»Pass bloß auf, dass du mit diesem Monstrum nicht wieder ein Blutbad anrichtest«, gab Erna schmunzelnd von sich.

»Ja, ich weiß. Ich passe diesmal auf.« Ende des 19. Jahrhundert hatte der schweizer Arzt Maximilian Oskar Bircher-Brenner, eine auf Rohkost basierende Ernährungstheorie aufgestellt. Er war der Ansicht, dass der Mensch ein Frucht- und Pflanzenesser sei. Evelin war weit davon entfernt, aber sein Müsli am Morgen fand sie einfach spitze. Sie hatte es nur ein wenig umgewandelt. Das Original-Müsli bestand aus Haferflocken, einem geriebenen Apfel, Nüssen, Zitronensaft und Kondensmilch. Evelin nahm anstatt der Haferflocken eine Crunchy-Mischung und statt der Nüsse Mandeln. Den Zitronensaft und die Kondensmilch ersetzte sie durch einen Sojajoghurt. Vielleicht hatte sie ja eine Laktoseintoleranz ... man weiß ja nie. Aber der Apfel war original und wurde mit der Original-Reibe von ihr verarbeitet. Erna goss sich derweil einen weiteren Kaffee ein und der frische Kaffeeduft zog in Evelins Nase.

»Möchtest du nicht doch einen schönen, frischen Kaffee?«, fragte sie. Evelin ignorierte diese Frage gekonnt. Nachdem sich alle gestärkt hatten, verließen sie schweigend den Speisesaal.

Leonard Philippi stand an jenem Vormittag wartend an der Theke im Hotel im Park und starrte auf die Eingangstür. Dann trat er ein paar Schritte auf den Eingang zu, öffnete die Tür und horchte ins Freie. Aber Paula kündete sich nicht an. Er schloss die Tür und kehrte an die Theke zurück. Leonard betrachtete sich eine Weile im Wandspiegel. Dann bestellte er einen Cognac. Der Barkeeper öffnete einen kleinen Flakon, nahm ein Gläschen aus dem Regal und servierte Leonard den Drink. Er nahm das Glas, streckte sich gemütlich auf dem Stuhl gegenüber der Bar aus und schloss die Augen. Ein Fenster war geöffnet. Draußen zwitscherten die Vögel und brachten mit ihren kleinen, zarten und kecken Lauten den Sommer in die Bar. Einmal sprach er ganz leise vor sich hin:

»Paula, wo bleibst du?« Leonard bewegte seinen Kopf hin und her und zog die Luft zwischen seine Zähne, als wolle er einen heftigen Nervenschmerz herunterschlucken. Für ihn war es unmöglich, Ruhe und Entspannung zu finden. Er war nicht für das Warten geschaffen. Genervt stellte er seinen Drink mit einem lauten Knall auf den Tisch. Seinem seelischen Befinden folgend, erhob er sich und ging ins Freie. Als er aus dem Hotel trat und ihn die milde Sommerluft auffing, drehte er seinen Kopf und ließ seine Augen langsam über das Hotel wandern. Dann faltete er seine Hände auf dem Rücken und schritt durch die Straßen bis zum kleinen Park hinter der Bücherei. Es war in den Vormittagsstunden, als die Sonne die Gestalt einer aufgehenden Scheibe annahm. Seine Augen erduldeten das satte und milde Sonnenlicht. Er ging gesenkten Hauptes und summte ein sehnsuchtsmotiviertes Klagelied. Sein Weg führte der Sonne entgegen. Plötzlich blieb er stehen und schaute auf. Dort saß Paula auf einer Bank am Bürgergarten. Sie trug ein weißes Kleid und einen weißen Strohhut. Sie schaute auf und sah Leonard unbeirrt und fröhlich ins Gesicht. Leonard setzte sich zu ihr.

»Da bist du ja. Ich hatte an der Hotelbar auf dich gewartet«, gab Leonard etwas vorwurfsvoll von sich.

»Bist du ein ungeduldiger Mensch?«, fragte Paula.

»Ein ungeduldiger Mensch? Eher im Gegenteil. Die Sache ist die, dass ich eher mal nachschaue, weil ich ein geduldiger Mensch bin.«

»Das musst du mir näher erklären.«

»Nun ja, ist man ungeduldig, so denke ich, hat man es nicht nötig nach dem Objekt der Begierde zu suchen. Das Gewissen, meine Liebe, ist aber so eine Sache«, begann er redegewandt. Paula hob fragend die Augenbrauen.

»Das Gewissen ist eine schlimme Sache. Ich, für meinen Teil, schlage mich bereits zeit meines Lebens damit herum und habe alle Hände voll damit zu tun, diesem seltsamen Gewissen kleine Genugtuungen zuteil werden zu lassen, weil ich es ab und zu mal betrüge«, erklärte er ausschweifend.

»Aha, du bist also ein Betrüger?«

»Ja, ich bin ein Nichtsnutz, mal abgesehen von ein paar kleinen, guten Stunden, schleppe ich mich an dem Bewusstsein der Nutzlosigkeit halb zu Tode. Ich hasse alles Nützliche. Ich weiß, dass ist dämlich. Dennoch verteidige ich diese Haltung, weil ich glaube, dass ich sie unbedingt brauche. Trotzdem bin ich vom schlechten Gewissen zernagt.«

»Du sprichst in Rätseln, aber sprich ruhig weiter«, sagte Paula und lehnte sich genüsslich zurück.

»Meine innere Existenz, meine Weltanschauung und meine ganze Art sind von schrecklicher, ungesunder und aufreibender Art, was die Sache noch verschlimmert. Aber da gibt es so viele kleine Helfershelfer, so schöne kleine Linderungsmittel, ohne die ich es einfach nicht aushalten würde.« Paula schaute Leonard etwas gelangweilt an und zog ihren Mund kraus und die Augenbrauen fragend hoch.

»Eine gewisse Fürsorge und suchende Strenge der ordentlichen Lebensführung ist für mich ein Bedürfnis. Aufzustehen, den guten Cognac grausam beiseitezustellen und hinaus aus der gemütlichen Bar zu gehen, um nach einer Dame Ausschau zu halten, das gibt mir das Gefühl, vielleicht eine Stunde zufrieden mit mir zu sein. Wenn ich also nach dir gesucht habe, ist es eigentlich Heuchelei.«

»Ach, hier draußen ist es doch viel angenehmer. Ich würde es nicht Heuchelei, sondern Selbstdisziplin nennen.«

»Ob wir es nun Heuchelei oder Selbstdisziplin nennen ist mir schitt egal. Und es stimmt, hier ist es viel schöner. Und wo ich dir gerade so gramvoll, ehrlich meinen Charakter anvertraut habe, frage ich dich genauso gramvoll, ehrlich: Warum hast du mir nicht gesagt, dass du hier bist?« In blendender Helligkeit lag der Park Paula zu Füßen. Sie liebte diesen Ort. Oftmals saß sie hier stundenlang im bläulichen Schatten der Bäume, aber heute drehte sie sich widerwillig zu Leonard um und sagte:

»So groß ist Haan nun auch wieder nicht. Du hast mich ja gefunden. Jetzt neigen sich die schönen Tage dem Ende zu und es geht daran, „au revoir“ zu sagen.«

»Müssen wir „au revoir“ sagen?«, fragte Leonard.

»Wir müssen nicht, das liegt an uns, aber ich fahre auf jeden Fall bald nach Hause. Wenn du magst, kannst du mich dort besuchen. Vorher muss ich dir aber noch sagen, dass ich kein ganz normales Leben führe«, begann Paula.

»Das habe ich ja schon gesehen. Ich kenne keinen, der in deinem Alter noch durch die Kneipen rockt«, schmunzelte Leonard.

»Ja, das ist mein Hobby. Mir und den Mädels gefällt das sehr gut. Aber wenn ich nicht in den Kneipen rocke, betreue ich traumatisierte Frauen.« Leonard hob erstaunt die Augenbrauen.

»Ach herrje, das ist aber eine Aufgabe!«

»Das ist nicht nur meine Aufgabe, ich bin das Bindeglied zur Gesellschaft. Darf ich mich vorstellen: mein zweiter Name ist Sozialkitt«, sagte Paula und reichte Leonard die Hand zum Gruß. Er nahm sie an und sagte:

»Angenehm, Frau Sozialkitt! Erzähl mir davon. Was kann ich mir darunter vorstellen?«

»Das dauert aber etwas. Das Thema ist sehr vielschichtig, denn es gibt unterschiedliche Formen der Gewalt und daraus resultieren unterschiedliche Folgen. Ich kämpfe schon seit Jahren und versuche, die Mitmenschen für die Gewaltproblematik zu sensibilisieren. Viele Menschen haben in ihrer Kindheit Misshandlungen erlebt und schleppen das Erlebte ein Leben lang mit sich herum. Ich träume von einer Sensibilisierung der gesamten Bevölkerung, damit Missbrauchshandlungen frühzeitig erkannt werden. Nur so können Kinder geschützt und die belastenden Folgen so früh wie möglich behandelt werden.« Paula schaute Leonard an und suchte in seinem Gesicht nach einer Reaktion. Leonard lehnte sich zurück, schaute auf die Uhr und sagte:

»O.k., ich hab Zeit. Erzähl!«

»Vorsicht, mein Freund. Das ist mein Thema und ich werde dir jetzt einen Vortrag halten. Bist du tatsächlich bereit?«

»Ich bin bereit.«

Paula setzte sich gerade auf. Hoffnungsvoll atmete sie die klare Luft ein. Sie brannte für dieses Thema.

»Da wäre zunächst das Thema Vernachlässigung. Du glaubst nicht, wie häufig Kinder vernachlässigt werden! Um eine Vernachlässigung handelt es sich, wenn Hilfeleistungen ausbleiben. Wenn sich ein Kind beispielsweise an die Mutter wendet, um ihr von einer Gewalterfahrung zu erzählen und das Kind stößt auf Unverständnis und Unglaube. Die Vernachlässigung kann weitreichende Folgen für das Kind haben.« Sie hielt einen Moment inne.

»Körperliche Misshandlungen sind noch schlimmer. Das geht über Schläge bis zu absichtlich zugefügten Verbrennungen.« Paula saß kerzengerade und ihr hellwacher Geist ließ die Worte wie Warnungen aus ihrem Mund springen.

»Kommen wir zum schlimmsten: sexueller Missbrauch! Sex ist vom Kind grundsätzlich nicht gewünscht und wird immer vom Erwachsenen erzwungen. Meistens sind es männliche Erwachsene, die Kinder für ihre eigene sexuelle Befriedigung missbrauchen. Das schaffen diese Schweine leider sehr häufig nur mit körperlicher Gewalt und seelischem Druck. Es gibt polizeiliche Kriminalstatistiken, demnach geht man pro Jahr, allein in Deutschland, von 26.000 Fällen sexuellen Missbrauchs an Kindern aus. Die Dunkelziffer ist um ein Vielfaches höher. Sie wird auf mehr als das Zehnfache der polizeilich registrierten Fälle geschätzt. Es ist unvorstellbar, was innerhalb der Familien passiert! Diese Taten werden extrem selten angezeigt. Der Missbrauch innerhalb der Familie ist für ein Kind besonders schlimm. Für das Kind ist der Zusammenhalt der Familie das wichtigste. Die Familie sollte eigentlich ein Schutzraum sein. Innerhalb einer Familie kann sich ein Kind in keiner Weise vor dem Missbrauch schützen. Die Übergriffe finden hinter verschlossenen Türen statt und das Kind wird zum Stillschweigen verdonnert. Innerhalb der Familie hat das Kind kaum eine Möglichkeit jemandem seine Sorgen und Ängste anzuvertrauen. Die Familienmitglieder wollen solch scheußliche Taten nicht wahr haben und glauben den Kind einfach nicht. Es ist unvorstellbar, was alles unter dem Deckmantel der „heilen Familie" passiert und verschwiegen wird. Die Kinder sind meistens zwischen zwei und fünf Jahren wenn der Missbrauch beginnt. Die wissen doch gar nicht was da passiert. Sie tun die Übergriffe als nicht so schlimm ab, bekommen aber ihre Gefühle nicht in den Griff. Zudem denken die Kinder, dass sie die Schuld an den Übergriffen tragen. Das stellt eine unglaubliche Last für die kleinen Seelen dar. Für Jungs ist es noch schlimmer. Ihnen wird auch noch beigebracht, dass Jungs nicht weinen und hart im Nehmen zu sein haben. Die Übergriffe hinterlassen nicht nur schwere Verletzungen im Analbereich, sie verbreiten auch Angst vor Homosexualität. Aus Scham schweigen die Kinder« Paula bemerkte, dass Leonard die Augen geschlossen und die Hände hinter seinem Kopf verschränkt hatte. Paula schob mit tastender Vorsichtigkeit ihr Gesicht vor das seine und starrte auf seine Haltung, als er unvermittelt die Augen weit aufriss. Paula wich erschrocken ein Stück zurück.

»Ich dachte du bist eingeschlafen.«

»Ich bin hellwach. Ich habe nur versucht, den Schatten deiner Erzählungen Herr zu werden. Das ist nicht ganz einfach. Ich war bisher nicht so wirklichkeitsgierig.«

»Wirklichkeitsgierig ist ein seltsames Wort, aber du hast recht, in diesem Fall bin ich wirklichkeitsgierig. Ich kann nicht wegschauen. Ich muss mich dieser Wirklichkeit stellen. Für die Kinder und für die Erwachsenen, die diese Kinder einmal werden. Diese kleinen geschundenen Seelen tragen sehr viel Leid in sich. Je größer der Altersunterschied oder je enger der Verwandtschaftsgrad, um so schlimmer sind die Erinnerungen. Es ist eine verdammt enge Spirale. Je jünger das Opfer, je länger die sexuelle Gewalt andauerte, je mehr Gewalt im Spiel war, je mehr Druck auf das Kind ausgeübt wurde und je weniger vertrauensvolle Personen dem Kind beiseite standen. Alle diese „Jes“ tragen die Kinder auf ihren kleinen unschuldigen Seelen und verwandeln sie in Scham, Schuld und Wehrlosigkeit. Das Selbstbild der Opfer wurde zerstört und sie lehnen ihren eigenen Körper ab. Sie können nur sehr, sehr schwer oder überhaupt kein Vertrauen zu sich oder anderen Personen aufbauen. Beziehungen werden schwer bis unmöglich. Auch das eigene Sexualleben wird gestört. Die Opfer kämpfen gegen die Erinnerungen und den Widerwillen. Die Opfer werden selbstdestruktiv, Bettnässer oder laufen chronisch weg. Suizidversuche sind häufig und werden nicht selten wiederholt. Missbrauchte Jungs wollen unbedingt ihre Männlichkeit unter Beweis stellen und werden sehr häufig aggressiv. Sie sind sehr bestrebt, die Kontrolle, die ihnen so häufig geraubt wurde, zu behalten. Viele Opfer haben die Fähigkeit verloren, sich an die belastenden Erlebnisse zu erinnern. Sie leiden unter dem Verlust des Identitätsbewusstseins und verlieren mitunter die Kontrolle über die eigenen Körperbewegungen. Einige leiden unter Lähmungen und

Gefühlsstörungen[1].«

»Ganz schön schwere Kost servierst du mir«, gab Leonard schwer atmend von sich.

»Ja, ich weiß. Ich habe mein Leben solchen Menschen gewidmet und ich kann nicht damit aufhören. Diese schlimmen Dinge gehören zu meinem Leben. Ich kann nicht wegschauen und zum gemütlichen Teil des Lebens übergehen. Nicht jedes Opfer durchlebt diese Qualen, aber viele. Viele Opfer können nicht schlafen oder werden von Albträumen verfolgt. Bei solchen Angstträumen ist das Traumleben extrem lebhaft und realitätsnah. Solche Träume können dich bis in den Tag hinein verfolgen. Einige Opfer versuchen, diese Konflikte mit einer körperlichen Erkrankung zu lösen. Oder sie bestrafen sich in dem sie sich selber verletzten oder nicht mehr essen. Weißt du, dass jeder Mensch ein dreidimensionales Bild von sich selbst besitzt. Dieses Bild gibt dem Körper ein ganzes und besteht aus den Ebenen Optik, Bewegung und Gefühl. Ein sexuell missbrauchtes Kind kann aber kein ganzheitliches Bild von sich aufbauen.

Die sexuelle Gewalt passiert immer, und ich sage das so deutlich, wie es ist ... sie passiert immer gegen den Willen des Kindes! Ihr Selbstwertgefühl wurde zerstört. Sie fühlen sich wertlos und hegen ständig Selbstzweifel. Missbrauchte Kinder bauen die irre Annahme auf, dass sie selbst die Schuld an dem Missbrauch tragen. Diese armen Geschöpfe haben kein gesundes Körpergefühl. Sie fühlen sich böse, schlecht und nicht liebenswert. Ich bin

---

[1]https://www.traumatherapie.de/users/seifert/seifert.html

dafür da, dass sie gehört und geliebt werden.« Dann holte Paula tief Luft und sah Leonard eindringlich an.

»Ich muss das sacken lassen«, sagte Leonard nachdenklich.

»Mach das. Ich werde mich nicht mehr ändern. Wenn du damit zurecht kommst, besuch mich und wir schauen, ob wir den restlichen Lebensweg gemeinsam beschreiten wollen«, sagte Paula und war gespannt auf das, was noch kommen würde.

Nach dem Frühstück ging Evelin zum Schwimmbad und schaute durch die großen Fensterscheiben. Die Wasserwege waren nicht passierbar. Eine Gruppe älterer, voluminöser Personen war in das Becken eingefallen. Evelin sah die sich bewegenden Badekappen, die betont langsam und immer in einer Reihe nebeneinander und unaufhörlich schnatternd durch das Schwimmbecken pflügten. Sie sah, wie eine Schnellschwimmerin ziemlich große Umwege um dieses schwimmende Kaffeekränzchen herum in Kauf nehmen musste und entschloss sich gegen das Schwimmbad. Sie drehte sich um und sah Dieter von Blum. Er stand schon eine Weile auf der Treppe des Hallenbades und sah, wie Evelin den quasselnden Badekappenschwarm betrachtete. Dieter öffnete seinen obersten Hemdknopf und trat auf Evelin zu.

»Entschuldige, dass ich dich hier beobachtet habe, aber dein Blick entsprach meinen Gedanken«, begann er die Unterhaltung.

»Erna war der Meinung, dass Schwimmen gut für mich

wäre«, gab Evelin kleinlaut von sich.

»Es ist immer erstaunlich, wenn andere wissen, was gut für uns ist. Mich hat mal ein Freund zu einer Schnupperstunde in einem Fitnessstudio überredet. Unglaublich! Besonders lächerlich fand ich den Spruch, der über dem Eingangsbereich des Studios prangte«

»Warum, was stand denn dort?«

»Sie zitierten den römischen Dichter Juvenal mit „mens sana in corpore sano" und wollten damit andeuten, dass in einem gesunden Körper auch ein gesunder Geist wohnt. Der römische Spötter hatte es aber ganz anders gemeint. Zu der damaligen römischen Sportbesessenheit lautete sein Kommentar nämlich: „orandum est ut sit mens sana in corpore sano." Er betete dafür, dass in einem gesunden Körper auch ein gesunder Geist stecken möge, weil ihm die damals grassierende Fitnesskultur auf den Nerv ging«, lachte Dieter. Gemeinsam schritten sie Treppe des Schwimmbades hinunter und überquerten die Ampel der Mittelstraße zum Rathaus.

»Ganz grausam finde ich den Du-Zwang in diesen Studios.«

»Stimmt, dort geht es zu wie in einem Swingerclub. Spätestens an der Saftbar. Als ich dort war, saßen drei Damen mit übergeschlagenen Beinen und wild hochgesteckten Haarbüscheln ganz aufgeregt auf ihren Barhockern und flöteten sich isotonische Getränke und bunte Limonaden rein. Obwohl es überhaupt keinen Alkohol gab, benahmen sie sich, als hätten sie mindestens drei Cuba Libre intus. Kurz und gut: ich bin kein Sportler!«

»Ich auch nicht«

»Ich mag Yoga, Tai-Chi und Qi-Gong.«

»Jojo, Schach und „Fang den Hut“ sind auch super«, ergänzte Dieter den Satz und legte seinen Arm um Evelin. Sie genoss seine Hand auf ihrer Schulter und ging wortlos an seiner Seite. Sie liefen scherzend nebeneinander und genossen diesen Moment. Sie ruhten im Vollkommenen. Plötzlich hob Evelin ihre schmale Hand und ließ ihre Finger in seine gleiten. Sie atmeten im Gehen den Kirmesduft mit wollüstiger und sogar etwas fahrlässiger Hingabe. Sie pflegten den Augenblick wie egoistische Kranke.

»Komm wir gehen zum Riesenrad«, sagte Dieter mit einem Anflug von Aufbruchstimmung.

»Ja gerne.« Wie zwei Frischverliebte schlenderten sie die Kaiserstraße entlang und bogen in den Neuen Markt ein. Sie spazierten an dem Losstand vorbei, ließen Octopussy unbeachtet und gingen ohne Umschweife auf das Riesenrad zu. Dieter kaufte zwei Karten und sorgte dafür, dass sie eine Gondel nur zu zweit bekamen. Im langsamen Tempo ging es hoch und die Perspektive weitete sich. Oben angekommen, hatten sie einen freien Blick in alle Himmelsrichtungen. Hier, über den Dächern von Haan, küsste Dieter seine Evelin zum erstem Mal. Evelin war wie erstarrt. Sie konnte den Kuss nicht erwidern. Beschämt schaute sie zur Seite.

»Hab ich dich überrumpelt?«, fragte Dieter verlegen.

»Nein, hast du nicht. Ich habe mit dem Kuss gerechnet. Aber ich bin keine Frau, wie du sie vielleicht kennst«, gab Evelin beschämt von sich.

»Wie soll ich das verstehen?«

»Ich reagiere nicht so, wie du es wahrscheinlich von anderen Frauen gewohnt bist. Mein Leben und insbesondere meine Kindheit verlief aber auch ganz anders, als bei anderen Frauen.« Sie hielt inne und holte tief Luft.

»Ich war sechs Jahre alt, als ich das erste Mal vergewaltigt wurde. Das Martyrium dauerte 5 Jahre und hat mich innerlich zerstört. Ich kam mit den Erlebnissen nicht zurecht und wollte Rache. 20 Jahre später habe ich dann endlich Anzeige gegen meine Peiniger erstattet. Doch das Verfahren wurde eingestellt. Es stand Aussage gegen Aussage und den Ermittlern war es nicht möglich, die Wahrheit herauszufinden«

»Oh, das tut mir leid. Wenn ich das gewusst hätte ... ich hätte mehr Rücksicht genommen.«

»Wie sollst du es wissen, es steht ja nicht auf meiner Stirn. Aber ich muss damit leben. Ich wollte diese Erinnerungen hinter mich bringen und bin vor ihnen weggelaufen. Ich bin bestimmt schon 20 mal umgezogen, aber die verdammten Erinnerungen zogen immer mit. Ich bin immer noch sehr rastlos. Mein Peiniger war ein Freund der Familie und hatte oft auf mich aufgepasst, wenn meine Eltern ausgegangen waren. Dann kam er in mein Zimmer, weckte mich und sagte, dass ich nun mit ihm Mama und Papa spielen dürfte. Im Kinderzimmer, im Bad und im Schlafzimmer wurde ich mehrfach von ihm vergewaltigt. Ich verdrängte die Erinnerungen. Sie waren weg aus meinem Gedächtnis, aber nicht aus meinem Leben und erst recht nicht aus meiner Seele. Ich hatte einen Hund, der mir beim Spielen versehentlich in die Hand gebissen hat. Die Bisswunde entzündete sich und ich musste mit der eitrigen Wunde ins Krankenhaus. Dort bekam ich hohes Fieber. Eines Nachts hatte ich einen schrecklichen Albtraum: Mein Peiniger hielt mich an der Hand fest, ich habe verzweifelt versucht, den Raum zu verlassen, aber ich kam nicht weg. Danach war nichts mehr wie zuvor. Bildfetzen, Geräusche und Gerüche jagten an mir vorbei. Sie verdichteten sich und verschwanden wieder im Nebel. Ich konnte aber keinen Zusammenhang herstellen. Aber irgendetwas war splitterhaft in meinem Gehirn verankert, denn immer wieder kamen plötzlich Bruchstücke hervorgeschossen. Ich habe professionelle Hilfe aufgesucht. Meine Therapeutin erarbeitete die schreckliche Gewissheit: Ich wurde missbraucht und nicht nur von den einen, mein Peiniger hat mich auch an seine Freunde weitergereicht. Ich wurde mit einem Nietengürtel geschlagen, um gefügig zu werden. Erst im Erwachsenenalter kamen die Erinnerungen lückenhaft zurück. Das Erlebnis war für mich als Kind zu traumatisch, um es in allen Einzelheiten in meinem Gehirn zu speichern. Als ich dann endlich soweit war, juristische Schritte gegen meine Peiniger einzuleiten, musste ich feststellen, dass die Gedankenwelten der Justiz und der Psychologie zu unterschiedlich waren, als dass wirklich Recht gesprochen werden könnte. Mein Peiniger hat mich brutal zum Beischlaf gezwungen, aber er wurde nicht dafür bestraft.«

»Ach du Schande, das hab ich nicht gewusst. Was soll ich jetzt machen?«, fragte Dieter. Mittlerweile war die

Fahrt im Riesenrad beendet und nun standen die beiden zwischen den Menschen auf dem Neuen Markt.

»Ich weiß es auch nicht. Ich habe etliche gescheiterte Beziehungen hinter mir. Ich brauche für alles enorm viel Zeit. Hast du Geduld für so eine Frau, wie ich es bin?« Evelin sprach mit wohltönender Stimme. Dieter war ein äußerst solider Mann. Jetzt aber erschien er wie ein Schauspieler, mit gediegenen Kenntnissen und geläutertem Geschmack.

»Das, was du da erzählst ist sehr pikant und kann ganz ungemeine Wirkungen hervorrufen. Auch wäre da noch das Psychologische, von dem ich überhaupt keine Ahnung habe.« Evelin wusste schon, was nun folgen würde und ließ enttäuscht ihre Schultern hängen.

»Alles entwickelt sich, aber das Programm scheint noch nicht fertig gestellt«, ergriff Dieter wieder das Wort.

»Es ist nicht schön und auch nicht gut. Ich will gerne glauben, dass wir mit den Widrigkeiten klarkommen, aber das alles verspricht kein gutes Ende. Nein, ich stehe nicht da, um das auszusprechen. Ich denke....«, beschämt sah Dieter zu Boden.

»Ich weiß es nicht. Ich glaube nicht, dass ich die Geduld und das Verständnis aufbringen kann. Es tut mir leid, aber das kann ich nicht«, sagte er und ging ohne ein weiteres Wort und ohne einen Rückblick davon. Evelin blieb stehen. Ihr rollte eine Träne über die Wange. Dann schlug sie den Kragen ihrer Jacke hoch; frisch war es ihr geworden. Sie ging zur Fischbude und holte sich einen Backfisch. Das Leben musste weiter gehen.

Harald war von Loretta entzückt. Er war frisch rasiert und trug einen neuen Herrenduft. Seine Augen hatten einen sanften Ausdruck. Seine fleischige und gedrungene Nase ruhte über der gewölbten und porösen Oberlippe. Er trug eine alte, altmodische Jeanshose, die unten bereits ausgefranst und deren Hosenbeine so kurz waren, dass man den Gummizug seiner weißen Tennissocken sah. Dazu trug er ein altersblankes, kariertes Flanellhemd und darüber eine olivfarbene, mit Taschen übersäte Weste. Sein Hals erschien zu kurz, als er sich nur leicht aus dem niedrigen Klappkragen der Weste erhob. Seine übergroßen Füße steckten in schwarzen Treckingschuhen. Sein graues Haar war glatt und schräg zu einem Scheitel gestrichen. Eine Schirmmütze beschattete seine entzündeten Augen, die sich nur sehr selten vom Boden erhoben. Zwei tiefe Falten verliefen griesgrämig seitwärts von den Nasenflügeln zu den abwärtsgezogenen Mundwinkeln. Seine Schultern hatte er stets hochgezogen und den Kopf leicht vorgestreckt. Ähnlich wie ein Mensch, der ohne Regenschirm durch einen Platzregen lief. Wenn Harald seinen Blick mal vom Boden erhob, bemerkte man sofort, dass er nicht in der Lage war, einem Menschen mit Festigkeit und Ruhe in die Augen zu schauen. Ihm schien jedes Selbstbewusstsein zu fehlen. Harald fühlte sich allem und jedem unterlegen. Er war zeit seines Lebens ein ungeselliger Mann. Die einzige Gesellschaft, die er über Jahre hinweg gepflegt hatte, waren die Skatbrüder. Aber heute war er leutselig, liebevoll und in überquellender

Stimmung. In diesen Zustand war er verfallen, weil er sich mit Loretta traf.

»Wo bleibt sie nur?«, dachte er bei sich, legte seinen Kopf schräg auf die Seite und zog seine Schultern noch weiter empor. Nervös spreizte er seine Finger und legte die Lippen in krause Falten.

Harald hatte die Friedrichstuben bei Sofie als Treffpunkt gewählt, weil er der Meinung war, dass man sich dort vortrefflich unterhalten konnte. In dem schönen Biergarten saßen etwa 30 Personen an den Tischen, die sich auch auf den überdachten Teil der großzügigen Außenanlage verteilten. Gegenüber der Theke saß eine Gruppe von Männern mittleren Alters und führte tiefgreifende Gespräche. Einer der Herren sprach mit Eifer. Er behauptete, dass man zu einer Geraden mehr als eine Parallele durch einen Punkt ziehen könne.

»Das ist unmöglich!«, entrüstete sich ein anderer Herr und bewies die Unmöglichkeit so schlagend, dass alle anderen am Tisch so taten, als hätten sie seine Ausführungen verstanden.

Harald saß an einem Tisch und ließ seinen Blick über die gemütliche Terrasse schweifen. Loretta hatte sich etwas verspätet. Mit weicher Stimme entschuldigte sie sich, begrüßte Harald mit einer leichten Umarmung und nahm neben ihm Platz. Loretta war eine schöne Frau mit ungewöhnlichen Reizen. Ihr Name Loretta von Bischoffshausen passte mit seinem harmonischen Klang zu ihrer Persönlichkeit. Sie hatte ihr Haar seitlich gescheitelt und nach beiden Seiten schräg von der Stirn weggestrichen.

Sie schaute Harald an und hob ihre waagerechten Augenbrauen in die Stirn. Mit jeder ihrer Bewegungen glaubte Harald zu erkennen, dass ihr klarer Verstand dem Herzen untergeordnet war. Loretta war keineswegs einfältig. Sie wusste um ihre Reize. Ihr Blick war töricht und von flüsternder Verschlagenheit. Ihre Nase war im Profil etwas zu breit, aber ihr üppiger und runder Mund war formvollendet, wenn auch der Ausdruck keine Sinnlichkeit versprach. Sie war eine der Frauen, die abends die Kneipen zum Rocken brachte. Es war erstaunlich, wie sehr sich Harald in den letzten Tagen verändert hatte. Vielleicht lag es an der ausgelassenen Stimmung, dass sich sein Gemüt so sehr erhellte. Vielleicht lag es aber auch an Loretta, die sein Herz und seinen Blutdruck in Wallung brachte. Er hatte die ganze Zeit kein Wort gesprochen und wartend auf jeden neuen Gast gestarrt. Nun, da Loretta bei ihm saß, konnte er seinen Blick nicht von ihr wenden. Auch als die freundliche, dunkelhaarige Kellnerin die Karte brachte und nach ihren Getränkewünschen fragte, sah er sie einen Augenblick vollkommen abwesend an, bevor er die Bestellung aufgab. Loretta trug zu ihrer blauen Jeanshose eine weiße, leichte Bluse mit Stehkragen. Um ihren makellosen Hals hatte sie ein seidenes Tuch gebunden. Ihre Wange waren heute ein wenig gerötet und in den Winkeln ihrer Augen lag ein leichter, bläulicher Schatten. Die Kellnerin brachte zuerst den kühlen Weißwein. Nachdem sie den Feta mit Tomaten, Oliven, Peperoni, Olivenöl und Oregano serviert und sich zurück gezogen hatte, beugte Harald sich vor und begann dann, etwas verlegen, zu essen. Er blickte auf seinen Teller nieder und brachte kein Wort hervor. Nachdem er ein paarmal an seinem Wein genippt und die Vorspeise zur Hälfte, kleckerfrei verspeist hatte, wurde er freier. Er betrachtete Loretta und machte ein paar Bemerkungen zur Kirmes und zur schönen Zeit, die sie gemeinsam hatten verbringen dürfen. Auch Loretta ließ die Kirmestage in einer sehr lieblichen Art Revue passieren. Sie lachten ausgelassen, als Sofia persönlich die Hauptgerichte brachte und ihre Gäste in ihrer unnachahmlichen, freundlichen Art begrüßte. Loretta hatte sich für das Omelett mit Tomaten entschieden und Harald freute sich über das Lachsfilet vom Grill mit Kräuter-Knoblauch-Öl und Tzatziki, Kartoffelscheiben und einen gemischten Salat. Sie aßen beide mit Genuss und lachten über ihre Gefühle auf den Fahrgeschäften und darüber, dass ihnen schon lange nicht mehr so schlecht gewesen war. Loretta bedankte sich für die vielen schönen Stunden, dabei bewegte Harald seine Hand ganz langsam über den Tisch und berührte, mit unendlicher Vorsicht, ihre Hand. Loretta zog ihre Augenbrauen hoch und betrachtete Harald mit einem scheuen Ausdruck der Unsicherheit. Bewusst moralisch schaute sie ihn an und erkannte die zarte Pflanze seiner Begehrlichkeit. Wehe, wenn dieses kleine Glückchen ein ernsthaftes Unglück befällt, ein Leiden, mit dem sich nicht kokettieren lässt. Er würde es nicht verstehen, dass sie auf eine andere Art unglücklich war.

»Kennst du das, wenn du deine Hand anschaust und die Hand gehört dir nicht?«, fragte Loretta plötzlich sehr ernst.

»Nein, wie kommst du darauf? Ich erkenne meine Hand immer«, lachte Harald schüchtern und strich mit seinem Zeigefinger sachte über ihren Handrücken.

»Ich glaube nicht, dass deine Hand mich kennen lernen will«, sagte Loretta nachdenklich.

»Oh, doch! Ganz sicher! Egal was du mir jetzt erzählen willst«, erwiderte Harald ruhig und entschlossen.

»Das was du hier siehst, das bin nicht Ich. Die lackierten Fingernägel, die gefärbten langen Haare, die ganze Schminke in meinem Gesicht sind mein Schutzschild. Dieses Schutzschild brauche ich, um meine geschundene Seele zu verstecken. Wenn ich besonders aufgetakelt bin, geht es mir besonders schlecht. Sobald ich all dies ablege, bin ich nackt und verletzlich. Ich muss regelmäßig in eine psychosomatische Klinik. Therapien begleiten mein Leben.« Ruhig hielt er ihre Hand und drückte sie schützend. Dabei schaute er ihr - scheinbar das erste Mal in seinem Leben - abwartend und offen in die Augen und machte sich auf das Schlimmste gefasst.

»Ich höre dir zu, wenn du magst«, hörte er sich selbst sagen. Loretta atmete tief ein.

»Als Kind wurde ich über Jahre hinweg missbraucht«, begann Loretta mit gesenktem Kopf.

»Nur die Dunkelheit ließ mich überleben. Ich schloss immer die Augen ... ganz fest. Ich lag immer ganz bewegungslos, wie Totholz. Niemals kam ein Wort über meine Lippen, auch kein Schluchzen. Ich habe sogar meine einzige Verbündete, meine Kuschelpuppe, aus dem Raum verbannt, weil ich mich vor ihr geschämt hatte. Geholfen hat mir keiner. Alle schauten weg. Ich habe geschwiegen und mich nicht gewehrt.« Langsam hob sie ihren Kopf und schaute Harald in die Augen. Er schaute sie immer noch ruhig und entschlossen an, sagte aber kein Wort. Sie fuhr fort:

»Auch Jahre später schwieg ich. Ich wollte alles einfach nur vergessen. Ich wurde eine Meisterin der Verdrängung. Ich wusste nicht, dass mich das später einholen und soviel Raum in meinem Leben einnehmen würde. Ein normales Leben ist für mich nicht mehr möglich.« Sie nippte an ihrem Weinglas und schaute Harald an.

»O.k., du musst dir das nicht anhören, es war eine schöne Zeit mit dir. Lassen wir sie hier enden.«

»Nein, jetzt noch nicht. Erzähl weiter«, sagte Harald entschlossen. Er richtete sich auf und sein Gesicht zeigte nunmehr einen aufgeschlossenen und fürsorglichen Ausdruck. Er atmete tief und sein Brustkorb bewegte sich sichtlich unter seinem Flanellhemd auf und ab. Seine Augen hatten Glanz erhalten und waren vergrößert. Er behielt Loretta mit festem und sicherem Blick im Auge. Auf seinem Mund lag ein Zug von einem schmerzlichen Glück.

»O.k., aber ich habe dich gewarnt«, sagte Loretta.

»Mein Weg in die Klinik war ein schleichender Prozess. Ich kann bis heute nicht sagen, wann und womit er begonnen hat. Mit der Zeit aß ich immer weniger; dann, mehrere Tage gar nichts mehr. Ich hatte mir immer vorgeworfen, dass ich mich nicht gewehrt hatte. Dann fing ich an, mich zu bestrafen. Ich kratzte meine Arme und Beine blutig. Ich verbrannte meine Haut mit Zigaretten und schlug meinen Kopf gegen die Wand. Anfangs nur ab und zu. Dann regelmäßig. Die Jahre vergingen und es wurde immer schlimmer. Bald darauf verlor ich mein Körpergefühl. Meine eigene Hand ... die, die du jetzt gerade hältst, habe ich nicht mehr als meine Hand empfunden. Meine Gedanken waren von meinen Empfindungen getrennt. Irgendwann erkannte ich die Person in meinem Spiegel nicht mehr. Ich sah mich selbst nur noch von außen. Ich war nicht mehr Ich. Ich kann es schlecht beschreiben, aber ich dachte, ich werde wahnsinnig.« Sie atmete tief ein, dann sprach sie weiter:

»Das musste aufhören und ich beschloss, es meinen Peinigern heimzuzahlen. Ich wollte mich nicht mehr als Mittäterin fühlen. Ich wollte, dass die Schweine bestraft werden ...« Sie machte eine lange Pause und schluckte schwer. Dann fuhr sie fort:

»Ich erstattete Anzeige, aber du glaubst nicht, was mir der Staatsanwalt damals gesagt hat!« Harald hob erwartungsvoll die Augenbrauen.

»Leider sei da nichts mehr zu machen. Bei sexueller Nötigung oder Vergewaltigung eines Kindes lag die Verjährungsfrist, laut deutschem Recht, nach der Volljährigkeit des Opfers, bei 20 Jahren!« Sie lachte bitter auf.

»Ich war vier Jahre zu spät daran. In der Schweiz ist das anders. Dort können Kinderschänder bis an ihr Lebensende nicht vor Strafverfolgung sicher sein. Die ehemalige Bundesjustizministerin Brigitte Zypries versicherte zwar immer wieder, dass man „alles tun muss, um solche Taten zu verhindern", aber die Verjährungsfrist[2] hat sie nicht angetastet. Opfer brauchen Zeit, viel Zeit, sehr viel Zeit, um eines Tages über das zu sprechen, was sie sprachlos machte.« In Gedanken verloren nippte sie an ihrem Weinglas, als sich eine Träne aus ihrem rechten Auge löste und die Wange herunterrollte.

»Mein Leben war so sinnlos«, fuhr sie kopfschüttelnd fort.

»Eine Freundin brachte mich in eine Klinik. Dann begann meine Therapie. Die Aufarbeitung war wieder sehr schmerzhaft. Ich musste alles so detailliert wie möglich aufschreiben und das Geschriebene auch noch laut vorlesen. Jeden Tag! Meine Therapeutin erklärte mir, dass ich so das traumatische Ereignis aus dem unzugänglichen Teil des Gedächtnisses holen kann. Nach und nach wurde das Erlebte zu meiner schlimmen, aber kontrollierbaren Erinnerung. Seither geht es mir besser, aber das Leben ist ein Arschloch. Eine bestimmte Stimme, ein bestimmter Geruch oder eine bestimmte Geste kann mir noch immer die Luft rauben und mein Herz zum Pochen bringen, bis zum Anschlag, wie neulich, nach dem Konzert im Fienchen's.«

»Hast du nochmal jemanden von denen gesehen?«

»Ja.«

»Wie war das?«

»Einen habe ich zusammen mit einer Freundin zur Rede

---

[2] http://www.fr.de/panorama/als-kind-missbraucht-auf-opas-schoss-a-1072107; Stand 09.2018

gestellt. Die Ratte saß unbehelligt in seinem Garten. Ich habe ihn angeschrien und beschimpft und ihm klargemacht, dass er dafür büßen müsse.«

»Wie hat er reagiert?«

»Er war widerlich arrogant. Er sagte, dass ich den Verstand verloren hätte und zurück in meine Zelle sollte. Paula, stand hinter mir und sagte, dass er dafür einen Tritt in die Juwelen verdient hätte. Ohne zu zögern trat ich zu. Ha! Das war klasse. Damit hatte die Ratte nicht gerechnet. Nach diesem Tritt lag er gekrümmt vor mir auf dem Boden; herrlich war das!«

»Paula?«, fragte Harald.

»Ja Paula! Paula war damals unsere Therapeutin. Mittlerweile ist sie in Rente. Wir kennen uns alle aus der Klinik und haben uns angefreundet. Unsere Freundschaft hält bis heute«, erzählte sie und ein leichter Anflug von Freude huschte über ihr Gesicht.

»Nachdem er sich aufgerappelt hatte, fauchte er unverständliche Sätze und schlussendlich sagte er: Na, und was soll ich jetzt machen? Soll ich mich vergiften?« Loretta lachte auf.

»Ich fand das war eine tolle Idee. Der Feigling hat es aber nicht gemacht.« Loretta sah in die milde Glut von Haralds Augen.

»Ich brauche Zeit um mich zu öffnen. Und wenn ich mich geöffnet habe kann es sein, dass ich mich wieder verschließe. Ich bin eine unberechenbare Natur«, erklärte Loretta scheu, wie ein kleines Kind.

»Ich bin auch nicht fehlerfrei. Ich habe auch meine Macken. Sieh mich an. Ich bin keine Schönheit und bei meiner Kleidung lege ich nur Wert auf den praktischen Teil. Farbkombinationen sind mir völlig fremd. Ich sammele Briefmarken und habe eine große Eisenbahn im Keller stehen. Dorthin ziehe ich mich zurück wenn ich alleine sein will«, erklärte Harald. Dann sprach er ruhig weiter:

»Ich war ein Leben lang allein und war ganz sicher, dass ich das auch bleiben wollte. Bis ich dich traf. Seither sehne ich mich nach einem vertrauten Menschen. Deine Gegenwart fühlt sich erstaunlich vertraut an. Wenn dich meine Briefmarken und die Eisenbahn nicht stören, würde ich gerne mal ausprobieren, ob deine Kanten zu meinen Macken passen.«

»Ich sehne mich auch nach einem glücklichen und vertrauensvollen Leben. Ich habe es in der Vergangenheit aber nicht geschafft. Vor dem Bett hatte ich immer Angst.«

»Ich gebe zu, dass sich meine Fantasie schon bis dorthin vorgewagt hat. Mein Körper aber noch nicht. Ich bin Langzeitsingle und warten gewöhnt. Als ich das letzte Mal Sex hatte, hatte Nicki Lauda noch zwei Ohren.« Loretta prustete vor Lachen über den Tisch.

»O.k., das ist der Beweis, dass du warten kannst«, lächelte sie ihn an und Harald nickte zustimmend.

»Wir schlafen beide noch mal eine Nacht darüber. Und wenn es sich morgen immer noch richtig anfühlt, dann komm mich besuchen«, sagte Loretta.

Kapitel 27

Herr Neumann ist weg

Schon als er nicht auf ihre erste Anfrage reagiert hatte, merkte sie, die Ungeliebte, dass etwas nicht stimmte. Das eigentliche Schema war nicht in Ordnung. Dem Strickmuster des Schänders, mit seinen unzähligen Facetten, fehlte der rote Faden. Während der letzten Monate war sie sehr kräftig geworden, da sie einige ihrer Peiniger heimgeholt hatte. Aber jetzt, da sie Herrn Neumann ernten wollte war er weg, verschwunden. Sie war wie gelähmt. Sie dachte schon, er wäre gestorben oder weggezogen oder noch schlimmer. Jemand anderes war ihr zuvorgekommen. Jemand anderes hatte sein Leben gepflückt und seine Seele an sich gebracht. Vor Erschütterung brachte sie nur noch einen dumpfen Schrei hervor und dicke Tränen rollten zu beiden Nasenseiten ihr Gesicht herunter. Eine Stunde lang konnte sie sich nicht beruhigen. Aber dann, endlich, setzte wieder ihr klarer Verstand ein. Sie war einfach zu langsam. Herr Neumann hatte den Braten gerochen und hatte sich versteckt. Aber er konnte sich nicht vor ihr verstecken. Sadisten wie er hinterlassen Spuren. Entschlossen wischte sie die Tränen aus ihrem Gesicht und schmiedete einen neuen Plan. Sie setzte sich in ihren Garten und schaute über die ruhebringenden Gräber ihrer Peiniger. Hier draußen im Reinen, von der Enge der Räu-

me befreiten Stille des Gartens, fand sie ihre klaren Gedanken wieder. Sie achtete auf ihre Empfindungen, horchte genau in sich hinein und versetzte sich in seine Lage. Nach einer Weile war sie sich ganz sicher, er lebte unverkennbar noch. Sie spürte seinen Geist. Sie wusste, wie er andere Menschen analysieren konnte und diese Eigenschaft hatte sie unterschätzt. Sie hatten jahrelang eine durch abnorme sexuelle Gewalt geprägte Beziehung. Wenn sie Angst hatte, fühlte er sich hervorragend. Und jetzt spürte sie seine Angst. Er lebte ganz sicher. Sie musste ihn nur finden. Sie spürte seine Anwesenheit, zwar nur ganz schwach, aber unverkennbar, sie wusste, dass er sich einfach nur verkrochen hatte. Sie fragte im Rathaus. Dort erhielt sie aber keine Auskunft und wurde abgewiesen. Sie zog sich in ihr Reich zurück und steckte einen Radius ab. Sie packte ein paar Sachen und machte sich auf den Weg. Ihr Weg führte durch Flusssenken und Tannenwälder. Sie kam rasch voran und durchstöberte die unterschiedlichsten Ortschaften. Es sollte ein sehr langer Weg werden. Ein Lebensweg, denn ihre Suche blieb ergebnislos.

Kapitel 28

Sie zieht das Schwert

Als Herr Neumann auf der Kirmes auftauchte, wusste sie, dass sie endlich am Ziel angelangt war. Wenig später fraß er ihr aus der Hand. Sie kannte alle seine Eigenschaften, daran hatte sich auch in all den Jahren nichts geändert. Gegen Mitternacht hatte sie sich von ihm verabschiedet und sich auf ihr Zimmer begeben. Dort lag sie nun und ruhte sich aus. Sie hatte seinen ekelhaften Geruch zwar noch in der Nase, aber es ging schon. Sie freute sich darauf, dass sich sein Körpergeruch bald mit seinem Blutgeruch vermischen würde. Um sein Inkognito zu wahren, hatte er einen anderen Namen angenommen. Er trug offensichtlich den Namen seiner Ehefrau. Diese war schon gestorben. Nur zu gut konnte sie sich vorstellen, wie diese arme Kreatur gelitten hatte. Herr Neumann gab sich vollkommen unscheinbar. Er erweckte auf alle den Eindruck eines gutmütigen Geistes. Niemand außer ihr, erkannte, dass in diesem rührend harmlosen Mann ein unfassbares Gewaltpotential lag. Das Abendessen nahmen sie noch gemeinsam ein. Nachdem sie gegessen hatten, spielten sie noch ein paar Partien Backgammon, die sie allesamt verlor, denn ihre Konzentration amüsierte sich schon mit den Mord und achtete nicht auf das Spiel. Sie schaute in sein Gesicht, um sich daran zu ergötzen, wie seine gebrochenen Nase wohl später aussehen würde. Gegen Mitternacht brachte er sie zu ihrem Zimmer, das im unteren Teil des Hotels, unmittelbar neben der Rezeption lag. Er erdreistete sich, ihr einen Kuss zu geben. Als sie endlich allein in ihrem Zimmer war, verschloss sie die Tür von innen. Sie schaute in ihr kleines Kästchen und holte alle Fläschchen mit den gesammelten Giften noch einmal hervor. Als sie die ganzen Töpfchen und Fläschchen aufgebaut hatte, klopfte sie noch mal da und dort mit dem Zeigefinger drauf und überprüfte alle Giftstoffe in ausgeglichener und freudiger Stimmung. Nichts lenkte sie jetzt noch von ihrem Vorhaben ab.

Die Welt da draußen war verseucht von Schändern und Sadisten, aber sie hatte die Welt von einem Teil dieses Abschaums befreit. Sie konnte nicht alle erledigen, aber viele. Sie hatte nicht nur ihre Peiniger, sondern auch die Peiniger von anderen Frauen erledigt. Sie lagen alle in ihrem Garten. Kinderschänder und Sadisten jagen, das war ihr Ding und dieser kleine Kasten voller Gift half ihr dabei. Dann verstaute sie ihren Giftschatz wieder sorgfältig in diesem Kästchen und verschloss ihn. Im unteren Boden des Kästchens lagen ein Skalpell, ein Schlagring, eine spitze Schere, ein paar Heftzwecken und ein kleines Hämmerchen. Mit einem Mal war sie sehr müde. Der anstrengende Tag auf der Kirmes und das viele Essen und Trinken hing ihr in den Gliedern. Zugleich war sie von tiefer Zufriedenheit erfüllt, dass sie endlich ihr Ziel erreicht hatte. Die düsteren Gedanken ihres Lebens, waren wie weggeblasen. So fiel sie in einen ruhigen und erholsamen Schlaf.

Zur gleichen Zeit schritt Herr Neumann durch sein Zimmer. Als er vor Jahrzehnten seine Königin kennengelernt hatte, war er emsig damit beschäftigt, seine Hörner abzustoßen. Er war aber sehr weit davon entfernt, sich von seinen Neigungen zu lösen. Seine Begierde war zügellos und er gab sich, ohne Skrupel, der Befriedigung seiner Gier hin. Er verband sogar einen anmutigen Idealismus mit seiner neugierigen, lasterhaften Lebensführung. Als seine Königin das erste Mal sein Haus betrat, war er von der kleinen Person mit der flachen Brust, den schmalen Hüften, den klaren Augen und der kunstlosen Frisur aus einem indifferenten Blond begeistert. Auch in den letzten Tagen war ihre Kleidung zwar stilvoll aber schmucklos, genau wie ihre Hände. Er war über die Freiheit ihrer Gedanken überrascht. Er hätte es nicht für möglich gehalten, dass sie eine stolze Würde ohne Übertreibung, ruhig, sicher und selbstverständlich tragen konnte. Sie führten eine lebhafte und tiefgehende Unterhaltung, noch lange nachdem die übrigen Gäste den Speisesaal verlassen hatten. Ihre Worte waren sachlich und frei von jeglicher Koketterie, aber ihre Verurteilung jener intimer Neigung ließ seine Begierde erwachen. Seither lag sein Verlangen wie ein übler Reiz in der Luft, verunreinigte seine Gedanken und raubte ihm den Atem. Ihre Stärke und Freiheit war so groß, dass sie wohl nichts davon verspürte. Aber er litt darunter. Jenes Etwas war wieder mit aller Macht und allen Facetten zugegen und wurde immer unerträglicher. Dieses Etwas, was er seit vielen Jahren für immer ins Reich der Nichtigkeit verbannt zu haben glaubte, war in seiner vollen Pracht wieder da. Was ihn antrieb war stärker und ehrlicher als alles andere und musste erledigt werden. Seine Königin war wieder in sein Leben getreten. Seine Königin der Kraft. Er hatte etwas gebraucht, bis er sie erkannt hatte. Sie war alt geworden, genau wie er. Aber sie trug den Stolz noch in ihren Augen, genau wie früher. Wegen ihr hatte er vor geraumer Zeit sein Haus verlassen, als er merkte, dass scheinbar willkürlich die Männer des Dorfes verschwanden. Damals erkannte er, dass hinter dem mysteriösen Verschwinden ein Sammler steckte und so hatte er das Weite gesucht. Er hatte die nächstbeste Frau geheiratet und ihren Namen angenommen. Bald schon erkannte er, dass nur seine Königin hinter dem Verschwinden stecken konnte und ging ihr systematisch aus dem Weg. Nur hier auf der Kirmes war er unachtsam gewesen. Ein dummer Fehler, den er jetzt gerade biegen musste. Er gönnte sich einen 15-minütigen Schlüsselschlaf. Dann war er hellwach und frisch.

Als seine Königin auf der Bildfläche auftauchte, hatte er sich als ein anderer, ein harmloser Mensch präsentiert. Anders als ihn die Allgemeinheit wahrnahm, tobte in ihm ein extremes Verlangen nach Überlegenheit. Er brauchte die Überlegenheit über eine Frau. Seiner Ehefrau war er immer überlegen gewesen. Sie war schwach und schied freiwillig aus dem Leben. Heute Nacht würde er sich die Überlegenheit über seine Königin nehmen, denn sie hatte ihn nicht erkannt. Er hatte mehrere Operationen über sich ergehen lassen, um sein Äußeres zu ändern und die Chirurgen haben ganze Arbeit geleistet. Er hatte sich bei ihren Begegnungen von ihrer Ahnungslosigkeit überzeugt. Herr Neumann war sehr zufrieden, denn ihre wirkliche und seine scheinbare Arglosigkeit erleichterten sein Vorhaben. Routiniert bereitete er sich vor. Er öffnete seinen Kleiderschrank und nahm die leichte Leinenhose, ein weißes T-Shirt und die leichten Slipper heraus. Sorgfältig legte er alles auf sein Bett. Er entledigte sich seiner Kleidung, nahm seinen Kulturbeutel und breitete ihn ebenfalls auf dem Bett aus. Er nahm die weiße Cremedose und begann seine Haut einzusalben. Das dauerte eine gewisse Zeit, denn für ihn kam es darauf an, jeden Winkel seines Körpers zu bestreichen. Danach legte er einen Männerduft auf seine Achseln, seine Brust und sein Geschlecht. Dieser Teil der Vorkehrungen war für ihn sehr befriedigend, denn damit wurden seine Sinne, seine Fantasie und seine Hände gleichermaßen angeregt. Er freute sich diebisch auf die nächsten Stunden.

Im ganzen Hotel waren die Lichter erloschen. Einzig der Bewegungsmelder durchbrach diese Dunkelheit. Herr Neumann schritt lautlos den Flur entlang und schlich die Treppe herunter. Im Eingangsbereich schaute er auf das Zimmer mit der Nr. 23. Dann trat er durch die Glastür ins Freie. Es war eine klare, finstere Nacht. Einzig die Scheinwerfer einiger vorbeifahrender Autos, durchzuckten die finstere Nacht, wie winzige Nadelstreifen in einem schwarzen Tuch. Herr Neumann schlich um das Hotel bis zum Nachbargebäude, wo er gestern eine Leiter entdeckt hatte. Lautlos, wie ein gerissener Jäger, stahl er die Leiter und trug sie vorsichtig hinter das Hotel, bis zu jenem Flachdach, welches unmittelbar zu ihrem Fenster führte. In der Stadt war Kirmes und in Köln eine Messe. Sie hatte das letzte Notzimmer bekommen, jenes Zimmer, welches vom „Hotel im Park“ nur als absolute Notlösung vermietet wurde, weil die Sicht aus dem Fenster von Mauern eingeschlossen war. Hinter dem Hotel stellte Herr Neumann die Leiter an das Gebäude. Da er ein Leben lang sportlich aktiv war, erklomm er die Stufen mühelos. Er war sehr froh über die abgelegene Lage des Zimmers. Ein Zimmer inmitten der anderen Gäste hätte sein Vorhaben empfindlich gestört. Die Wahrscheinlichkeit, dass die Nachbarn seinen nächtlichen Besuch mitbekommen würden, wäre viel zu groß. Als er auf dem angrenzenden kleinem Dach stand, schaute er in das Zimmer. Sie lag allein im Bett und schlief. Lautlos ließ er sich von dem kleinen Flachdach in den winzigen Innenhof gleiten. Ganz vorsichtig drückte er das Fenster auf und schlüpfte mühelos in das Zimmer. Der Drang nach Gewalt und Überlegenheit dominierte seine Gedanken und trübte seine Wahrnehmung. Erwartungsvoll stand er vor ihrem Bett und bemerkte nicht, dass sich hinter ihm die Badezimmertür leise öffnete.

Einem dumpfen Schlag auf dem Kopf, folgte das ebenfalls dumpfe Geräusch, als der fallende Körper auf dem Boden aufschlug. Sie genoss diese dumpfen und gedämmten Geräusche in ihrem ansonsten lautlosen Geschäft und presste genussvoll die Lippen zusammen. Als Herr Neumann leblos am Boden liegen blieb, stand sie noch eine Weile und hielt den Baseballschläger, den sie stets griffbereit neben ihrem Bett postiert hatte, mit beiden Händen fest umschlossen. Die angenehme Stille, die sich alsbald wieder in dem Zimmer ausbreitete, löste ihre Haltung und ihr Körper beugte sich prüfend über Herr Neumanns regungslosen Körper. Ruckartig richtete sie sich wieder auf, legte den Schläger aufs Bett und holte ihr Kästchen hervor. In emsiger Betriebsamkeit griff sie zielstrebig zu, öffnete ein kleines Fläschchen, beträufelte ein Tuch mit dem flüssigen Inhalt und drückte es Herrn Neumann auf Nase und Mund. Sie wollte nur sicher gehen, dass er nicht vorzeitig erwachte, sollte er sich wider erwartend rasch von diesem Schlag erholen. Dann drehte sie seinen regungslosen Körper auf den Rücken. Sein Körpergeruch gepaart mit der widerlichen Creme quoll ihr nun mit aller Wucht warm und massiv entgegen. Aber dieser Geruch berührte sie nicht mehr, denn sie hatte ihn schon gerochen, als er noch ums Hotel schlich. Es war der Geruch, den sie ihr ganzes Leben quälend in der Nase hatte. Heute hatte sie dieser Geruch aus dem Schlaf hochschrecken lassen. Sie war sofort hellwach gewesen, hatte nach dem Schläger gegriffen und die Bettdecke so geformt, als würde sie darunterliegen. Dann war sie im Bad verschwunden.

Sie wollte ihn zwar zu Hause töten, aber nun musste sie umdisponieren. Von nun an ging es in erster Linie darum, Herrn Neumann stillzustellen. Sie bewegte sich eilig, aber ruhig und konzentriert. Sie entnahm dem Kästchen eine Kleberolle. Verklebte seinen Mund, seine Hände und seine Füße. Gewandt und routiniert schlitzte sie sein T-Shirt und seine Leinenhose mit einem scharfen Messer auf. Zuletzt schlitzte sie seine Socken und seine Boxershorts auf. Sie zog die zerschnittenen Sachen von seinem Körper und warf sie in die Duschwanne. Sie prüfte noch mal, ob sein Mund dicht verklebt und seine Hände und Füße unbeweglich zusammengeschnürt waren; kein Schlitz, kein überstehender Zipfel durch den er sich hätte befreien können. Er war perfekt verschnürt. Sie setzte sich auf die Bettkante und wartete, bis er wieder erwachte. Sie schlug die Beine übereinander und legte ihre Füße auf seinem Gesicht ab. Sie war zwar müde, aber jetzt wurde nicht geschlafen. Trotz ihrer Müdigkeit fiel es ihr nicht schwer wachzubleiben, denn sie wartete darauf, Herrn Neumann endlich zu töten. Auch bei ihren anderen Opfern musste sie das ein oder andere Mal warten. Sie hasste dieses Warten, denn es war ein dumpfes und sehnsüchtiges Dahinwarten. Sie hatte stets ihr Bestes gegeben. Sie hatte all ihr biologisches Wissen aufgebracht, um lautlose und todsichere Gifte herzustellen. Damit hatte sie einige Mitglieder des menschlichen Abschaums getötet. Heute würde sie ihr Werk vollenden. Er musste nur noch wach werden, damit er auch etwas von seinem Tod hatte.

Dieser Anblick befriedigte sie zutiefst. In ihrem ganzen Leben war sie noch nie so ruhig und ausgeglichen gewesen. Sie war eins mit sich. Noch nie, wirklich noch nie in ihrem Leben hatte sie sich so wohl gefühlt. Noch nicht einmal nach dem Tod ihres Vaters und auch nicht in der Einsamkeit des Waldes. Sie nahm das Warten auf sein Erwachen als handwerkliche Rast und ließ ihre Gedanken schweifen. Es waren heitere und keine düsteren Gedanken. Ihre Gedanken lenkten sich von allein in eine Richtung mit der sie selbst nicht gerechnet hatte. Sie dachte nicht an das Töten, sie dachte auch nicht daran, wie sie Herrn Neumann in ihren Garten bekommen sollte. Ihre Gedanken trieben sich in ihrer Vergangenheit herum. Sie durchlebte nacheinander die unterschiedlichsten Situationen ihres Lebens. Sie dachte an ihre Matratze im Haus ihrer Eltern und daran, wie ihr der Vater an ihrem Geburtstag die Haare abgeschnitten hatte. Sie dachte an den Oberlehrer Faust und daran, wie sie den ersten Briefumschlag bei Pfarrer Meier abholen musste. Ihre Gedanken schweiften zu allen Männern aus dem Dorf, an die sie verkauft worden war. Sie dachte an ihren Mutterverschnitt und daran, wie sie sich von ihr abgewandt und sich ein eigenes Heim geschaffen hatte. Sie dachte an die getöteten Kreaturen, die alle in ihrem Garten lagen und ihrer Gelassenheit dienten. Sie dachte sogar an ihre Träume und ihre Ängste, aber alle Gedanken waren mit einem großen Wohlgefühl verbunden. Das Leben hatte sie zwar fast verschlungen, aber ihr Schicksal hatte sie schlussendlich auf den richtigen Weg geführt. Hier, auf der Haaner Kirmes und in diesem perfekt abseits gelegenen Zimmer, war sie nun endlich am Ziel angelangt. Demut und Dankbarkeit stiegen rührend in ihr auf. Sie schloss die Augen und gab sich ganz dem Frieden dieser herrlichen Nacht hin. Keiner konnte in dieses Zimmer hineinschauen, keiner ging an diesem Zimmer vorbei und es gab keine Nachbarzimmer. Die Rezeption war nicht besetzt. Der Speisesaal und der Gastraum waren menschenleer. Alles war still. Nichts störte sie und ihren Frieden. Der Anbruch der Dämmerung lag noch in weiter Ferne, als Herr Neumann erwachte.

»Das Leben verschwendet manchmal die originellsten Belege an die einfachsten und grundsätzlichen Wahrheiten«, sagte sie auf der Bettkante sitzend.

Herr Neumann schaute aus trüben Augen und die schemenhafte Gestalt auf der Bettkante ließ ihn bewusst werden, dass er allmählich erwachte.

»Heute will ich dir die Zeit erklären«, begann sie ruhig.

»Jetzt ist nicht damals. Hier ist nicht im Fienchen's. Dazwischen lag eine Bewegung. Verstehst du? Die Uhr misst die Zeit und die Zeiger bewegen sich im Kreis, dabei ist sie in sich geschlossen. Jede Bewegung des Zeigers ist eine Veränderung. Man könnte diese Bewegung auch Ruhephase nennen. Und dennoch kommt der Zeiger immer wieder zur Zwölf zurück. Genauso, wie sich mein Damals immer wiederholte und beständig in meinem Jetzt, Hier und Heute auftauchte. Mit diesen Worten nahm sie einen Kerzenleuchter, der noch in ihrer Reisetasche verstaut war und zündete voller Freude die Kerzen an. Dann schob sie die Vorhänge beiseite und postierte den Leuchter auf der Fensterbank. Mit ruhigen Griffen, holte sie die Gegenstände, die sie für ihr Vorhaben brauchte und legte alles wohlgeordnet bereit.

Herr Neumann saß nackt auf dem Boden, seine Hände waren auf seinem Rücken gefesselt. Nur die klare Nacht blinzelte durchs Fenster. Diese Situation war für ihn unerträglich. Vor seinen Augen lagen ein paar Utensilien, die ihm jäh ein hastiges Schaudern durch die Nerven fahren ließ. Seine Ruhe war zum Teufel. Jede ihrer ruhigen Bewegungen reizten seine Sinne, fiebrig, nervös und wahnsinnig. Jedes Geräusch schien ihn anzuschreien.

»Du bist nun 84 Jahre alt. Du hast dich sehr gut gehalten. Du bist erstaunlich beweglich und gut durchtrainiert für dein Alter. Vielleicht wären noch drei bis vier Jahre gekommen. Nur Gott weiß es; aber sie werden nicht sachte an dir vorüberziehen«, sagte sie ruhig und fuhr mit einem Ausdruck von Überlegenheit fort.

»DU wirst heute sterben. Und ICH werde dich töten. Viele Männer sind vor dir gestorben. Alle hatten den Tod verdient. Die ersten dreiundzwanzig Kinderschänder sind durch meine Hand gestorben, weil sie mir meine Kindheit und mein Leben geraubt haben. Die anderen sind durch meine Hand gestorben, weil sie anderen Frauen ihre Kindheit und das Leben geraubt haben. Verstanden habe ich euer perverses Treiben nie, aber durchschaut habe ich euch. Ihr seid so verdammt einfach gestrickt. Man braucht nur mit einem kleinen Mädchen zu winken ... schon kommt ihr angerannt. Als das Internet dazukam, wurde es noch einfacher für mich. Ich konnte einen nach dem anderen pflücken, wie Gänseblümchen auf einer Wiese. Das beste war, dass ein Kinderschänder niemandem Bescheid sagt, wo er hingeht. Er denkt sich irgendeine Geschichte und irgendeinen Ort aus, aber auf gar keinen Fall sagt er die Wahrheit. Herrlich! All die Jahre kam mir niemand auf die Schliche. Mein Garten ist voll von solchen Missgeburten, wie du es bist. Nur dein Platz ist noch frei. Wenn ich dich erledigt habe, kann ich schlafen gehen, endlich, denn ich bin müde, sehr müde«, sagte sie, während sie ihre Mordwerkzeuge ganz ruhig auf die Anrichte legte. Sie sortierte alles, sorgfältig, wie kleine Trophäen. Im Dunklen verschwamm nun langsam alles zu einem Ganzen. Für Herrn Neumann eröffnete sich die Wahrheit zu einer Welt in der das Licht zitterte und die Stimmung tief lag.

»Das Eine ...«, sagte sie ruhig,

»das Eine, will ich dir nun sagen. Einige, von den Missgeburten, wie du eine bist, habe ich mit Tollkirschen, die ich eigens dafür in meinem Garten angepflanzt habe, vergiftet. Später wurden die Gifte präziser und robuster. Dennoch würde ich sagen, dass das eine sehr humane Art zu sterben war, wenn man bedenkt, was diese Männer den Kindern angetan haben. Nur für dich habe ich mir etwas anderes ausgesucht. Du wirst einen Tod sterben, der deiner würdig ist.« Sie legte eine Pause ein, um das Gesagte wirken zu lassen. Herr Neumann wandte seinen Kopf ab und starrte die Wand an. Sie saß aufrecht, ganz ruhig, und bewegte ihre Hand ein wenig hin und her. Dann fuhr sie fort.

»Du wirst sterben, wie es sich für einen Sadisten gehört.« Mit diesem Satz wich Herr Neumann mit dem Oberkörper ein Stück zurück und seine Nasenflügel öffneten sich krampfhaft. Er war blass geworden, viel blasser als er ohnehin schon war und unter dem glatten, gelbgrauen Seitenscheitel bildeten sich kleine Tropfen auf seiner Stirn. Dann zog sie einen kleinen schwarzen Koffer hervor und legt ihn mit einer Schachtel Zigaretten auf ihr Bett. Er saß mit gesenktem Kopf. Ihr Blick ruhte auf ihm. Ohne es zu wollen hob er den Kopf. Ihre Blicke trafen sich und sie betrachtete ihn überlegen, bis er sich gezwungen fühlte, seine Augen demütig niederzuschlagen. Dann beugte sie sich zu ihm hinunter. Ihr Kopf war ganz dicht an seinem. Er musste für einen kurzen Augenblick den Duft ihrer Brust einatmen. Sein Herz klopfte beängstigend schwer und bleiern, sein Gesicht war verzerrt und sein Körper verkrampfte. Angstvoll und entsetzt sah er in sich hinein und erkannte seine zerwühlte und aufgewirbelte Furcht. Er bäumte sich ein letztes Mal auf. Überwältigt von der Sorge um sein Leben, flüsterte er bebend unverständliches Zeug unter dem Klebeband.

»Ach, willst du noch was sagen?«

»Willst du mir etwa erzählen was für ein herrliches Leben du hattest? Oder willst du mir von deiner Frau erzählen, die dir einen neuen Namen verschafft hat. Wie ist deine Frau eigentlich gestorben? Sie kann unmöglich eines natürlichen Todes gestorben sein ... oder hat sie ihrem Leiden selbst ein Ende bereitet?« Die Art wie er seine Augen niederschlug verriet ihr, dass sie damit recht hatte.

»Du hast soviel Glück auf dem Gewissen«, zischte sie angewidert und riss ihm das Klebeband mit einem Ruck vom Mund. Schmerzerfüllt stöhnte er auf, dann sah er sie sicher und kämpferisch an.

»Ja?«, sagte sie mit halber Stimme und die unzweifelhafte Betonung, mit der sie dies aussprach bewirkte, dass Herr Neumann in ein niederträchtiges Zittern geriet. Sie saß aufrecht da, ohne sich zu rühren, in wartender Bewegungslosigkeit. Seine hastigen Instinkte waren in Aufruhr.

»Ich habe Geld«, brachte er verzweifelt hervor.

»Ja, ja«, sagte sie nach einer kurzen Pause.

»Das ist sehr interessant. Wieviel Geld hast du denn?«

»Genug, um dir ein schönes Leben zu bereiten«, sagte er und wusste aber genau, dass dies der falsche Ansatz war.

»DU willst MIR ein schönes Leben bereiten?« Sie lachte bitter auf.

»Wieviel Geld hast du denn dabei?« Er schwieg.

Ruhig erhob sie sich von der Bettkante und ging ins Bad. Nach kurzer Zeit kehrte sie mit seiner Brieftasche zurück, setzte sich wieder aufrecht auf die Bettkante und öffnete die Brieftasche.

»Beachtlich«, pfiff sie amüsiert.

»Du brichst in mein Zimmer ein, um mich zu vergewaltigen und dabei bringst du 250 Euro mit?« Er schwieg.

»Wolltest du mich für deine Schläge und Erniedrigungen bezahlen?« Er schwieg.

»250 Euro ist sehr viel Geld«, sagte sie und legte die Scheine sorgfältig nebeneinander auf das Bett. Ruhig griff sie in ihr Kästchen und holte eine Packung Heftzwecken sowie ein kleines Hämmerchen heraus und legte beides neben die Scheine. Lächelnd klebte sie ihm wieder den

Mund zu.

»Mit Geld kann man sich ein Haus kaufen. Meine Eltern haben ein Haus gekauft. Aber kein Geld der Welt konnte aus diesem Haus ein Heim machen.« Dann nahm sie einen 50-Euro-Schein und hielt ihn zusammen mit einer Heftzwecke an seine Brust. Mit der anderen Hand nahm sie den kleinen Hammer und schlug die Heftzwecke in seine Brust, so dass der Schein festhing. Schmerzerfüllt stöhnte Herr Neumann auf.

»Für Geld kann man sich ein Bett kaufen. Ich habe mir ein wunderschönes, großes und weiches Bett gekauft, aber ich konnte mir für kein Geld der Welt den erlösenden Schlaf kaufen.« Mit diesen Worten nahm sie einen 20-Euro-Schein, platzierte ihn mit der Heftzwecke an seiner Schulter und befestigte ihn mit einem kleinen Hammerschlag. Stöhnend rann ihm Schweiß übers Gesicht.

»Für Geld kann man sich eine Uhr kaufen. Ich habe eine Uhr. Ich konnte mir aber leider keine ruhige und besinnliche Zeit kaufen.« Sie nahm einen 20-Euro-Schein und positionierte ihn mit einer Heftzwecke an seinem Handgelenk. Der kleine Hammerschlag war von seinem dumpfen Stöhnen begleitet.

»Für Geld kann man sich auch eine gute gesellschaftliche Position kaufen. So wie du; aber du kannst dir keinen Respekt kaufen.« Sie nahm einen 10-Euro-Schein platzierte ihn mit der Heftzwecke an seiner linken Brust und schlug die Heftzwecke fest. Sie wartete einen Augenblick, bis er sich von dem kleinen Schmerz erholt hatte, dann fuhr sie fort.

»Für Geld kann man sich einen Arzt kaufen, aber keine Gesundheit. Die besten Ärzte konnten den Sohn von Erna nicht retten.« Sie nahm einen 50-Euro-Schein, fixierte ihn mit der Heftzwecke an seinem Bauch und befestigte ihn durch einen kleinen Schlag mit dem Hämmerchen. Er fiel leicht nach vorn. Sachte richtete sie ihn wieder auf.

»Du wirst doch jetzt noch nicht schlapp machen? Das Beste kommt doch noch.«

»Für Geld kannst du dir Blut kaufen, aber kein Leben.« Sie nahm einen 50- Euro-Schein und platzierte ihn und die Heftzwecke an seinem rechten Oberarm. Mit dem kleinen Schlag hing er dort fest.

»Für Geld kannst du dir Sex kaufen.« Voller Entsetzen sah er, wie sie seinen Wurmfortsatz in die linke Hand nahm, den 50-Euro-Schein mit einer Heftzwecke darauf fixierte und dann sagte:

»Mit Geld kann man sich aber keine Liebe kaufen.« Nachdem sie den Geldschein mittels Heftzwecke und Hämmerchen an seiner schlaffen Männlichkeit befestigt hatte, wurde Herr Neumann ohnmächtig.

»Oh, Schade«, sagte sie leicht amüsiert.

»Dann hab ich jetzt Zeit für eine schöne ruhige Zigarette.« Sie genoss den Augenblick. Sie saß auf der Bettkante und fand Zerstreuung an dem mit Geldscheinen übersäten Körper. Die Zeit verging langsam, ringsum war alles still. Der Himmel war voller Sterne und den halben Mond konnte sie erahnen. Sie tätschelte sein Gesicht und schüttete ihm schlussendlich einen Zahnputzbecher voller Wasser ins Gesicht. Endlich war er wieder bei sich. Er sah sich genötigt, sie anzuschauen.

»Da bist du ja wieder, Herr Neumann«

»Oder ist dir Leonard lieber?« Er schaute sie fragend an.

»Ach ja, du wolltest mir doch noch etwas sagen.« Mit diesen Worten riss sie Leonard Philippi das Klebeband erneut vom Mund.

Er stöhnte nur kurz auf.

»Quälst du zum ersten Mal einen Mann so sehr wie mich?«, fragte Leonard leise und mit heiserer Stimme, die er durch Husten aufzufrischen versuchte.

»Ja, in dieser Form schon«, sagte sie stolz.

»Erreicht es deine Erwartungen?«

»Was sind denn schon Erwartungen? Erwartungen werden zu Enttäuschungen«, sagte sie. Dann entstand eine lange Pause. Paula fragte leise und eindringlich, indem sie sich vorbeugte und beide Hände auf ihren Knien abstütze.

»Weißt du, was eine Enttäuschung ist?« Leonard saß an der Wand angelehnt, halb von ihr abgewandt.

»Ich meine nicht die kleinen und einzelnen Enttäuschung, die aus einem Missgeschick oder einem Fehlschlag geboren werden. Nein, ich meine die großen Enttäuschungen, die dich ein ganzes Leben lang begleiten. Ich weiß, du kennst sie nicht. Ich aber bin mit solchen Enttäuschungen von Geburt an Hand in Hand gegangen. Ich weiß, sie haben mich ein wenig wunderlich gemacht. Das gebe ich offen zu. Ich weiß, dass du das nicht verstehen kannst. Aber da du ja sowieso nicht weg kannst, musst du dir das jetzt anhören.« Paula atmete tief ein, setzte sich aufrecht hin und fuhr fort:

»Ich bin in einem seelisch toten Haus aufgewachsen. In dessen überreinlichen Räumen ein kriegstreibender, pathetischer Geist herrschte. Ich habe diese eigentümliche Atmosphäre von Gewalt und Unterdrückung inhaliert. Die großen boshaften Worte, Gedanken und Handlungen in diesem Haus, die ich so bitterlich hasse, weil sie die Schuld an meinem Leiden tragen. Das Leben bestand für mich ausschließlich aus Boshaftigkeiten und widerlichen Handlungen. Aus Handlungen, du kennst sie genau, die von sexueller Gewalt geprägt waren. Mein Vater hatte mich zu einer Zeit verkauft, als ich noch nichts von Körperlichkeit wusste. Ich hatte noch nicht mal eine ungefähre Ahnung von Sex. Ich erwartete Liebe und lernte Hass. Ich erwartet das Gute und bekam das haarsträubend Teuflische. Ich erwartet das Schöne und bekam die Hässlichkeit. Diese ganzen Enttäuschungen waren der Eintritt in mein Unglück. Ich war noch ein Kind, als mich mein Vater heimlich und tückisch verkaufte. Gott weiß, dass dies keine Kleinigkeit war. Wie bei einem Großbrand, brannten mein ganzes Leben, meine Träume, Hoffnung und Wünsche einfach ab. Ich konnte mich aus diesem Feuer nicht retten. Ich musste in dieser Höllenglut leben. Ich wünschte mir sehnlichst eine Familie und eigene Kinder. Kinder, die niemals Gewalt erfahren sollten. Ihr Schweine habt mich unfruchtbar gemacht.« Sie schluckte schwer und legte eine Pause ein. Der Schmerz über ihr kinderloses Leben überfiel sie gnadenlos. Sie brauchte etwas Zeit, um sich wieder zu sammeln, dann sprach sie weiter:

»Die Sehnsucht und die Gewissheit, dass meine Erwartungen existieren erfüllten mich. Meine Erwartungen entwickelten sich zu einer angstvollen Sehnsucht nach einem berauschenden Glück und einem schmerzfreien, schönen Leben. So lebte ich mit trauriger Deutlichkeit bis heute. Ich liebte die Bücher. Sie erzählten schöne Geschichten über meine Erwartungen. Die Sprache ist reich und überschwänglich im Vergleich zur Begrenztheit des Lebens. Am liebsten hätte ich die schönen Wörter an alle Wände geschrieben und sie mit einer in Goldfarben getauchten Feder an die Himmelsdecke gemalt. Auch der Schmerz hat seine Grenzen. Dich hat er gerade durch die Ohnmacht erlöst. Das ist mit dem Glück ganz genauso. Meine Wünsche haben Laute erfunden, die über diese Grenzen hinweg gingen. Und dann kamst du, du Sadist! Deine Schläge und deine sexuellen Übergriffe sind mir durch das Rückenmark gefahren und haben meine letzten Erwartungen verbrannt.«

»Ich habe dich zu dem gemacht was du heute bist«, bäumte sich Leonard auf.

»Du bist ein ungeschliffener Diamant gewesen, den noch niemand bemerkt hatte. Nur ich habe dein Potential erkannt. Deine Art Schmerzen zu ertragen war göttlich, aber sehr verschlossen. Du warst facettenreich und doch so natürlich. Kein Mann der Stadt konnte dir widerstehen. Die ganzen Sabberheinis waren von dir, kleinem Fräulein, überwältigt. Für diese dicken, reichen Männer warst du aber nur eine angenehme und wehrlose Gespielin. Deinen Zauber haben sie nicht erkannt, weil sie dumm und blind waren. Sie haben sich in ihrer Beschränktheit lendengesteuert treiben lassen. Nur ich habe deine Schönheit, deine Grazie und Anmut erkannt. Ich habe dein harmonisches Aussehen, deine schlanke Gestalt und deinen perfekten Körper geliebt. Nur ich habe dich in deiner ganzen Pracht entfalten lassen. Ich habe dich zu meiner Königin gekrönt«, brachte er hervor. Sie aber blieb still. Sie streifte ruhig und langsam ihren Ring vom Finger und zog ihr Armband vom Handgelenk. Dieses Schweigen steigerte seinen ohnmächtigen Hass auf seine gefesselte Situation. Er zog die Luft durch seine Zähne ein und sprach hasserfüllt mit zusammengebissenen Backenzähnen:

»Was willst du denn? Du hast dein Krönchen doch gerichtet und führst ein gutes Leben!« Seelenruhig riss Paula einen breiten Streifen Klebeband ab und beendete damit seine Redefreiheit.

»Siehst du, das war schon immer dein Problem. Du bist einfach nicht in der Lage die gesamte Tragweite zu erfassen«, sagte sie ruhig und strich dabei mit dem Zeigefinger über den schwarzen Koffer, der neben der Zigarettenschachtel auf dem Bett lag. Dann öffnete sie die silbernen Schnallen. Als sich der Kofferdeckel langsam öffnete kam ein rotes Samttuch zum Vorschein. Paula strich mit der linken Hand liebevoll über den weichen Stoff, dann schlug sie diesen auf. Liebevoll betrachtete sie das Schwert, welches sie sich extra für diesen Tag der Befreiung hatte schmieden lassen. Dieses Schwert hatte stets einen festen Platz in ihrem Reisegepäck. Andächtig und mit langsamen Bewegungen entnahm sie dem Koffer das Heft und die einseitig geschliffene Klinge. Der Griff bildete einen verkrampften Kinderkörper und der Knauf zeigt ein weinendes Kindergesicht. Die Pariestange zeigte eine starke Eiche. Die Schneide war scharf geschliffen. Die zweite Schneide bildete eine breite Kante.

»Prinzessinnen richten ihr Krönchen ...« Genießerisch legte sie eine kleine Pause ein und zog den Schlagring auf ihre rechte Hand

»Eine Königin zieht das Schwert!«

Mit diesem Satz zog sie den Schlagring durch sein Gesicht. Schmerzerfüllt stöhnte er auf. Ruhig und besonnen nahm sie ihr Schwert aus dem Koffer und hielt es sicher mit beiden Händen dann sprach sie mit leiser Stimme weiter:

»Du bist so verdammt alltäglich. Kein Mensch würde je auf die Idee kommen, dein gewöhnliches Erscheinungsbild mit deinen sadistischen Neigungen in Verbindung zu bringen.« Dann trat Stille im Zimmer 23 ein. Sie lächelte düster und erhaben und sprach ihr Urteil:

»Du bist eine Schande für diese Welt. Der Abschaum der Gesellschaft.« Herr Neumann atmete hörbar durch die Nase ein. Endlich durfte das Ungehörte geschehen.

»Schuldig!« Mit diesem Urteil holte sie aus und führte die kantige Seite ihres Schwertes mit gezielten Schlägen. Sie brach ihm nacheinander die Füße, die Unterschenkel und die Oberschenkel. Sie arbeitete sich weiter nach oben. Dort brach sie ihm die Hände, die Unterarme und anschließend die Oberarme. Sie achtete penibel darauf, dass die lebenswichtigen Teile, wie der Brustkorb und der Kopf, vorerst verschont blieben. Sie schlug sich allen Ekel von der Seele. Die Luft im Zimmer war angereichert von seinem Schweiß und seinem Blut. Bei jedem Schlag lächelte sie. Es war ein zynisches Lächeln, in dem sich ihre ganze Verachtung und ihr großer Triumph ausdrückte. Es war ein Lächeln der Befreiung. Herr Neumann war gezwungen, sie in ihrer wahren Existenz wahrzunehmen. Sie, die Ungeliebte, die als ungewolltes Kind in eine kalte Welt geboren wurde, gezeugt bei einer Vergewaltigung an einem kalten Winterabend, ohne Liebe und menschliche Seelenwärme aufgewachsen, vom Lehrer geschlagen, vom Vater als billiges Stück Fleisch an gutbetuchte Männer und einen Sadisten verkauft - sie hatte es geschafft, sich von allen Peinigern zu befreien. Mit diesem Gedanken schlug sie, wie in Trance, auf Herrn Neumann ein. Mit jedem Schlag lichtete sich der Schleier ihrer Vergangenheit. Sie fühlte sich, wie ihr eigener höchster Richter; aber gerechter als jene vermessenen Richter bei Gericht. Vor ihr lag Herr Neumann und winselte schmerzerfüllt. Jetzt, in diesen Stunden, trat es zutage. Sie war tatsächlich so groß, wie sie es sich in ihren geheimsten Fantasien ausgemalt hatte.

Eine Stunde bevor der Tag erwachte, holte sie zum Kardinalsschlag aus und schlug ihm, im größten Triumph ihres Lebens, mit der scharf geschliffenen Schneide ihres Schwertes den Kopf ab. Sie genoss jede Sekunde und schaute zufrieden dem rollenden Kopf hinterher. Wie weggeblasen war der ganze angestaute Ekel vor Männern. Dabei genoss sie mit Freude und Genugtuung wie der rabenschwarze Hass aus ihrer Seele entwich. Zufrieden lächelte sie und rauchte eine Zigarette. Dann schloss sie die Augen und spürte, wie tief und ruhig ihr Atem ging. Sie blieb bei der Leiche und drückte eine Zigarettenkippe nach der anderen auf dem leblosen Körper aus. Als sie die letzte Kippe in dem linken Auge des abgeschlagenen Kopfes ausdrückte, erwachte langsam der Tag.

Sie kleidete sich um, riss den Klebestreifen von seinem schlaffen Mund und verließ das Zimmer. Leise schlich sie an der Rezeption vorbei ins Freie. Draußen hing ein dünner Nebel über der Straße. Sie durchquerte den Biergarten und schritt auf die Nordstraße. Am Kreisverkehr schreckte sie kurz auf. In der Bepflanzung des Kreisverkehrs lag ein, von den Ausschweifungen des Vorabends erschöpfter, halb entblößter, betrunkener Mensch. Mit jedem Geschnarche drang ein widerlicher Geruch von Bier und Erbrochenem herüber. Plötzlich erwachte der Kirmesveteran kurz, blickte zu ihr herüber und schlief aber halb vorgebeugt sofort wieder ein.

Wie damals, als sie nach dem Tod ihres Vaters ihr Elternhaus verlassen hatte, ging sie friedfertig durch die Straßen. Sie ging auf die Landstraße, durchzog die Flemmingstraße, überquerte die Robert-Koch-Straße und schritt am Bollenberg in den Grünstreifen, der sich silbergrau und menschenleer präsentierte. Der kühle Wind umschmeichelte ihr Gesicht. Das Verlangen, sich in die Einsamkeit zurückzuziehen kam diesmal nicht in ihr auf. Diese Erfahrung hatte sie bereits gemacht und für sich erkannt, dass sie dort nicht leben möchte. Aber auch unter Menschen leben, konnte sie sich nicht mehr vorstellen. Sie hielt in ihrer rechten Hand den Klebestreifen. Er duftete noch ganz zart nach seinem Tod. Sie führte ihre rechte Hand zur Nase und inhalierte noch sein Blut und seinen Angstschweiß. Für ein paar Sekunden blieb sie wehmütig stehen und ließ ihre Gedanken schweifen. Niemand, der das nicht erlebt hatte konnte erahnen, wie gut dieser Klebestreifen roch.

Auf einmal wusste sie genau, was sie nun zu tun hatte.

Kapitel 29

Finale

Keine 30 Minuten später, erwachte das Hotel langsam und leise zum Leben. In der Küche wurde das Frühstück vorbereitet. Goldfarbig erwachte die Sonne und ein schöner, sonniger Tag begann. Evelin, Cathrin, Erna und Loretta versammelten sich im Speisesaal und tranken schweigend ihren Kaffee. Zum ersten Mal seit sehr langer Zeit, konnten die Mädels auf eine mit prächtigen Schlaf durchzogene Nacht zurückschauen. Entspannt und zufrieden schauten sie aus dem Fenster und genossen das schöne Wetter.

»Ich glaube, wir müssen Paula wecken. Um 10:00 Uhr müssen wir das Zimmer räumen«, durchbrach Erna die schweigende Kaffeerunde.

»O.k., am besten gehen wir gemeinsam zu ihr. Sie hasst es, angetrieben zu werden und hat bestimmt noch nicht gepackt«, gab Loretta zu bedenken. Beschwingt erhoben sich die Damen und schritten durch den Speisesaal, an der Rezeption vorbei, zum Zimmer mit der Nummer 23. Evelin klopfte zaghaft an die Tür. Dann klopfte sie erneut, ganz sachte, um Paula nicht zu erschrecken. Aber es kam kein Laut aus dem Zimmer. Die Mädels wussten, dass Paula gerne gemütlich aufwachte, aber es half ja nichts. Die Zeit drängte. Vorsichtig drückte Erna die Klinke herunter, öffnete in Zeitlupe die Tür und rief fast im Flüsterton Paulas Namen. Dann traten sie ein. Das Zimmer lag im Schatten der Außenwände, nur die Kerzenleuchter warfen einen goldenen Schimmer auf die Leiche. Schmerzerfüllt schloss Erna kurz die Augen und schrie entsetzt auf. Evelin, Loretta und Cathrin drängten sich in das Zimmer und sahen Leonard Phillipi nackt und tot auf dem Boden liegen. Was dann geschah, war wie ein Albtraum.

Die Nachricht über diesen Mord verbreitete sich rasend schnell in ganz Haan. Die Familie Hamacher geriet in eine noch lähmendere Angst, als bei dem Leichenfund, ein paar Tage zuvor. An arbeiten war an diesem Tag nicht zu denken. Die gesamte Belegschaft und die anwesenden Gäste verharrten in Untätigkeit und ließen die Polizei ihre planvolle Arbeit machen. Die Familie Hamacher stellte alle verfügbaren Informationen über Paula Buddenberg bereit. Sie war nach dem Mord spurlos verschwunden. Die Polizei verhörte Evelin Rebling, Cathrin Hengelsberg, Loretta von Bischoffshausen und Erna Heitmeier sowie Hans-Günter Brickenkamp, Harald Baumgart und Dieter von Blum. Freiwillige durchkämmten die nähere Umgebung Haans und suchten nach Paula Buddenberg. Hans Dampf und Timo Beil fuhren mit einem riesigen Polizeiaufgebot zu Paulas Wohnanschrift. Eine Stunde später betraten sie das Haus. Paula Buddenberg saß auf ihrer

Terrasse, den Blick auf den parkähnlich angelegten Garten gerichtet.

»Hallo Hans, ich habe dich erwartet«, sagte sie ohne ihren Blick auf ihn zu richten. »Setz dich, ich habe Kaffee gekocht«, forderte sie Dampf auf.

»Paula, wir müssen uns unterhalten«, sagte Hans Dampf.

»Setz dich ... und dein Kollege auch! Die anderen sollen draußen warten«, sagte sie fordern und zog unter der Decke, die wärmend auf ihren Beinen lag, mit der linken Hand eine Pistole hervor. Dampf sah die Pistole mit Schrecken. Er verwies die wartenden Polizisten des Hauses und bedeutete Beil, Platz zu nehmen.

»Du hast Kaffee gekocht, wie nett. Wusstest du, dass wir kommen werden?«

»Ja, selbstverständlich«, sagte Paula ruhig und besonnen, ohne den Blick von ihrem Garten zu wenden.

»Die Zeit, mein Lieber, sie ist ein wesenloses und übernatürliches Geheimnis. Für die meisten Menschen hat sie eine banale Regelmäßigkeit, sie ist zeitig. Für mich war die Zeit ein unbegrenzter Raum. Zeit und Raum waren für mich immer unendlich.« Paula machte eine kurze Pause und goss Beil, Dampf und sich eine Tasse heißen Kaffee ein. Sie forderte Dampf und Beil mit einer Handbewegung auf, den Kaffee zu trinken und nahm sich selbst eine Tasse. Mit der Tasse in der Hand und den Blick wieder in den Garten gerichtet fuhr sie fort.

»Obwohl mein ganzes Leben ein, mit Gewalt durchzogener, erbitterter Kampf war, habe ich eine Liebe entwickeln können. Ich liebe die Natur. Ich erfreue mich an den hochstieligen, bunten Stauden, die hier massenhaft im stillen Grund wachsen. Als ich damals anfing diesen magischen Ort zu gestalten, teilte ich ihn ohne Umwege in einzelne Parzellen auf. Dieser malerische Anblick fesselt mich bis heute. Dennoch bekomme ich mit, dass du und dein Kollege sprungbereit seid. Ich bitte euch inständig, sitzen zu bleiben. Ich laufe nicht weg. Gönnt mir bitte diesen Augenblick.«

Dampf nickte Beil zustimmend zu und sagte:

»Sprich weiter, Paula.«

»Hier saß ich oft allein. Ich genoss die Eindrücke und überschlug dabei meine Vergangenheit. Meine Gedanken waren leicht zu ordnen. Es war der pure Hass, der mich lenkte. Mein Herz schlug und stockte zugleich. Jede zarte Pflanze der Vernunft wurde stets von meinen dominanten Mordgedanken unterdrückt. Unter diesem Gesichtspunkt war mein Kopf voller nützlicher Taten. Schöne 47 Jahre habe ich nun hier gewohnt. Das ist keine glatte Zahl, aber in dieser Zeit hat dieser herrliche Garten mein Gemüt etwas befriedet. Ich habe jeden Winkel dieses Gartens ausgenutzt und nahezu jedes Jahr einem widerlichen Individuum des menschlichen Abschaums das Lebenslicht gelöscht und es dann an diesem schönen Ort beigesetzt. Hier liegen keine Unschuldslämmer. Jeder einzelne hatte den Tod verdient. Herr Neumann, den ihr als Leonard Philippi kennt, war mein letzter Fischzug und sollte dort oben an der blumenfreien Stelle sein Plätzchen bekommen. Mein ursprünglicher Plan war, dass er fortan, bis an mein Lebensende für meine Zerstreuung sorgen sollte. Nun ist es anders gekommen. Ihr könnt von mir denken, was ihr wollt, aber die flächendeckenden Hinrichtungen waren wichtig. Wichtig für mich und wichtig für andere Betroffene, denn ich hatte eine weitere Liebe gefunden. Neben der Natur liebte ich all jene Menschen, die auch Opfer waren, so wie ich. Erst nach meinem Biologie-Studium hatte ich meine wahre Berufung gefunden; die Psychotherapie. In den Seelen meiner Patienten schlummerte so viel Leid. Das durfte nicht unbestraft bleiben. Nachdem ich meine Täter geerntet hatte, nahm ich auch die Täter meiner Patienten in meinen Besitz. Schänder und Sadisten zu töten war herrlich, wie das Abreißen eines Kalenderblattes, bei dem der hermetische Zauber eines schönen Ereignisses freigesetzt wird.

Einzig Adolf Schneider war eine Notlösung für mich. Sein Tod tut mir übrigens sehr leid. Schlussendlich habe ich ihn gar nicht getötet; er ist ganz von allein umgekippt. An ihm habe ich aber gemerkt, dass sich das Blatt unbemerkt gewendet hatte. Mein Rachegefühl hatte die Gerechtigkeit in eine Sucht verwandelt. Ich war gezwungen, die Dinge etwas genauer anzusehen, denn sein Tod war für mich beschlossene Sache. Nicht, weil er den Tod verdiente, sondern weil ich keine Ruhe mehr gefunden hatte. Adolf Schneider hatte mich gelehrt, dass in meiner Brust kein wilder Entschluss mehr, sondern einzig die Abhängigkeit herrschte. Bis dahin hatte ich banale Tötungen sorgfältigst vermieden. Ich will damit nicht sagen, dass ich von übergroßer Trauer rede. Nein, das wäre Heuchelei. Schneiders Tod hatte keine große Bedeutung für mein Gefühlsleben. Aber er entfremdete mich von mir selbst und zerriss die Bindung zu meinem Gerechtigkeitsgefühl. Durch ihn habe ich Klarheit über den Tod und das Leben erlangt. Das krasse Ende von Herrn Schneider hatte meinem empfindlichen Gemüt einen harten Schlag versetzt. Meine soziale Ader war gelähmt und kam nicht mehr vom Fleck. Sein Tod hatte das Duell zwischen mir und dem Abschaum entweiht und in mir ein moralisches Dilemma hervorgerufen. Mit der Tötung von Herrn Neumann konnte ich die Beklemmungen in meiner Brust aber wieder in einen gerechten Sinn umdeuten. Herr Neumann war mein Lebenswerk. Ein Befreiungsschlag aus der Burg meines Hasses. Nun bin ich erlöst aber leider nicht entzaubert. Mein kleines Schicksal drückt nun nicht mehr Gerechtigkeit aus. Ich will dem Leben nicht als sündiges Sorgenkind entgegentreten.« Mit diesem Satz hob Paula Buddenberg die Pistole an ihre rechte Schläfe und drückte ab.

Augenblicklich sprangen Beil und Dampf auf, sie konnten sich jedoch nur noch über den leblosen Körper beugen. Dann stürmten die wartenden Polizisten das Haus. Tagelang wurde das Grundstück untersucht. Anhand Paulas genauen Aufzeichnungen kamen 42 Leichen zum Vorschein.

Epilog

Liebe Paula, du treuherziges Sorgenkind.

Deine Geschichte habe ich nun bis zum Ende erzählt. Es war deine Geschichte, die nur dir widerfahren ist. Deine Geschichte läßt dich im Geist überleben und so tupfe ich mir mit der Fingerspitze eine Träne aus dem Augenwinkel. Dennoch liebe Paula, muss an dieser Stelle festgehalten werden, dass du leider austauschbar bist. Sehr viele Kinder erlebten und erleben auch noch heute solche schrecklichen Übergriffe. Es ist schwer aus der Körperunzucht einen Traum von Liebe wachsen zu lassen.

Ich wünsche allen »Paulas« dieser Welt den Mut für die Veränderungen, die ihr euch wünscht. Ich wünsche allen »Paulas« dieser Welt die Kraft, es durchzuziehen und den Glauben daran, dass sich euer Leben ändern kann.

Wenn du eine dieser »Paulas« bist,
melde dich beim Hilfetelefon: 0800 22 55 530
Hol dir Hilfe bei:
www.rataufdraht.at/themenubersicht/gewalt/sexueller-missbrauch-hilfe-fur-betroffene
www.hilfeportal-missbrauch.de/startseite.html
www.beauftragter-missbrauch.de

Danksagung

Die Danksagung ist mir ein wahres Bedürfnis, denn sie stellt ein wichtiges Element in einer ganzen Reihe von Ausführungen dar, in der ich mir die Frage stelle, ob das geschriebene Wort auch wirklich das widerspiegelt, was ich sagen wollte.

Überhaupt einen Krimi für eine Stadt zu schreiben in der man so gerne lebt, ist schon ein Unterfangen, dem man kaum gerecht werden kann. Das Ganze auch noch in so einem formatfreien Genre, in dem sich bereits so viele Autoren versucht haben.

So schreibe ich mit Freude meinen Dank. Dafür sammle ich meine Überlegungen und Satzgebilde, die ich schon längst geschrieben und deren Charakter mir ans Herz gewachsen sind.

Während des Schreibens habe ich gelernt, dass die Gedanken niemals an dem gleichen Ort bleiben, an dem ich sie zuerst gedacht hatte. Sie bewegten sich recht häufig in eine unbehagliche Richtung. Diese Erkenntnis war Gleichermaßen antreibend und nervenaufreibend. Diese gesammelten und eingefangenen Gedanken haben dieses Buch zu dem gemacht, was es heute ist.

Eine Reihe von Menschen hat mich dabei beraten und

unterstützt. Diesen Menschen möchte ich heute meinen Dank aussprechen.

Mein allererster tiefer und herzlicher Dank gilt den vielen anonymen Missbrauchsopfern, die diesem Buch die Substanz gegeben haben. Sie haben mit Schrecken das erlebt, was mich in Krisen geworfen hat. Nach den Recherchen zu diesem Buch war es für mich stets schwierig, die Fassung wiederzufinden und zu wahren. Die Berichte dieser Schicksale haben die Anfangseuphorie in Entsetzen verwandelt, aber genau diese gedanklichen Reibungen haben diesen Krimi wachsen lassen.

Mein weiterer Dank gilt insbesondere denen, die mir nach einen Facebook Aufruf ihre Kirmesgeschichten zur Verfügung gestellt haben. Dieses Material war so herrlich und lustig, dass es mir sehr schwer gefallen ist, eine Auswahl zu treffen. Eure Kirmesgeschichten bilden einen weiteren wesentlichen Teil dieses Krimis.

Dafür danke ich Vanessa P., Margarita Kraft, Michael Kalthoff, Björn von der Twer, Thomas Felsner und Wolfgang Schmitz.

Ich möchte Babette Peus danken, die meiner Mörderin ihren Charakter zur Verfügung gestellt hat.

Ich danke meinem Lieblingsapotheker, Willi Lehwald von der Bergischen Apotheke, der mich in die schillernde Welt der Gifte eintauchen ließ.

Ich danke Maike Kaiser und Klaus Eisner (Fienchen's Kajüte) und Sofie Papapetrou (Friedrichstuben).

Mein Dank gilt Meriyam Kerim, Manfred Schröpfer und Mareika Ksionzek-van-Kempen (Rockin' Rooster Club).

Ich danke Michaela Barb, die mir ihre wahre Geschichte über den Herztod ihres Bruders und ihren damit verbundenen Einsatz für die Organspende zur Verfügung gestellt hat.

Ich danke Dieter Stump für seine anschaulichen Erklärungen zum Thema Ballonfahrt.

Ich danke dem Fotostudio Meyerhenke für die schönen Portrait Fotos und insbesondere Soheil Seyfikar für das Titelbild.

Ich möchte mich zudem bei den vielen Namensgebern bedanken: Fritz Köhler, Rainer Skroblies, Anja Götze-Römer, Dr. Bettina Warnecke, Familie Lorenz mit Michael, Meike, Hannes, Matthis, Kristina, Romy und Maja, Dieter Stump und vielen mehr.

Zudem gebe ich mich vor der versammelten Leserschaft als vollkommen technisch talentfreies Wesen zu erkennen und danke meinem Sohn Marcel. Er hat mir ein Schreibprogramm installiert. Dieses Programm hat er mir regelmäßig, klaglos und mit der Geduld eines Schaukelpferdes, erklärt. Stets hat er alles repariert, was ich zerstörte, als ich scheinbar NICHTS gemacht habe.

Einen weiteren Dank sende ich an meine Lektorin Dr. Marion Bach, die mit unendlicher Hingabe meine in Worte gefassten Gedanken korrigiert und geleitet hat. Sie kennt jedes Komma, jedes Wort und jedes Leerzeichen dieses Buches. Sie ist immer wieder mit mir in meine sich wandelnden Vorstellungswelten abgetaucht und hat so manches Satzmonster gebändigt.

Weiter möchte ich den unermüdlichen Korrektur-Lesern danken, die den geschriebenen Text nach Fehlerresten durchforstet haben; Danke an Marcel, Jaqueline, Fabian, Axel, Manuela Lisok und Melanie Schmidtbauer.

Mein letzter aber auf allen erdenklichen Ebenen geltender Dank gebührt meinem Mann. Er hat mir in besonderem Maße den Rücken gestärkt und Verzicht geübt, als ich - mal wieder nicht ansprechbar - in meiner Geschichte vertieft war.

DANKE